# 居家智慧

# 生活风水

当代风水名家 | 黄一真 主编

CNS | 湖南美术出版社

## 图书在版编目（CIP）数据

居家智慧/黄一真主编.— 长沙:湖南美术出版社,2011.9

ISBN 978-7-5356-4720-7

Ⅰ.①居… Ⅱ.①黄… Ⅲ.①住宅－室内布置 Ⅳ.①TS975

中国版本图书馆CIP数据核字(2011)第171538号

**居家智慧**

出 版 人：李小山

策　　划：金版文化

主　　编：黄一真

责任编辑：李　松

摄　　影：黄璐璐

封面设计：景雪峰

出版发行：湖南美术出版社

　　　　　（长沙市东二环一段622号）

经　　销：湖南省新华书店

印　　刷：深圳市雅佳图印刷有限公司

　　　　　（深圳市龙岗区坂田大发路29号）

开　　本：711×1016　　1/16

印　　张：29

版　　次：2011年9月第1版　2015年4月第2次印刷

书　　号：ISBN 978-7-5356-4720-7

定　　价：68.00元

# 黄一真

当代著名风水学家，现代风水全程理论的创新者与实践者。是国内外三十多个大型机构及上市公司的专业顾问，主持了国内外逾百个著名房地产项目的风水规划、景观布局及数个城市的规划布局工作。

黄一真先生廿年精修，学贯中西，集传统堪舆学与中外建筑学之大成，继往开来，首创现代房地产项目的选址、规划、景观、户型的风水全局十大规律及三元时空法则，开拓了现代建筑的核心竞争空间。

黄一真先生的研究与实践足迹遍及世界五大洲，是参与高端项目最多，最具大局观、前瞻力、国际视野的名家，历年来对城市格局、财经趋势均作出过精确的研判，为国内外诸多上市机构提供了战略决策参考，成就斐然。

黄一真先生一贯秉持低调谦虚的严谨作风，身体力行的实证主义，倡导现代风水学的正本清源，抵制哗众取宠的媚俗行为，坚决拒绝当代风水学的庸俗化、神秘化与娱乐化。

黄一真先生以其于2000年出版的《现代住宅风水》为代表的系列住宅风水著作，立意高远、金声玉振，风行世界各地，其趋吉避凶、造福社会的真知灼见于社会的影响力彰明较著。

近期服务的国内著名高端房地产项目有金地·天悦湾、中海·紫御观邸、万科·棠樾、中海·香蜜湖1号、梅陇镇、金地·上塘道、雅戈尔中海·篁外、金地·香蜜山、百仕达·红树西岸等。

招商银行"金葵花"大讲坛演讲嘉宾。

香港凤凰卫视中文台《锵锵三人行》特邀嘉宾。

香港迎请佛指舍利瞻礼大会特邀贵宾。

2002年3月应邀赴加拿大交流讲学。

2004年7月应邀赴英国交流讲学。


黄一真先生主要著作

《现代住宅风水》、《现代办公风水》、《中国房地产风水大全》、《楼盘风水布局》、《最佳商业风水》、《色彩风水学》、《富贵家居的风水布局》、《办公风水要素》、《人居环境设计》、《健康家居》、《舒适空间设计》、《多元素设计》、《阳光空间设计》、《风水养鱼大全》、《现代风水宝典》、《风水吉祥物全集》、《住宅风水详解》、《财运风水第一书》、《楼盘开运风水》、《别墅风水大全》、《风水宜忌全书》、《小户型风水指南》、《居家庭院与植物风水》、《生活风水宝典》、《旺宅化煞风水》等。

# 风水： 融入生活的中华大智慧

《黄帝宅经》云："宅以形势为身体，以泉水为血脉，以土地为皮肉，以草木为毛发，以舍屋为衣服，以门户为冠带。若是如斯，是事俨雅，乃为上吉。"这是古人把住宅人性化，说明格局搭配得当，对住宅与人都是很重要的。

而我们大力弘扬的现代风水学就是将地理学、地质学、星象学、气象学、景观学、建筑学、生态学以及人体生命信息学等多种学科综合为一体的一门自然科学，以最真实、最贴切的功效帮助读者开展理性生活。其宗旨是审慎周密地考察、了解自然环境，利用和改造自然，创造良好的居住环境，赢得最佳的天时、地利与人和，达到天人合一的至善境界。

"风水"一词，包含着古人在进行各种营建活动时所形成的朴素宇宙观、自然观、环境观。风水学讲究自然界的风、水与我国传统哲学的"气"、"阴阳"等其他要素相结合。其中"气"在风水中最为重要，气有精气、元气、生气等，用无形的气分析有形的环境，同时也体现有形的环境范围。风水的本质是"气"，而"气"是生命之源，亦是生命之根本，虽然肉眼无法看见，但它却真实地存在于我们的周围，从头到脚，围绕着世界的每一个角落，生生不息，甚至连我们的体内也存在这种"气"，并与其他的物体一起产生共鸣共振。

能藏住气的地方才能进行建筑活动，才能使内气、外气两旺，而且还要互相平和，才能使"宅吉人安"。在风水中的"气"与目前的"空间"、"场所"、"心理场"等理论表述意义相同。风水观念中贯穿的极为强烈的避凶趋吉的环境意识，包含着古人对环境安全保障极强烈的追求，并深远地影响着人们衣食住行的方方面面。

当下的世界，从财经局势的动荡不稳、异常行为的频发，到生活环境的恶化，都给人们的日常生活蒙上了一层浓厚的不安色彩。于是，我们才强烈期望重拾老祖宗留传下的风水智慧。

　　对于求新求快的现代人来说，人们将风水学运用到生活中，往往从功利的角度出发，一般他们最为关切的问题也不外以下几点：如何找到符合自己的开运方法，如何自测身边风水的优劣，如何勘测房屋的方位，如何改变家中的不良格局，如何利用身边垂手可得的生活物品来改变时运……也只有解决以上几点，才能真正实现宅和人旺。

　　现代人对风水的体察，从综观到微观，从大环境观察小环境，便可知小环境受到外界制约和影响，诸如水源、气候、物产、地质等不一而足。总体上来说，任何小环境表现出来的吉凶，都是由大环境所决定的，犹如中医切脉，从脉象之洪细、统虚、紧滑、浮沉、迟数，就可知身体的一般情况，因为这是由心血管的机能状态所决定的。只有形势完美，细节才完美。每建一座城市，每盖一栋楼房，每经历一个事件，都应当先考察外界大环境，大处着眼，小处着手，而无后患之忧，乃大福矣。

　　我们编撰这本《居家智慧——生活风水》的目的，就是为满足人们对风水实际运用的需求，提供一本真正能为你解难答疑的实用宝典。本书从风水理论知识、家相风水学、开运风水术、人际关系风水学四个角度切入，所涉及到的实用知识非常广博，其中对手机及众多办公物品等的开运风水研究亦是首开先河。

　　在生活中营造吉祥风水要注意三点：首先，应时施宜的规划实践，这是原则；其次，个人吉祥风水生活观必须与社会形成和谐的良性互动，这是前提；再次，结合自己的命理、属相、生辰八字和天干地支、流年凶吉，在不同环境状态下进行合理布局，这是应用。完美地遵循风水规律，这样才能真正体会和感知到风水学融入生活的中华大智慧。

　　我们提倡现代风水学的正本清源，目标是让读者都能更加幸福、健康、快乐，因为风水学中包含了世间万物所蕴含的真理。慢慢品读下去，让它能带你找到通往幸福的捷径，在实践中将你的不安和烦恼驱除，让风水生活转变成强大的正面能量。

2009年8月　黄一真于奥地利维也纳

# 目 录

## 第二篇 家相风水

### 第一章 何为家相

### 第二章 了解家相盘的构成要素

### 第三章 如何选择理想的地基

### 第四章 房屋新建、改建时如何选择最佳家相风水

## 第三篇 生活中的开运风水术

## 第一章 利用风水提升运势的成功法则

## 第五章 使同事相处更愉快的风水方法

## 第六章 解决烦恼、提升幸福感的风水开运方法

# 第一篇

## 风水知识全解

　　风水学是一门融合了地球能量和宇宙能量的行之有效的生活术。当今时代，从世界局势的不稳定、恐怖行为的频发，到生活环境的恶化给人们的日常生活蒙上了一层浓厚的不安色彩。于是，我们才期望能回到最初的"原点"。我们的祖先在很久以前就启示我们：真正的风水是能够用自己的身体感知的。如果能集中先人的智慧，借助它来找到属于我们自己的幸福的"场所"与"方位"，那幸福就离我们不远了。本篇中我们主要从宇宙、气、大地、天四个方面阐述风水世界的内在玄机，介绍简单又实用的方法，教你自测身边风水的好坏，并指导你运用风水开运物品达到化煞开运、趋吉避凶的目的。

# 第一章

## 关于宇宙

风水，是地球上万事万物和宇宙交流的开始。环绕地球周围的风和水，将维持各种生命的生存的太阳能运输到地球上，风和水之间相互作用，成为天和地连接的重要纽带，缺少了哪一方都不会有地球生命的诞生和我们现在的生活。它们流动的姿态赋予了天地万物不断变化的能量。

# 宇宙的能量通过风和水传播

现在，我们就通过本书开始对幸福风水的学习。

首先，逆转时间，追溯到很久很久以前。风水最开始是产生于我们生活所不可或缺的来自宇宙的太阳能。因为有了太阳的眷顾，地球上的所有生命才得以生存。太阳释放出的巨大能量不断扩散到地球上的每个角落，支撑着动植物和人类的生长消亡，生命才得以繁衍延续至今。

那么，太阳释放出的这些能量是怎样到达地球的呢？

这是因为地球周围环绕有"风"和"水"，它们把太阳能源源不断地运送到地球上。

风以空气的形态，而水则以雨的形态，将太阳能这一上天的恩赐带给大地。

风和水之间相互作用，成为连接天和地的重要纽带，缺少了哪一方都不会有地球生命的诞生、繁衍和我们现在的生活。可以说，"风"和"水"才是支撑地球生命的原点，它们流动的姿态赋予了天地万物不断变化的能量。

## 1.风

风包含了自然环境中的风和象征不可见的气的风两层含义。

自然环境中的风有时会以台风、暴风的方式给人们的生活带来威胁，而象征气的风则肩负着传播有益能量的重任。在古代人看来，风这种巨大的能量是不可控制的。但其中也有一些人为寻求生活保障而将它作为研究对象。

中国晋代风水师郭璞（公元276~324年）编著的《葬经》中就有过这样的记述："夫阴阳之气，噫而为风，升而且为云，降而为雨。凡所以位天地、育万物者，何莫非此气邪！"这一说法将不可见的气和自然环境中的风水融为了一体。

风是由气压的变化引起的。收缩的"阴"气和扩散的"阳"气相互作用使气的能量程度产生差异，双方融合时的反应导致气压变化，从而产生了风。

阴阳之气如果没有发生紊乱，那它生成的风则是充满生机的，如果气紊乱了，那它生成的风则会释放出负面消极的能量。这就是风水中所谓的"风"的能量。

在我们的家庭中，"风"的作用也同样如此。长期居住在气紊乱的房子里，身心就会在不知不觉间受到恶性影响。例如，人长时间处于冷风中身体就会变冷，处于炎热干燥的风中身体的水分就会流失，风因此成了引起疾病的原因。和这种自然环境中的风对身体产生的影响一样，不可见的风的气也会对人体产生这样那样的影响。

为了避免这种看不见的风扰乱家中的气，影响身体状况和运势，就让我们跟随这本书学习正确的改善之道，营造一个充满生机的家吧。

## 2.水

在《葬经》对"风"的描述中同样也包含了水的内容。"气为水母，有气斯有水。原其所始，水之流行，实生气之所为也。生气升而为云，降而为雨，山川妙用，流行变化，势若循环，无有穷已"，其中"降而为雨，山川妙用，流行变化，势若循环"所描述的就是水的功能。

水是充满生机的事物，因此如何让它顺利地流入自己所在的地方，就成为了事关将来发展的重要风水手法。恐怕没有任何东西能像水那样与我们的生活息息相关了。没有水，生命就无法维持。水的确是种很神秘的物质，即使翻遍了各种文献也找不到明确的答案。

水分子拥有能进入其他所有物质的分子构造的能力，因此水也成为了一种近乎万能的溶媒。假以时间，它甚至可以侵蚀岩石，溶解金属。雨水从空中降落到地面的途中会吸收大气中的很多物质，还会受到月亮和太阳黑子周期、太阳爆发、宇宙射线等宇宙力量的影响。地球表面大约有70%都是由水构成的，而人体组成部分的70%也都是水。从物理的角度来看，水也是种很容易受外力影响的物质。这一点在气的世界也同样如此。它可

以收缩，在内部阴气作用的影响下吸收生气，同时也能够吸收紊乱的气。

在一般的家相风水中，庭院里都是不建水池的，这是因为地气一旦紊乱，这种紊乱的气就会被池水吸收，使水池产生停滞和衰退的能量，从而给家庭带来很大的恶性影响。人体也经常会因为外界恶气侵入体内水分或自身的饮食不当而使气被打乱。《葬经》中写到的"流行变化，势若循环，无有穷已"是以地气不发生紊乱为前提条件的，因此在了解地气状态的基础上正确利用水才是最重要的。

## 人的身体中充满小宇宙

地球在不同的时间会有不同的活动。

时间的运行表现为一年中的四季更替，冷气和热气的交替变化是春、夏、秋、冬四季的预兆。地球、太阳和月亮的相互活动形成昼与夜，使时间的流动得以正确规律地周而复始。

我们的身体里同样也存在风水。而生命维持中必要的不可欠缺的活动就是呼吸。这一活动将风中的空气吸入体内，通过血液流动将水分输送到身体的各个器官，水分在我们的体内不断流动，从而保证了细胞的不断再生。

风水的作用正是通过这一活动贯穿万物，成为万物生长的原动力。

风水在成为地球原动力的同时，也存在于我们每个人体内的小宇宙中。

## 自然界中生生不息的风水

风水将自然界中存在的生命力应用于我们的环境、住所以及身体，并在与宇宙的和谐发展中生生不息，这才是对风水的正确认识。风水的意思就是读风、看水。所谓"读风"也就是读空气的流动。如果地面有大型山脉的话就能聚集地气，空气也随之流动，从而形成风。对这些山脉起伏情况的研究过程也就是读风。同理，所谓"看水"也就是读水的流动。只有同时兼顾以上两点，风水才能真正为我们所用。

# 第二章 关于气

风水学上，将围绕在我们身边、支撑和影响我们成长与发展的各种无形的能量统称为气。气看似无常、不可捉摸，但却并非无法把握。总体而言，当影响我们的各种气处于平衡的状态，这种气便能帮助我们取得成功、收获幸福，而气一旦紊乱，负面影响就会接连不断地发生，这时候就要采取措施来消减这种不良影响。

## 气之初

太阳、地球以及行星的运行所产生的天力给大地带来恩泽，赋予大地活力，形成四季并衍生出生命。人在天、地和双亲的力量作用下来到世上，然后再依靠天、地、人的力量发育长大。如果这种天地人的力量相互平衡，则能一切顺利，收获幸福。学者和占卜师都感动于天、地、人力量的不可思议和神秘，并赋予这种力一个新的名字——气。当这种气的平衡遭到破坏时，人们就会遭遇不幸，为了防止这种情况的发生，人们展开了对"气"的研究和学习。

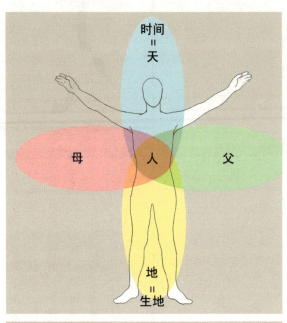

▲人因双亲来到世界，又依靠天、地、人的力量发育长大。

这就是风水这门学问的开始。

这门学问从古代一直流传到现在，这些被称为风水师的人不但要学习天文学、地理学、占卜术，还要具备其他专业知识和与之相配的品德，否则就不是一个真正的能感受到气的风水师。然而，对那些过着普通生活的现代人来说，这个看不见的气的世界非常深奥难懂，很少有人能真正感受到气本身，甚至在自己的身体受到了影响的时候也仍然意识不到气的存在，并且这样的人大量存在。

## 气是不断变化的

风水中认为，从大地进入住所的气流和身体的气流两者之间存在共通的东西。如果进入住宅的气处于一种和谐的状态，即所谓的好"气"，那么住在那里的人的身体也会变得健康，能够安心幸福地生活。

如果能一直有这种令人心情愉悦的好"气"固然很好，但现在持续快速发展的社会环境却给我们的生活带来了各种障碍和损害。这是经济成长的代价。为了生活本身，我们填平河流，然后在上面建造山丘般的高楼。大地也由泥土变成了看似干净的水泥混凝土，新鲜能量的注入却让生活变得更加孱弱。

住所的气乱了，住在里面的人的身体也会在不知不觉间受到影响。换一种说法就是"住所生病了，人也会跟着生病"。或许同人与人之间的心心相印一样，住所和人的关系也是彼此相通的。风水的根本就在于将自然界中存在的生命能量注入自己的身体。因此，首先要做的也是最重要的就是使住所充满元气，这才是所谓的"风水优居环境学"。

人生来就具有气。而且这种气的大小因人而异，并不总是固定的。如果气能不断提升，自己的运气也会随之变好，因此，调整气的流动，最大限度地发挥自己的能量、抓住幸运，这才是风水的精髓所在。

## 气是波动的

古人认为气是存在于宇宙万物中的最根本的能量，非常微小而且不断振动。这一惊人的发现与现代最先进的物理学不谋而合。聪明的中国人在公元前三世纪——战国时代中期的时候就已经认识到气是一门物理学，是生物生命和自然现象变动的原动力。风水学认为，作为物理能量的气存在于身心各方面，并且促使人类形成了各种不同的心情。例如，居住在环境好的家里，身体会变得健康，心情也会更加积极向上，相反，在不好的环

境中生活，身心都会变得消沉抑郁。

这种物理的能量也可以说是一种波动，并且具有波长。经常会听到别人说"我和那个人气味相同，很合得来"，这其实都是气的作用。气不仅存在于人类当中，场所、物体、时间等一切事物中都包含气。力量、气势、大气、空气、元气，可以说，气就是一种促进宇宙万物生长消亡的能量根源。

## 万物生于阴阳两气

宇宙间不可计数的"森罗"和所有形态的事物"万象"各自都包含特有的能量之气。了解其各自的性质，因时因地灵活运用，这就是风水师的日常工作。那么，气到底有哪些性质呢？

想要生出宇宙万物必须要有两种性质不同的气共同作用才可以，这就像父亲和母亲孕育小孩一样，一个负责创造生命，一个负责把它生出来，所有的事物都是由这两种气相互作用、相互调和而生的。这种调和如果是静止稳定的则没有任何意义，只有不断运动才能相互影响、促成宇宙万物的生长和消亡。地球上的自然、生命以及其他所有现象都是在这两种相反作用下出生、成长、消亡、出生，如此循环往复，生生不息。对这种现象有着深刻认识的古代中国人将这两种相反的气分别命名为阴、阳，"向内集中的"为"阴"，"向外扩散的"为"阳"。并且利用这两种阴阳之气解开

▲火山和雨的阴阳：火山喷出火，化作熔岩流出来——阳/雨水降落使岩浆冷却凝固——阴。

了宇宙创生的构造之谜：在创世之初一切都是虚无的，各种状态的气集中在一起混沌不开，后来，沉重集中的阴气与轻盈扩散的阳气逐渐分为两部分。阴气下沉形成大地，阳气上升形成天。

阳气象征运动的男性原理，阴气象征静止的女性原理，二者相互混合、相互感应，从而生成宇宙万物。

## 从水的温度变化感知阴阳之气

世间万物真的很不可思议，再坏的事情也总会有好转的一天，相反，荣华富贵也不会一成不变。人生就是这样充满变数，既有意气风发的时候，也有时运不济的时候，从气的观点解释就是"阴极必阳，阳极必阴"。阴气和阳气是相互感应不断循环的，下面我举一个简单的例子来说明。

冷水加热到一定程度就会有热气冒出，然后变成水蒸气散发到空气中。当水蒸气冷却后就又会变成水。这是因为水原本是一种"阴"的状态，加热到极限后变成"阳"的状态，然后冷却到一定限度又回到"阴"的状态。

由此可见，阴阳之气并不是那么深奥的难题，只是我们日常生活中的一种自然现象而已。

## 阴阳与人的关系

现在我们重新将目光转回现实生活，以孩子为例分析阴阳与人之间的关系。

男性（阳）和女性（阴）相遇、结婚、生子，然后孩子慢慢长大（阳）。孩子在成长过程中又必须摄取食物和知识（阴）。对孩子的教育也分为两部分，既要有温柔的疼爱（阴）又要有严格的教导（阳）。父母在孩子的成长过程中分别承担着慈母（阴）、严父（阳）的职责。只有在

这样阴阳平衡的环境中，孩子才能够健康茁壮成长。一旦阴阳失衡，这种良好的环境就会被破坏，孩子也可能会变得性格怪异或是闭门不出、内向寡言。而且现在这种阴阳失衡的小孩似乎越来越多了。

其实，阴阳也不是绝对的、一成不变的，而是相互混合成一个整体。通常来说，男性为阳，但这也不是绝对固定的，有些偏女性化的人其阴气就会相对强一些。同为男性，也有很多细微的区别，如感情纤细的人其女性的阴气就会强一些，相反地，那些被称为"男人婆"的女性其男性的阳气就会相对强一些。

## 自然能量是由五行衍生的

虽说万物的生长消亡是由阴阳二气引起的，但光靠阴阳是不够的。不同的事物相互关联相互作用才能生成新的事物。例如，两个小孩同在一个班级上学，如果这二人互不说话，那么他们之间就仅限于同学关系。但是，如果两人各自有着不同的魅力并且互相吸引，他们就会开始讲话、成为好朋友，而两家家庭的交流也会随之增加，将来两人友情持续发展的话还会给彼此的人生带来一定的影响。因此单纯的这种存在状态只能形成阴阳，互相的交流才能形成阴阳性质的差别。这种阴阳的性质由五大要素构成，各要素相互作用才有了万物的生长消亡。这五大要素分别是木、火、土、金、水，各要素的气相互联动，有时为阴，有时为阳，掌管着万物的生长消亡，产生出各种现象。气的这种循环体系就被称为"阴阳五行说"。而五行的"行"实际上就是功能、作用的意思。

关于这个循环，还有下面这种说法。木遇火燃烧，燃烧后归于土，土又生出金属，金属遇热后再生成水，如此循环往复。然而五行还不仅限于此，它们还有以下重要的含义，木象征成长的力量，火象征燃烧、滋生变化的力量，土象征孕育万物的力量，金象征封存、关闭的力量，水象征柔软、顺从的力量。

五行的能量根据其各自方向和力量强弱的不同形成两种性质各异的循

环。这两种循环分别归纳总结如下。

　　"木"带有花草、树木等植物性质。"木"燃烧时生出"火"。火燃烧后成为灰，再回到"土"里。土里能生出金属（矿石）。金属冷却、溶化后生成"水"，矿脉中也能涌出水。水又可以养育树木。这种互生的循环关系能使彼此的能量得到增强，被称为"相生"，顾名思义是一种共同生长的组合关系。

　　"木"压制"土"获得生长。"土"能止住水。"水"能灭"火"。"火"能熔化"金"。"金"能伐"木"。这种关系是一种消灭、停止的循环，彼此互相排斥、抑制，称为"相克"。

## 互助关系——相生　　　　　互反关系——相克

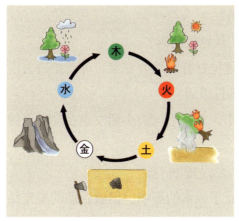

▲木→火：木遇火燃烧，成为火的燃料。
火→土：火燃烧后化为土（灰）。
土→金：土（灰）中生出金（矿脉、金属）。
金→水：矿脉中涌出水。
水→木：木在水的滋润下成长。

▲木→土：木（植物）破土而出，吸收土壤的养分。
火→金：火能将金熔化。
土→水：土（堤防）能止水。
金→木：金能伐木。
水→火：水能灭火。

## 气一旦紊乱，身体的气就会随之降低

现在大家已经了解了气的性质和循环结构。接下来我们将具体学习气的感受方法。

我们在形容一个地方时常说"让人心情很好的地方"、"让人平静下来的地方"、"让人充满活力的地方"，从风水角度看这其实就是一种气的流动状态良好的场所。相反地，在气的流动不好的地方，我们总会感觉心情灰暗，身心很容易疲倦。总有些地方是我们喜欢待的，同样也有些地方是我们一刻都不想待的。

然而我们这些所谓的现代人，却都不再关注来自身体的最直接的感触，即使身体拉响了警报也仍然无动于衷。

**你的身体感受到衰退的"气"了吗?**

各位读者朋友中，有人有过以下的烦恼经历吗?

①好不容易选了个交通方便、地理位置好的地方安家，可刚搬过去没有半年就觉得慢慢没了干劲，整天无精打采的。

②刚翻新了房子，孩子就不断受伤，来家里玩的小朋友也在院子里摔倒受伤。有不祥的预感，非常担心。

③换了床的位置后睡眠就变差了，总是睡眠不足。

以上的这些例子不能说都是因为受了风水的影响，但就目前的鉴定结果来看大约80％以上的人都是因为受了住所的"气"紊乱的影响。

虽然在身体对风水的感知方面存在个人差异，感知方法也多种多样，也有的人对此没有任何感知，但无论如何，看清气的本质才是最重要的。

那么，怎样才能更好地感知气呢? 下文中我们将作详细说明。

# 风水中神秘的身体信号

在风水好的地方，体力和肌肉力量都会增强，而在风水不好的地方则会变弱，这是一种自然的身体现象。为了验证这一点，1970年美国开发出了"直立运动机能测试法"，并将它作为一种医疗诊断方法。

测试风水好坏还有另外两种简单好用的方法："OK测试法"与"杯水测试"法。

下面我将分别就这三种方法进行说明。

▲OK测试法。

## 1.直立运动机能测试法（需要两人配合）

①A抬起自己的手臂，与肩部平行，手臂用力保持不下垂。

②B用右手抓住A的手腕附近轻轻往下压。

③在气好的场所胳膊不会被压下，而在气紊乱的场所胳膊则轻易就被压下。

## 2.OK测试法（需要两人配合）

①A用自己惯用手的拇指和食指摆出OK的形状。

②B用双手抓住A的OK手势，轻轻地往外侧掰。

③在气良好的场所手指是掰不开的，在气紊乱的场所手指很容易就被

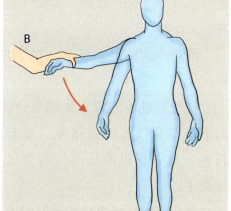

▲直立运动机能测试法的操作步骤。

掰开了

### 实验时的注意事项

在做直立运动机能测试和OK测试时需要注意以下两点：

①A（被检验者）和B（检验者）都不要带能发出磁力的物品，如手机、磁石项链等。

②不要佩戴金属制品、贵金属等。

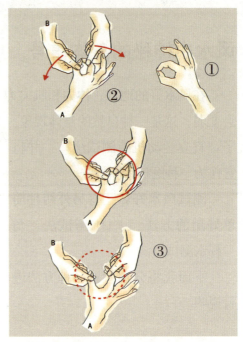

## 3.杯水测试法（一个人做）

自己一个人住，没办法做直立运动机能测试和OK测试的朋友，可以在空玻璃杯子里装上自来水摆放

▲ok检测法的操作步骤。

在自家靠墙边的地面上，每隔2米摆一个。（注：不要用手指搅，让水保持静止状态）

可以一次倒很多杯水分别摆在房间的不同地方，也可以分几次来做。

在气紊乱的地方，快则几分钟慢则半日，玻璃杯内壁就会有汽泡附着。如果气泡的量很多，如苏打水一般，则说明房间里的气已经乱了。

那么这种不可思议的现象的原理是什么呢？

原来，水里含有很多空气，在周围磁场和气稳定的情况下，水分子的排列就会很稳定，而当周围磁场和气不稳定时，水分子的排列就

▲在干净的玻璃杯中装入自来水。在气紊乱的场所，杯子内壁上会有气泡附着。

会被打乱，空气就会被挤出来。结果就如我们看到的那样，玻璃杯内壁上附着了满满的气泡。

除了自来水以外，我还用其他许多矿物质水做了实验，结果证明自来水是反应最明显的。而矿物质水中有很多种类的能量太过强大，甚至完全不受周围气的影响，因此最好不要用来做实验。

## 风水测试中的实际操作技巧

学会了直立运动机能测试法和OK测试法，下面就来测一下自己家的风水吧。亲身体验一下各种不同的身体反应。

千万不要忘了记录测试结果哦。

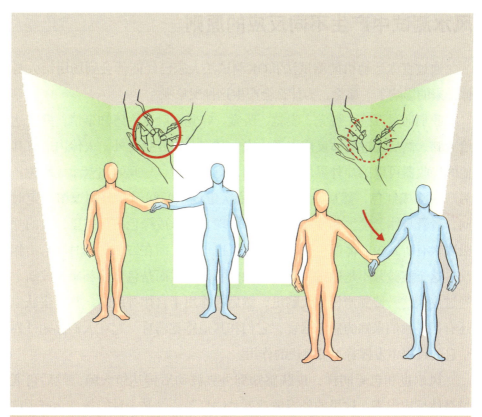

▲用直立运动机能测试法和OK测试法——测试家中各区域风水的好坏。

## 在家中各区域做风水测试

| | |
|---|---|
| 玄关 | 站在家中玄关处进行测试，分别站在门内和门外测试，面朝哪个方向都可以。 |
| 走廊 | 走廊比较狭长的话以2米为间隔，分别测试廊宽两侧。特别是各个房间的门处等有凹陷的地方更要仔细测试。 |
| 起居室 | 如果起居室在走廊尽头，就从起居室门边开始测试；如果位于家的四角、中央、窗边或与其他各房间相连则在开口处周边进行测试；也可以在家具旁边测试。 |
| 其他房间 | 孩子的房间和卧室等也和起居室采取同样的测试方法。大型家具，如床、桌子、书柜等周边也要仔细测试。 |
| 厨房、卫生间、浴室、盥洗室 | 这些都是有水的地方，不仅空间小而且各种电器产品也很多，比较难测试，所以测的时候要多用心，另外，镜子前面也要测试。 |

## 风水测试中产生不同反应的原则

通过直立运动机能测试法和OK测试法大家已经能体会到场所给人身体带来的影响了。那么，为什么会产生这种现象呢？

我们通过五感（视觉、嗅觉、听觉、味觉、触觉）感知事情，并传达给大脑，然后通过身体反应表现出来。其实在这五感之外，人体内还有其他的接收器可以感知外界信息。例如，有两间屋，一间的墙壁涂成绿色，另一间涂成红色，然后人蒙上眼睛依次走进这两间屋并分别逗留一定时间，看看身体会发生哪些变化。结果发现，在涂成绿色的房间里，人的呼吸次数有所减少，体温也下降了，血压也低了。而在红色房间时则恰恰相反。这个实验并不是通过视觉来感知色彩信息，而是色彩的频率（波动）通过皮肤这一传感器传到大脑里，然后再作用于自律神经的。其实皮肤里还有很多我们未知的感觉器官，它们和其他感觉器官一起在人们感知外界信息的过程中发挥着不可替代的作用。

风水也和色彩同样，皮肤感知到外界波动后传达给大脑，然后再通过身体反应出来。这里的外界波动就是"气"。气是一种能量，会产生波动，因此能够被皮肤感知。

## 良性"气"的测试结果

在充满良性气的地方，以及气的波动正常的地方，这种良性的信息会通过皮肤传入身体，大脑判断出这种气对维持自己的生理机能有利后就会将这一信息传达给脑脊髓和神经，从而使全身的体力得到增强。

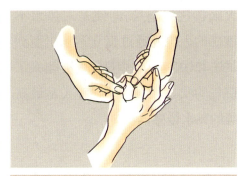

▲在充满良性气的地方做OK测试，手指掰不开。

如果在刚才测试自家风水的过程中，你的手腕没有垂下，OK手势没有被掰开，玻璃杯中也没有气泡产生的话，说明家中气的流动很正常。以我的经验来说，如果家中的气呈良性状态，那么居住在里面的人的免疫系统以及神经系统的循环都会呈良性，身体机能也会不断得到提高。按照中国医学的说法就是体内的气被激活，身体充满元气，也就是一种能量充沛的状态。

## 恶性"气"的测试结果

如果在风水测试中，手腕无力手臂下垂，手指被掰开，玻璃杯的内壁上有气泡附着的话，说明家中的气已经紊乱了。待在这种紊乱的场所，大脑会发出对维持自己身体机能不利的判断，从而削弱全身的力量，导致神经系统和免疫系统的活动下降，新陈代谢功能弱化。另外，与直立运动机能测试法相比，OK测试法更加敏感。因为手指连接大脑的感觉神经区域和运动神经区域，对力量和肌肉的反应非常灵敏，与手腕处相比，疲劳的恢复速度也相对较快，可以进行连续测试。

即使同在风水不好的场所，人和人的反应也各不相同，有的人很敏感，而有

的人却一点感觉也没有，但不管怎样有一点是相同的，两者都是通过身体感知"气的紊乱"这一信息，并通过大脑传达到全身。即使是对风水不敏感的人也能通过直立运动机能测试法和OK测试法中身体的变化来了解气的状态。因此可以说，人是最高级的风水传感器。

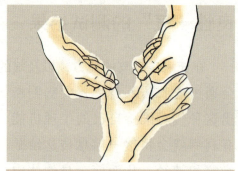

▲做OK测试手指被掰开说明周围充满恶性的气。

## 调整恶性的气，提升健康运

很多人即使每天生活在气紊乱的家里也察觉不到，这样的例子不胜枚举。我至今为止受理的风水鉴定事例，包括个人和企业的，已经超过了1000件。这些人中的绝大部分即使受到了恶性气的影响身体变差，也意识不到其中的原因。

各人由于天生的体质不同，受到气影响的程度也各不相同。在风水中，主要是从土地之气、天之气、人之气三个方面来进行判断，因此其症状也多种多样。

只有通过调整自己居住环境的气，才能够让全家人的体力以及健康运势得到提升。关于各种煞气、邪气的识别以及化煞方法，我们将在下章中详细的给予说明介绍。必须要说明的是，调整家中恶性之气，这是一件关系到全家人的健康与发展的事情，必须要加以重视起来，因为只有在充满良性之气的家中，家人的身体才能重新恢复健康，食欲才能变得旺盛，家人之间的关系才能和谐融洽，家人的人际交往才能变得游刃有余。

# 第三章 关于大地

本章主要讲述关于大地的知识，我们脚下的土地孕育的地气，对我们的生活会产生直接的影响。地气对我们的作用，最直接地体现在住宅和生活环境对我们的影响上，当住宅和生活环境中的地气处于良性的状态中便能孕育良性的能量，而病态的地气一旦产生，就会带来不好的运势。

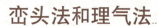

# 峦头法和理气法

我们在前文中已经学习了有关气的知识。想要理解这种不可见的气确实很困难。但是我们的祖先从很早以前就意识到了看不见的力中存在无限的可能性。而我们出这本书的目的也正是为了便于大家理解，让它在今天的环境中也能同样适用。

认识家中风水的方法有很多，这里我将在现代风水的基础上为大家做相关介绍。在风水中主要有以下两种鉴定方法：峦头法和理气法。本章主要为大家介绍"峦头法"，调整家中的气，下一章将会针对"理气法"做详细的说明。

## 峦头法和理气法

| | |
|---|---|
| 峦头法：针对看得见的气的鉴定方法 | 关于地气的鉴定方法。在有建筑物的地方认真观察其形状和状态（地形、地势等）所发出的气，进而判断吉凶。所考察的场所不仅包括地基和内部，还包括它的周边环境。其实本章中所讲的家中风水测试法就属于峦头法。结合建筑物的室内外形状以及它们所发出的气做综合鉴定。 |
| 理气法：针对不可见的时间、方位等气的鉴定方法 | 关于天之气的鉴定方法。天是引起地上各种现象的原因，从这个观点出发，对建筑物的方位、时间以及居住者的出生年月日等所包含的气进行鉴定，从而判断其吉凶。 |

▲这是峦头法的一个实例，道路的形状导致周围的气发生紊乱。

峦头法和理气法不是单独存在的，它们就像车子的前后轮一样，少了任何一方都无法真正起到调整风水的作用。在利用风水开运时，一定要从峦头法和理气法两方面同时进行。

## 地气来自地球内部

本章主要讲述关于大地的知识。我们脚下的土地蕴含着什么样的气，它对我们的生活又有着怎样的影响，马上来看一下。

地气的好坏可以通过OK测试法和直立运动机能测试法轻松验证。经过测试，你是不是对家里流动的地气状态有了一定的了解了？如果测试结果证实家里的气是乱的，也不用担心，可以运用风水术进行调整，使土地重新恢复生命力，充满生机。

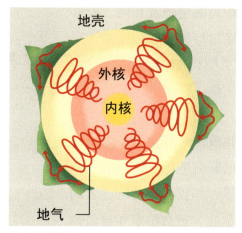

▲一般来说，外核处形成磁场会产生一定的电力。地气和磁场很相似，但是存在细微差别。

那么，接下来我们再来看周边环境。

对风水来说最重要的就是场所的气。如果建筑物周边或内部的气乱了，那么不只是建筑物本身的运气，甚至连住在里面的人的健康和运气也会受到影响。但是通过调整使气恢复良好状态后，建筑物的运势和居住者的健康、运气便会相应得到提升。

## 气的波形

地气一旦乱了，就会给身心带来不好的影响，想要改善它就要先了解它的构造。

地气包含两种类型A（见图1-1）和B（见图1-2）。A的波长较短，B的波长较长，A和电视、微波炉等的电磁波相同，能够穿过墙壁，当然也能够穿过人体。B不能穿过墙壁和人体，而是和风一起从窗户和玄关等的入口处流入建筑物内部。与B相比，A的影响更大一些，如果A乱了，不仅会影响居住者的身心，还会给家和建筑物

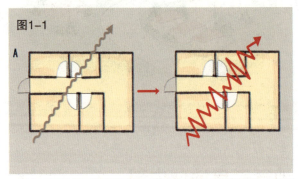

▲地气A的波长较短，能够穿越墙壁和人体，地气A一旦发生紊乱，对建筑和人体就会产生不好的影响。

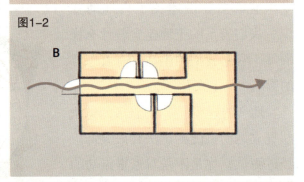

▲地气B的波长较长，常和风一起从窗户和玄关等的入口处流入建筑物内部。

的运气带来不好的影响。B如果乱了，则会把外面环境中不好的气带到家里，并且把家中良性的气放出去。

如果不调整好A和B，那么无论摆放什么样的开运风水物品都无济于事，必须先改善紊乱的地气。

## 生气和衰气

　　在风水中，不会导致地气紊乱、具有旺盛能量的气被称为"生气"。相反的，扰乱地气、带有衰退能量的气被称为"衰气"。

　　如果在OK测试中手被掰开了，那说明家中已经充满了衰气。这样的话，身心的气力都会随之衰落，家本身的运气也会衰退。照这样下去，居住在里面的人的健康状况也会一落千丈。

　　在这里有一点需要说明一下以免大家误解，衰气其实是乱掉的生气，原本是具有力量的。在自然界中没有什么东西是生来就带有恶性的，因此只要把衰气再转变成生气，恢复其原有的良性能量就好了。OK测试的结果越坏说明家中的地气越强，因此转变成生气后其良性的能量也越强。

## 邪气和煞气

　　衰气中影响尤其坏的气被称为邪气。邪气是由于地气在流动的途中穿过了不干净的场所、有孽缘的场所、带有很强恶念的人居住的场所后形成的。

　　煞气是指建筑物发出的气中状态极为紊乱的气。建筑物的拐角如果正对着玄关、道路的尽头或天花板的横梁，则很容易产生煞气。

　　在峦头法中有很多方法能将衰气、邪气、煞气等转变为生气，后面将为大家做详细介绍。

### 各种类型的煞气

▲房梁的拐角会释放出煞气。

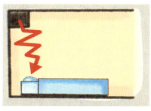

▲房梁的拐角如果正对着书桌或床等,会受到鬼角煞的影响。

▲鬼角煞

▲路冲煞

# 掌握乱气的调整方法

正常状态下，地气和龙脉都是比较吉利的，但是发生紊乱后便会生出凶事。为了防止这种情况，我们就要学会掌握乱气的调整方法，使之往良性方向发展。

这种调整乱气的方法就称为化煞。化煞能够让气恢复正常的性质和状态，优化场所的环境。流传下来的化煞方法有很多，我自己也试了很多，并且实践了一些有实际效果的化煞法和自己发明的方法。在这里我将就最简单的化煞基本常识为大家进行讲解，首先介绍一些化煞用物品。

## 1.镜子

镜子既能反射气亦能聚集气，而风水学上一些特殊形状的镜子还能将进入家中的邪气转化为生气，一切都依据镜子形状与材质来决定，对照下表，我们能了解到日常最常使用的三种化煞镜的功用：

### 三种常见的化煞镜及功用

| 化煞镜 | 功用 |
| --- | --- |
| 正方形的镜子 | 正方形代表阳，有扩散、发散的意思，因此可以反射邪气和煞气，防止它们的入侵。但是它同时也会反射生气，因此要慎用。对于建筑物外部的邪气、煞气的入侵，正方形的镜子只能防止气的入侵，但不能把邪气和煞气转化为生气。 |
| 圆形、椭圆形的镜子 | 圆形代表阴，有集中、吸收的意思。能够聚集邪气、煞气和生气。圆形和椭圆形的镜子能够将邪气等原封不动地吸收，不会对家中的状态产生影响。 |
| 八角形的镜子 | 八角形兼具阴阳两性，是风水中最吉祥的图形之一。对改善气的紊乱尤其有效。作为气的过滤器，是最适合化煞的图形。如果市面上买不到，可以在方形镜的四角分别贴上黑色胶带作为八角镜使用，也同样有效。八角形的镜子则能调整紊乱的邪气和煞气并将它们转化为生气吸入家中。 |

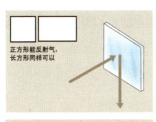

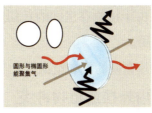

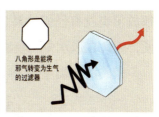

▲**正方形**：正方形能反射气，长方形也同样。

▲**圆形**：圆形和椭圆形能集中气。

▲**八角形**：八角形是能将邪气转变为生气的过滤器

除了以上介绍的三种镜子之外，中国的八卦镜是一种非常有名的风水镜，分凹面和凸面两种。凹面和正方形一样同属阳性，凸面和圆形、椭圆形镜一样同属阴性。在有些风水学中认为凹面和凸面都具有反射邪气的功效，这其实是不对的，两者功效不同，一定要注意区分。

了解各种形状化煞镜的功效，正确加以使用才是最重要的。

## 反射气的凹面　　　聚集气的凸面

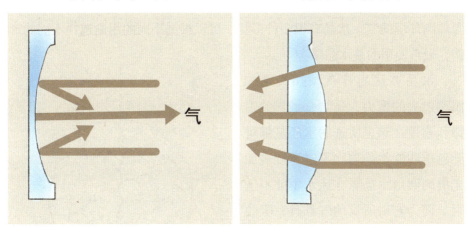

▲**凸面和凹面的区别使用**：凸面和凹面的作用正好相反。凸面是用来吸收良性气的，而凹面则是用来反射紊乱的气的。

## 2.植物

植物本身没有反射邪气的力量，但植物所具有的生气则能将邪气转变为生气。植物摆放的时候一定要仔细观察植物的状态，选择新鲜的、生机勃勃的，否则即使

摆放了也没有任何效果。由于植物在房间的任何地方都可以摆放，使用简便，因此在风水中比较常用。

植物的种类主要为叶片宽厚的常绿植物。

### 室内外摆放植物种类

| 场所 | 植物 |
| --- | --- |
| 室内摆放的植物种类 | 黄金葛、龙血树、丝兰、芦荟等。尤其是虎尾草，不仅化煞效果高，而且还能将恶气转变为生气。 |
| 庭院、室外摆放的植物种类 | 常绿树木，特别是芦荟、仙人掌等叶尖细的植物，具有反射邪气的能力，可以有针对性的摆放在需要的地方。 |

## 3.水晶球

水晶由于其结晶构造的稳定，频率也非常稳定。所谓气的紊乱，实际上就是频率的紊乱，因此可以利用水晶稳定的频率来调整乱掉的频率，改善周围环境的气。水晶有很多种形状，可以根据不同的用途选择不同的形状，最常使用的是水晶球。

水晶被认为具有预知未来和洞察过去的魔力，受到全世界的追捧和喜爱，这里所说的水晶是那种无色透明的水晶球。不过这种表面光滑的圆形水晶球在风水中并不适用。因为它对所有的气都具有吸收作用，包括良性的气和恶性的气。用于化煞的水晶球应该是表面有很多切割面、能对气起到扩散作用的几何形状。

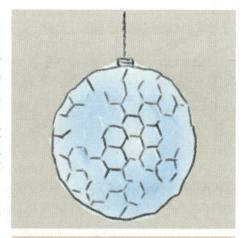

▲能够对气起到扩散作用的水晶球。

这种形状能够将衰气和邪气转变为生气并将生气扩散到空间各处。可以根据需要将它挂在房梁下或柱子的拐角处，防止恶性气对人体产生影响。除了水晶球以外，其他一些水晶摆设物也能起到相同的效果。

### 4.狮子

狮子和八角镜很相似，都具有过滤气的功效。不同的是八角镜用点，而狮子是用面来过滤。将狮子朝着邪气的入侵方向按照左雄右雌的顺序摆成八字形，这样一来两者之间就能形成一张过滤网，将邪气转变为生气了。雄狮为阳，雌狮为阴，再加上狮子本身就具有转换气的能量，三者合一发挥化煞效果。雌雄狮子间的距离最好保持在1~3米之间。

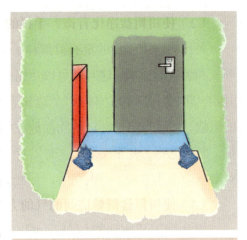

▲两只狮子之间形成一张过滤网，能防止邪气入侵。

狮子的材质有陶器、金属、玉石三种。陶器和玉石的效果差不多，没多大区别，但若是金属材质的话则金色（镀金处理）效果最好。

### 5.粗盐

自古以来，盐一直都被认为具有洁净去污效果。有的人至今还有这样的习惯：在每月的1号和15号都要在家周围撒上盐来净化土地。这里的1号和15号不是指阳历，而是指阴历的初一和十五。在阴历中，初一正好是新月，十五是满月，象征着天地之气共振之日。盐具有化解煞气的作用，但这里的盐指的是天然的粗盐，其他的食用盐等精制盐和矿物石盐则没有这种效果。而粗盐中又以从海水中提炼的粗盐最有效果。

当你总感觉莫名疲倦时不妨在家里试试粗盐净化法吧。

**（1）使用粗盐净化房间的方法**

先整体清扫，然后将粗盐撒在地板上，过一段时间后用吸尘器将粗盐吸走。这是最有效的清扫方法，能最大程度净化气的流动。空间变干净了，心情也变得异常舒畅。这不仅净化了场所，还能驱除身体的疲劳感和头痛感。

**（2）使用粗盐净化首饰、手机的方法**

外出时身上珍贵的宝石首饰和手表、钱包等很容易沾染外面的气，受到邪气和煞气的影响。这时就可以用粗盐进行化煞。对邪气和煞气进行化煞的时候，取4个1升的正方体或1个边长为5厘米大小的正方体容器，装入七分满的粗盐。然后将沾了邪气的物品放在中央，放置一段时间后邪气就会被化解掉，物品也随之变干净了。这时候有一点需要注意的是，正方体的朝向必须对准东南西北方位，否则无效，因此要用磁石测出准确方位后再行摆放。

**（3）使用粗盐调整房间的气的方法**

粗盐除了用来清扫以外还可以用来调整房间日常的气，其中最有效的做法就是一升容器调整法。它富于变化而且每种都简单易行，请一定要掌握。

摆放的时候可能很多情况下都无法做到正对东南西北，这时就可以根据房间的格局灵活摆放在合适的方位。

另外，当粗盐吸收了潮气变得充满水分时，要及时更换。

## 在家中摆放粗盐常见位置

▲粗盐的摆放场所。　▲家整体四角。　▲床的四角。　▲孩子书桌四角。

## 6.炭

炭是一种非常有效的化煞物品，但很多家庭都没能充分利用。也有很多家庭会在房间的角落放置2、3根短的备长炭来净化室内的气，但遗憾的是这样做并没有任何效果。在10平方米左右的空间里至少要放15~20千克这样的炭才能起到效果，因此像2、3根这么少的备长炭是根本无法改善房间里的气的。

那么，炭到底应该要怎样用？下面就为大家介绍几种常用方法，大家可以对照自身情况参考选用。

**（1）除湿**

将炭放在家中的地板下面，用来除湿，特别是那种地基建在池塘或水塘上的房屋。因为湿气太多会引发疾病，用这个方法可以有效防止湿气。

**（2）预防电磁波辐射**

在显像管电视上方放置2~3根短的备长炭，能够有效防止电磁波辐射。

**（3）净化空气**

将炭放在房间的角落处可以净化空气并除湿。但是量少的话没什么效果，这一点比较不好。

**（4）改善地气**

在建筑物的地基里加入约1吨（建筑面积90~120平方米）的炭粉，与水混合，有很强的改善地气的效果。

## 7.铝箔

铝箔是经常用的一种化煞物品，非常有效。有时甚至比水晶效果还好。取大小两片铝箔，分别卷成宝珠形，小的顶端往右拧（顺时针方向），大的往左拧（逆时针方向），用这两个宝珠来将入侵的邪气和衰气转变成生气。

肯定有很多人都觉得不可思议，为什么铝箔这么普通的生活用品会有这么大的力量能够用来化煞，鉴于此我就通过图示来为大家讲解一下它的原理。

将铝箔逆时针旋转（往左拧）就使铝箔的气具备了阳的功效，而顺时针旋转（往右拧）则使它具备了阴的功效，而且顺时针的大，逆

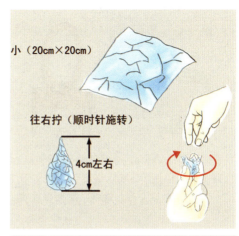

小（20cm×20cm）

往右拧（顺时针施转）

4cm左右

▲铝箔的宝珠形小的卷法。

▲将两个铝箔宝珠放好后，二者之间就形成了一张过滤网。

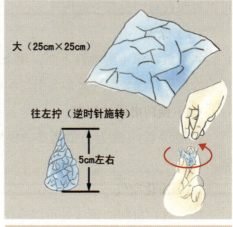

大（25cm×25cm）

往左拧（逆时针施转）

5cm左右

▲铝箔的宝珠形大的卷法。

时针的小，这样更增强了其阴阳功效。将两个铝箔分别摆在适当的位置，中间留出一定间隔，这样一来在两者之间就形成了一张过滤网，能对看不见的气起到过滤作用，有紊乱的气通过时，这张网就会把乱掉的气转变为生气。

## 单个铝箔宝珠的化煞用法

▲往右拧的铝箔：放在电视、音响、微波炉、台灯等电器上面，能够减轻电磁波辐射的影响。

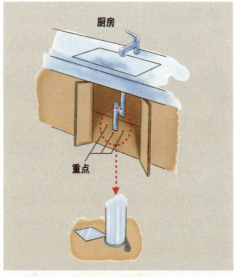

厨房

重点

▲往左拧的铝箔：可以在任意一个重点处放置一枚铝箔宝珠（逆时针旋转）或是镜面朝上放置一个四边形的镜子。

## 针对存在环境中的煞气的化煞方法

### 1.周边环境中的煞气

如果在前面的OK测试及直立运动机能测试中手指被掰开了，或是体力较弱胳膊垂下来了，那说明家中有了不好的气，事不宜迟，现在就来改善它吧。

按顺序来，首先讲一下气容易发生紊乱的环境，然后再讲具体的化煞方法。

建造房屋时其周围的生活环境也会对住所的气产生影响，导致气紊乱，这叫形煞。

形煞有很多种情况，下面我就为大家具体解说各种情况以及其各自对应的化煞物品和改善方法。

#### （1）无情煞（有河流、水槽的环境）要用箔来化煞

水聚集了地气，具有运输的功能。同时，水还具有左右金钱运的能量，在风水中发挥着重要作用，甚至还有水法这种调整金钱运的方法。地气本来是一种生气，注入水后便有了吸引金钱运的力量，并且随着水的流动将这种力量传播到周边各处。大的河流之所以被称为水龙就是这个原因。世界上的大城市几乎都是建在河口处。这大概也是因为河流穿过城市中心能为城市带去生气和金钱运吧。

水流不管是在地上还是地下都能为土地输送生气，但是水流一旦停滞的话气也跟着停滞，从而生成衰气和邪气。不仅是河流和地下水，水槽也同样如此。

河流根据形状的不同，既能生成良性的气也有可能生成恶性的气。如果河流呈直线快速流动的话，就不会聚集生气和金钱运。如果蜿蜒缓慢流淌的话，在弯曲的内侧便会聚集生气和金钱运，这被称为有情，但外侧则没有，反而会失去本身的生气和金钱运，这被称为无情。如果家周围有浑浊的河流或淤积不前的河流也同样会对生气和金钱运带来不好的影响。这

种情况下就可以用OK测试法找出水流引起的衰气和邪气的入侵方位，并通过化煞法防止衰气和邪气的恶性影响。

化煞的顺序：

①在朝向河流方向的墙壁处进行OK测试或直立运动机能测试，找出气最弱的地方并站在那里。

②以最弱的地方为中心，面朝外在大门左边地面摆放大铝箔宝珠，在右边地面摆放小铝箔宝珠（见图1-3）。

## 无情煞及其化解方法

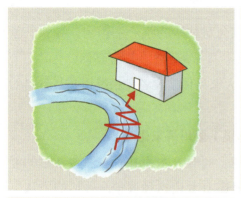

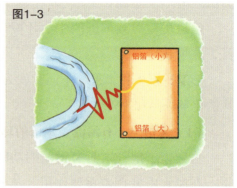

▲房屋位于河流外侧的"无情煞"。

▲"无情煞"的化解方法。

### （2）电车线路煞要用铝箔来化煞

电车的线路受到电磁波和电车运行的影响导致气发生波动，从而对附近的居住环境产生影响，这叫线路煞。线路正好横亘在房屋面前时影响最大，离开一点就没什么影响了。但话又说回来，像高铁那样高速运行的线路，其电磁波的量大、对周围的影响也大，要与线路保持30米以上的距离才有可能免受影响。

化煞的顺序：

①在面朝线路那一侧的墙壁处做OK测试或直立运动机能测试，找出气最弱的地方并站在那里。

②以最弱的地方为中心，面朝外在大门左边地面摆放大铝箔宝珠，在右边地面摆放小铝箔宝珠（见图1-4）。

## 电车线路煞及其化解方法

▲电车线路煞。

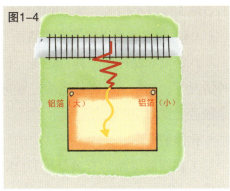

图1-4

▲电车线路煞的化解方法。

### （3）路冲煞要用铝箔来化煞

所谓路冲煞是指建筑物入口处正对着道路的一种地形。直线前进的气冲进家里，会导致家里的人生病、受伤，甚至连金钱运也会变坏。尤其是当道路直冲玄关和门口时，危害更大，其中玄关和后门在一条直线上的家庭，其财运受到的影响是最大的。

**化煞的顺序：**

①在横冲道路的玄关处进行OK测试或直立运动机能测试，找出气最弱的地方并站在那里。

## 路冲煞及其化解方法

▲路冲煞。

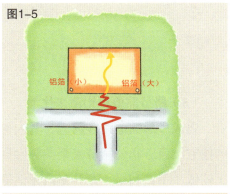

图1-5

▲路冲煞的化解方法。

②以最弱的地方为中心，面朝外在大门左边地面摆放大铝箔宝珠，在右边地面摆放小铝箔宝珠（见图1-5）。

**（4）八字煞要用铝箔来化煞**

八字煞和路冲煞一样，也是一种受到直线前进的气的影响的地形。这种情况下，如果道路比住宅的位置更高，那家人就容易生病、受伤，同时金钱运受到的损害也会更大。

**化煞的顺序：**

①在横冲道路的玄关处进行OK测试或直立运动机能测试，找出气最弱的地方并站在那里。

②以最弱的地方为中心，面朝外外在左边地面摆放大铝箔宝珠，在右边地面摆放小铝箔宝珠（见图1-6）。

## 八字煞及其化解方法

▲八字煞。

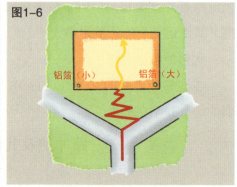

图1-6

铝箔（小）　铝箔（大）

▲八字煞的化解方法。

**（5）路弓煞要用铝箔来化煞**

弯成弓形的道路和河流，其内侧的气为有情，充满生气，能够为那里的住宅、商店和公司带来繁荣和发展。相反，外侧为无情，气的能量等级比较低，不宜利用。尤其是当无情侧有住宅、商店、公司等，且入口正对道路时，不但得不到发展，反而还会受到形煞的影响，这在风水中被称为路弓煞。我国的风水书里有这样的记载：受到路弓煞的影响时，人会陷入孤独、疾病、火灾、伤害等祸患当中。

在城市中，高速公路附近的大楼和住房一般都是位于弯曲的外侧，即路弓煞方位。虽说冲着道路的主要都是阳台和大的落地窗，但难免还是会受到一定程度的恶性影响。而且这种影响还分为两部分：高出高速路的那一部分住宅和大楼楼层会受到影响，而高速路以下的那些楼层则不受影响。受到路弓煞的影响时人会变得静不下心、焦躁不安。

**化煞的顺序：**

①在正对道路的阳台、墙壁、玄关处进行OK测试或直立运动机能测试，找出气最弱的地方并站在那里。

②以最弱的地方为中心，面朝外在大门左边地面摆放大铝箔宝珠，在右边地面摆放小铝箔宝珠（见图1-7）。

## 路弓煞及其化解方法

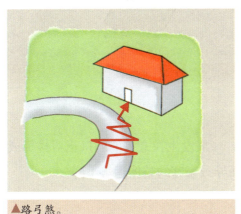

▲路弓煞。

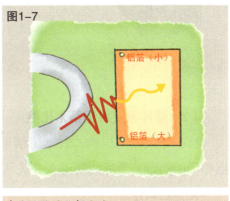

图1-7

铝箔（小）

铝箔（大）

▲路弓煞的化解方法。

### （6）鬼角煞要用铝箔来化煞

鬼角煞是指一个建筑物的一角正好对着另一个建筑物的入口、玄关或窗户的情况。在风水中，三角形由于其形状很像尖刀锋利的尖，因而被认为是充满煞气的不祥物。

我在鉴定风水的过程中也碰到过很多鬼角煞的情况，基本上都是发生

在市中心，旁边或对面的建筑物的角正好对着自家的房子，从而形成鬼角煞。当遭遇鬼角煞时容易引起精神状态的不稳定。

**化煞的顺序：**

①在建筑物的角正对着的玄关或窗户处进行OK测试或直立运动机能测试，找出气最弱的地方并站在那里。

②以最弱的地方为中心，面朝外在大门左边地面摆放大铝箔宝珠，在右边地面摆放小铝箔宝珠（见图1-8）。

## 鬼角煞及其化解方法

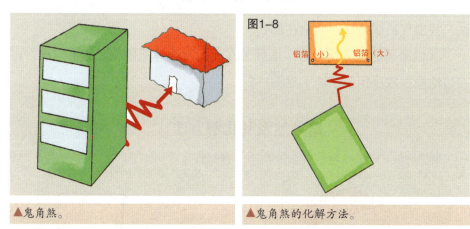

▲鬼角煞。　　　　　　　　　　　▲鬼角煞的化解方法。

### （7）楼梯煞要用铝箔来化煞

楼梯煞是公寓里的一种常见情形，一般发生在玄关的门口正对楼梯或电梯门的场合，紊乱的气进入玄关从而导致家庭的整体运势下降。

**化煞的顺序：**

①在正对楼梯或电梯的玄关处进行OK测试或直立运动机能测试，找出气最弱的地方并站在那里。

②朝向玄关外面，在左边地面摆放大铝箔宝珠，在右边地面摆放小铝箔宝珠（见图1-9）。

## 楼梯煞及其化解方法

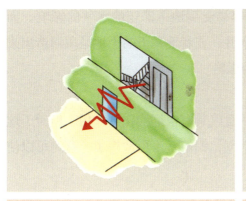

▲楼梯煞。

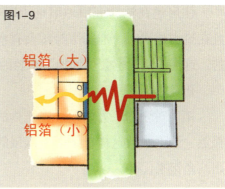

图1-9

铝箔（大）

铝箔（小）

▲楼梯煞的化解方法。

### （8）气流煞要用铝箔来化煞

气流煞是指空中流动的气发生紊乱，从而对人的身心健康和住宅运势产生恶性影响的情况。多发生在公寓中较高的楼层。

**化煞的顺序：**

①在朝外的阳台或玄关处进行OK测试或直立运动机能测试，找出气最弱的地方并站在那里。

②以最弱的地方为中心，面朝外在阳台左边地面摆放大铝箔宝珠，在右边地面摆放小铝箔宝珠（见图1-10）。

## 气流煞及其化解方法

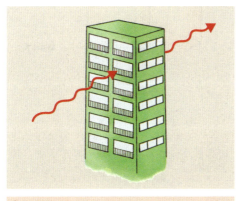

▲气流煞。

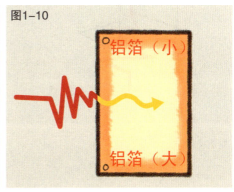

图1-10

铝箔（小）

铝箔（大）

▲气流煞的化解方法。

### （9）地下水煞要用镜子来化煞

住房建在池塘或田地旧址上时容易受到地下滞留的水气的影响。而且在过去建房时，地基下经常会有水井，或者地基下的土地是填河造出来的，这样的情况也会受到地下水煞的影响。

**化煞的顺序：**

铝箔对于水平方向入侵建筑物的乱气具有很好的化煞作用，但对于地板煞、地下水煞这样自下而上入侵的气，铝箔就不再适用了。这时可以使用八角镜来代替。

①在住宅的中心周边进行OK测试或直立运动机能测试，找出气最弱的地方并站在那里。

②将八角镜放在地板上，镜面朝下。如果地面有绒毯的话就放在绒毯下面（见图1-11）。

化煞后再次进行OK测试或直立运动机能测试，看是否有强烈反应。如果反应较弱则说明镜子的摆放位置有误，这时慢慢挪动镜子的位置，直到反应强烈为止。

## 地下水煞及其化解方法

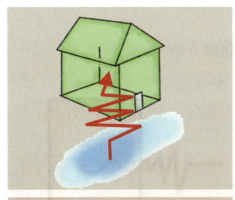

▲地下水煞。

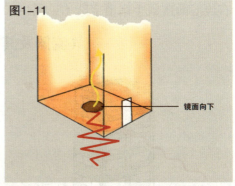

图1-11

镜面向下

▲地下水煞可用八卦镜来化解，镜面大小以10厘米为佳，如没有的话也可用长方形镜子代替。

**（10）高压电线的电磁波可以用叶类植物来化煞**

如果住宅上方架有高压电线的话会受到电磁波的影响，而且受到的影响跟周围的土地条件也有关系。住宅附近有河流、池塘、地下水时较容易受到电磁波的影响，山区等无水的土地则没什么大问题。因为电磁波会通过水导电，所以生活在有水地方的人就容易受到影响。

**化煞的顺序：**

①计算出住宅的中心位置。

②在中心位置摆放叶类植物虎尾草。大小以1米高左右为宜。太矮的话起不到什么效果。

进行化煞时最好能让电磁波发生短路，因此可以再摆放一些具有短路作用的物品，如金属（金、银、铜）、植物、土、水、盐等，这样可以大大提高虎尾草的化煞效果。

## 2.建筑物内部环境中的煞气

在风水中，理想的住宅应该是从正上方看下去没有凹陷的正方形或长方形。这种方方正正的住宅中阴阳之气能和谐循环，对居住者产生良性影响。

而那些形状复杂、有凹凸的住宅，气就容易紊乱停滞，能量得不到正常循环，从而导致煞气的产生。

风水学中认为，建筑物中突出的部分会强调该方位象征的意义，而凹陷的部分却不会。也就是说即使建筑物有凹陷也不会对吉凶产生什么影响。但是，有凹凸的建筑物里的气更容易发生紊乱停滞，而且气的这种不平衡又会对家庭产生恶性影响。通过调整场所的气可以消除这一影响，使风水得到改善。和前面一样，这里也可以利用植物、炭、镜子、摆设物等风水物品进行化煞，营造舒适的居住环境。

下面就举三个最具代表性的例子，并针对具体的化煞方法做详细说明。

**（1）凹形的建筑物可以利用叶类植物进行化煞**

凹形建筑物中的阴气和阳气很容易失衡。因为阳气主要集中在两袖部分，而阴气主要集中在凹陷部分，这样一来气就无法正常循环了，正常的气应该是按顺时针方向不断流动循环的。这时可以通过摆放植物来使凹陷部分停滞的气重新恢复循环。

化煞的顺序：

①在图中a处（凹陷部分的中央）种植树木或摆放盆栽(见图1-12)。这时最好选择较高的植物，但切记不可高过建筑物本身。2米左右的最合适。树木的种类没有什么特别要求，但应该避开根系伸展发达的树木、树干生长过旺的树木、以及枝叶横向伸展的树木等。

②在室内各个角落摆放叶类植物(见图1-13)。

**（2）L形的建筑物可以利用叶类植物进行化煞**

L形的建筑物和凹形建筑物一样，容易引起阴气和阳气的失衡。这种L形的建筑物非常常见，凹陷的部分通常都被用来做停车场。做成停车场的话，由于地面要铺上混凝土，因此就没办法种植植物。如果凹陷部分不用作停车场而是土地的话，就按照和前面凹形建筑物化煞顺序②同样的方法进行化煞。但仅仅如此还不足以充分修复气的流动，还要重点调整室内的气。

化煞的顺序：

①在图中a处种植树木或摆放盆栽(见图

### 凹形建筑化煞解方法

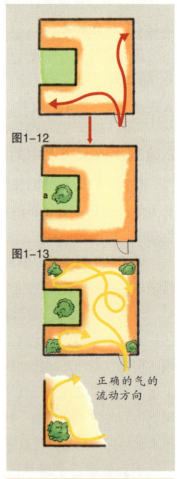

图1-12

图1-13

正确的气的
流动方向

▲ 正常的气是按顺时针方向流动循环的，在角落摆放叶类植物能够帮助恢复气的这种正常循环。

1-14）。树木的高度以1~2米最合适。树木的种类要选择笔直伸展的类型。金冠戴菊和杉木都是不错的选择。盆栽的金冠戴菊也同样适合。

②在室内各个角落摆放叶类植物（见图1-15）。

## L形建筑化煞方法

图1-14　　　　　　图1-15

▲室内的叶类植物没必要在每个角落都摆放，2~3盆就足够了。

### （3）建在湿气较重的地面上的住宅可以利用炭进行化煞

随着住宅需求的不断增加，很多水田、池塘都被填埋用来做住宅用地。在这种地方建造的房屋，湿气是个不可避免的大问题。在一些水分没有抽干的地方，湿气更重，还容易发霉。湿气不仅影响建筑物，还会对居住者的健康产生不好的影响。想要解决房屋的湿气问题、营造舒适居住环境的话，可以采用敷炭法。而如果想改善土地自身情况的话则可以采用埋炭法。

**化煞的顺序：**

在地板下面铺满装了炭的袋子（见图1-16）。能全部铺满当然是最理想的状态，无法全部铺满时可以只铺起居室、厨房和卧室。其他地方可以安装换气扇。埋炭法则需要请专业人士进行。将1吨左右的炭粉和水搅拌埋入地下，可以明显改善土地的湿气。

以上这些都是峦头法中关于周边环境以及土地和建筑物的化煞方法，接下来，我们要讲的是针对房屋各个部分的具体的化煞方法。

**湿气较重的住宅化煞方法**

图1-16

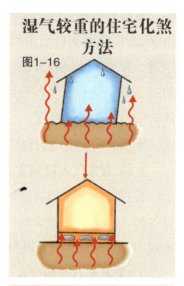

▲在地板下铺满炭粉袋。

# 针对房间各功能区中煞气的化煞方法

## 1.玄关篇

玄关是气的入口，因此又被称为气口。气顺畅地进入，在房间中循环，可以营造出安稳舒服的居住环境。另外，对于理气法来说，玄关也是一个至关重要的场所。玄关的气一旦乱了，整个家庭的运气都会随之下降。因此，想要打造一个明

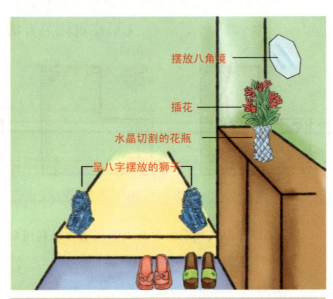

摆放八角镜

插花

水晶切割的花瓶

呈八字摆放的狮子

▲玄关是气的入口，只有当这里充满生气时，居住空间才会舒适、明朗。

朗、舒服的居住空间的话，一个充满生气的玄关是必不可少的。你也可以用OK测试法测测自己房间的玄关，如果手指呈闭合状态的话就没问题。但是，如果手指呈打开状态的话，就说明那里的气已经乱了。原因有三种情况，第一是有乱气入侵到玄关，第二是玄关自身的气乱了，第三是玄关的格局所产生的气乱了。在风水中，针对这三种情况分别有对应的化煞方法，下面我将就此进行说明。

### （1）有乱气入侵到玄关

在住宅中间朝向玄关门的方向左右各摆放一个铝箔宝珠，左边放逆时针拧的大珠，右边放顺时针拧的小珠。这样就可以在玄关和外界的气之间形成一张过滤网，防止乱气入侵到室内。

### （2）玄关自身的气乱了

如果家中放置了会扰乱玄关气的物品，那玄关整体的气都会乱掉。下面

是需要注意的物品清单，对照一下自己家中的玄关，如果摆放了清单中的物品，就用OK测试法测一下该物品的气。找到原因后设法处理掉该物品并净化玄关的气。化煞后再次用OK测试法确认，手指打不开的话就说明化煞成功。

**玄关处需要注意的物品清单：**

①朝向玄关门方向悬挂的四角镜或圆形镜。

②玄关门两侧悬挂的四角镜或圆形镜。

③干花。

④人造花。

⑤塑料材质的开运物品。

⑥在河边捡的石头。

⑦透明的水晶球。

⑧西玄关处放置的黄色人造花、艺术花。

⑨开运画。

⑩人偶娃娃。

⑪放了一年以上的幸运符。

⑫水槽、金鱼缸。

**（3）玄关的格局所产生的气乱了**

下面我举几个容易导致玄关气紊乱的最具代表性的房间格局，并针对其各自的改善方法做详细说明。

**玄关和阳台或后门在一条直线上的住宅，可以用叶类植物或水晶球等进行化煞。**

当玄关和阳台或后门在一条直线上时，房间中的气得不到循环就流出去，容易对住宅产生不好的影响。例如会导致金钱的过多流失而使家被称为"漏财之家"。这种情况与路冲煞是基于同一原理。

**化煞的顺序：**

①在阳台或窗前摆放叶类植物（见图1-17）。

②在走廊中的门上悬挂门帘。门帘大小不限（见图1-18）。

③在阳台或窗前的天花板上悬挂水晶球（见图1-19）。

以上3种方法可随意选择，对漏财宅的改善非常有效，很多人在使用后都能快速停止漏财。

## "漏财之家"及其化煞方法

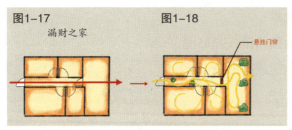

图1-17  图1-18

漏财之家

悬挂门帘

▲在天花板或窗帘挂杆的中央悬挂水晶球或风铃等能快速停止漏财。

图1-19

在阳台或室内摆放叶类植物。
在室内摆放比在室外更有效果。

▲在阳台或室内摆放叶类植物，在室内摆放比在室外摆放更有效果。

**玄关的地板直达墙壁的住宅，可以用镜子和叶类植物进行化煞。**

打开玄关门后直接就是一堵墙立在面前，这种住宅格局会阻止气的进入。住在这样的房子里不管多努力都收不到结果。这时候可以利用四角镜或叶类植物等风水物品消除气的滞留，使气能进入到房间内自由循环。

**化煞的顺序：**

①为了让气能顺利进入室内，可以在a的位置摆放四角镜（见图1-20）。圆形和椭圆形不可。大小以边长30厘米为宜。镜子中有花纹和图案也没关系。

②提亮灯光的照明度。

③在b的位置摆放或悬挂叶类植物。

④如果地方非常狭窄就不要在地板上摆放东西了。

上述方法①～③可随意选择。叶类植物最好是活的、真正的植物，如果因为光照原因无法摆放的话也可以用手工艺术花代替。但是绝对不能摆放干花和塑料花，因为这些东西会扰乱气的正常运行。

### 玄关处有墙的化煞解方法

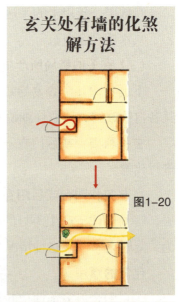

图1-20

▲在a的位置摆放镜子（圆形和椭圆形不可）。在b的位置摆放叶类植物。

　　拥有穿堂的开放式玄关的住宅，可以用镜子、叶类植物和水晶球等进行化煞。

　　穿堂的开放式玄关是一种非常有人气的设计，被许多家庭喜爱并选用。这种设计极具开放感，使玄关看上去更显宽敞，但从风水角度来看的话却并不可取，因为这种设计会使从玄关进入的气向上流走，从而破坏气的上下平衡。

　　这里我为大家介绍一种解决方法，既能活用这种开放式的优点，同时又能改善气的平衡使玄关充满生气。

　　**化煞的顺序：**

　　①在玄关处的鞋柜等家具上放置波西米亚切割的水晶花瓶等闪光的装饰物。

　　②在穿堂的二楼栏杆的任意位置镜面向下摆放四角镜（大小以边长10

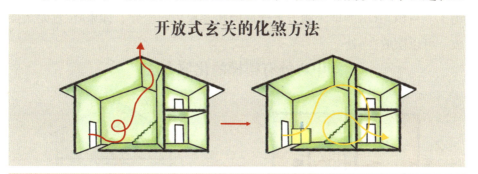

### 开放式玄关的化煞方法

▲穿堂式玄关中的气很容易向上流走，缺乏整体的稳定性。

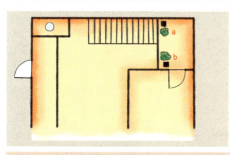

▲在a和b的位置分别摆放边长10厘米左右的四角镜，镜面朝下。除镜子外，海芋等叶类植物也可以。照明器具最好选用枝形水晶吊灯，或是金色器具。

厘米为宜）。除四角镜外，海芋等叶类植物也可以。

　　③选用水晶的照明器具或金色器具。通常情况下，枝形吊灯上都会带有水晶，它能够起到扩散和稳定气的作用。除枝形吊灯外也可以使用金色的器具代替。和水晶的作用不同，金色主要是用来反射并扩

散邪气。金色的黄铜也能发挥同样的效果。

单独使用方法③就可以收到足够的化煞效果。方法①和②可以任选其一，设置好后进行OK测试，轻轻移动物品的位置直到OK测试的手指能紧密闭合为止。如果一种化煞方法的效果不够，可以两种方法组合起来使用。

## 2.房屋中心篇

### （1）房屋中心位置有楼梯的住宅，可以用叶类植物进行化煞

家的中心被称为太极，是最重要的场所。如果这里不安定，那生活也得不到安定，家族的凝聚力也会变弱。这个位置有楼梯的话，气就会上升影响整体的稳定。

**化煞的方法：**

在下图中a的位置摆放叶类植物（木棉、虎尾草等向上伸展的植物）。可以用OK测试法测一下摆放前和摆放后的差异。如果a位置无法摆放，可以摆放在b处。

<h2 style="text-align:center">中心处有楼梯的化煞方法</h2>

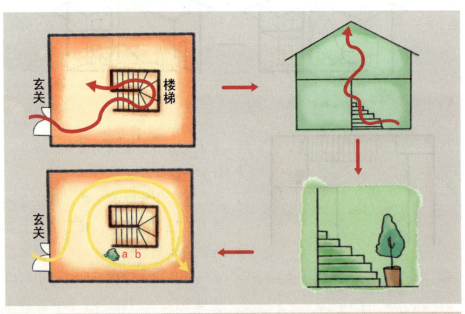

▲在楼梯处摆放植物来化解上升气的影响，如果a的位置无法摆放，可以摆放在b处。

（2）房屋中心位置为厨房、盥洗室的住宅，可以用镜子、铝箔进行化煞

如果住宅的中心处有厨房或盥洗室的话，那中心处的气便会随着水槽的排水而流失，住宅的中心即太极就得不到稳定。想要知道这里的气的状况的话，可以站在水槽前用OK测试法进行测试。测试后你会发现，即使原本的测试结果是OK形的手指闭合地很紧，可一旦打开水龙头，随着水的流动，手指便会被掰开。这说明水流把气带走了。

**化煞的方法：**

①在接地的水槽排水管周围放置一面四角镜，镜面朝上。

②在接地的水槽排水管周围放置一个铝箔宝珠（顶端处往左拧，即逆时针方向旋转）。

上述两种方法可任选其一。摆放好后拧开水龙头，在有水流动的同时进行OK测试。如果手指打不开就说明成功了，但如果手指仍然能打开，就要变换镜子或铝箔的摆放场所了。

### 在家中心处的厨房做OK测试

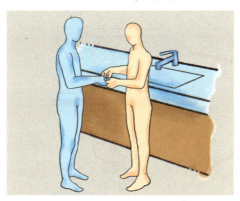

▲在没有水流的状态下进行OK测试。

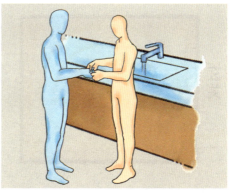

▲打开水龙头在有水流出的状态下进行OK测试。手指打不开的话就说明没有问题，若手指被掰开就有必要进行化煞了。

（3）房屋中心位置有洗手间的住宅，可以用镜子、铝箔进行化煞

和房屋中心有楼梯的情况相反，中心是洗手间的话，气会随着水流向下流动而使地面的气变得不稳定。

**化煞的方法：**

①在马桶盖的根部和水箱中间放置一个铝箔宝珠（顶端往左拧，即逆时针方向旋转）（见图1-21）。

②在a的位置摆放一面边长为10厘米的四角镜，镜面朝上。因为四角镜具有反射气的能力，因此可以防止气的流失（见图1-22）。

上述两种方法可任选其一。

## 中心处有洗手间的化煞方法

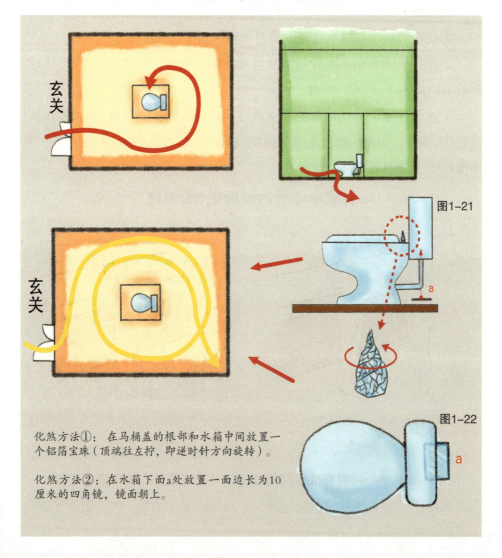

图1-21

图1-22

化煞方法①：在马桶盖的根部和水箱中间放置一个铝箔宝珠（顶端往左拧，即逆时针方向旋转）。

化煞方法②：在水箱下面a处放置一面边长为10厘米的四角镜，镜面朝上。

**（4）房屋中心位置有浴室的住宅，可以用水晶球进行化煞**

和厨房、洗手间的情况一样，如果住宅的中心处有浴室的话，气就会随着水流流失而使中心处即太极变得不稳定。想要知道这里的气的状况的话，可以站在浴室中间用OK测试法进行测试。测试后你会发现，即使原本的测试结果是OK形的手指闭合地很紧，可一旦打开淋浴喷头，随着水的流动，手指便会被掰开。这说明水流把气带走了。

**化煞的方法：**

①站在浴缸内的排水口和喷头的排水口中间，将水晶球贴靠在距离地面1.2～1.5米左右的墙面上。

②保持①的状态，打开水龙头进行OK测试。如果手指打不开就说明成功了，如果手指被掰开就说明水晶球的位置不对，这时边移动水晶球的高度和位置边进行OK测试，直到手指掰不开为止。然后用挂钩将水晶球固定在此处。

相对于其他地方来说，浴室的化煞方位比较难找，但为了居住环境的健康，大家只能多费些心了（见下图）。

## 在中心处的浴室做OK测试

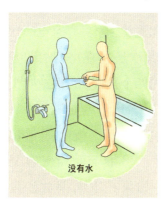

没有水

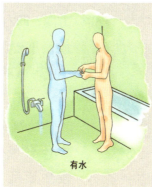

有水

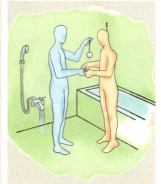

▲站在浴室中，在没有水流的状态下进行OK测试。

▲打开水龙头，在有水流的状态下进行OK测试。手指打不开的话就说明没问题，如果手指能打开就说明有必要进行化煞。

▲站在浴室内的浴缸排水口和喷头排水口之间，手拿水晶球，在有水流的状态下进行OK测试。找到化煞方位后将水晶球固定在此处，这样手指就掰不开了。

### 3.餐厅、起居室篇

如果餐厅和起居室内的气能够呈顺时针方向流动，室内环境就会变得很舒服，家庭里的每一个人都会充满活力，家庭关系也能越来越融洽。这和人的视线的流动也是一致的。举个例子，人在刚进起居室的时候会自然而然地从左往右扫视，这不仅局限于起居室，在所有的房间都如此。但是左撇子相反，

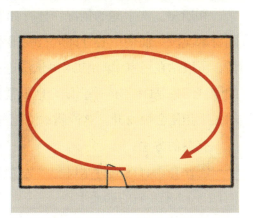

▲室内的气如果能按顺时针流动的话，人住起来就会感觉很舒服。

他们是从右往左看的。如果家具和家电的摆放不合适，阻碍了视线的自然流动，房间就会显得非常狭窄、很憋屈。这同时还会阻碍气的正常流动，感觉更加不舒服。

要想使气和视线都能按顺时针方向，即右向流动，家具和家电的摆放很重要。其次还要在房间的四角（也可以不用四个角都摆）摆放叶类植物，可以让气的流动更加顺畅。

公寓的室内天花板上通常都设计有房梁。房梁下面的气容易发生紊乱，如果在下面摆放沙发等的话会令人感觉不舒服，无法好好放松休息。卧室和孩子的房间也同样如此，房梁下面摆放床铺、书桌、椅子等的话会引发精

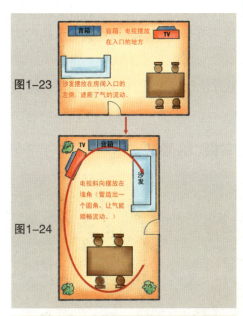

图1-23

音箱、电视摆放在入口的地方

沙发摆放在房间入口的左侧，遮断了气的流动。

图1-24

电视斜向摆放在墙角（营造出一个圆角，让气能顺畅流动。）

沙发

▲容易使气发生紊乱的家具摆设示例图1-23：音箱、电视等摆在正对入口的地方。沙发摆放在房间入口的左侧，遮断了气的流动。
▲能使气保持良好流动状态的起居室、餐厅条件图1-24：电视斜向摆放在墙角（营造出一个圆角，让气能顺畅流动）。在四角（可以不用全部摆放）摆放叶类植物。

神烦躁和身体疲劳。

除此之外，餐厅里吃饭用的餐桌、起居室里的沙发也同样不能摆放在房梁下面。当然，这是最理想的状态，但现代很多家庭由于受到住宅条件的限制，很难实现。这时我们就可以好好利用化煞方法，重点调整家人经常聚集的关键场所的气的流动。

**化煞的方法：**

①在a和b处分别摆放一面边长为10厘米的四角镜，镜面朝上（见图1-25）。镜子可以放在地板上，也可以放在垫子或柜子上，但千万不能放在床下和桌子下。除了镜子以外，也可以在a、b的任意一处摆放一盆叶类植物，但摆放的植物必须是高1.5～2米左右的，而且枝叶还不能横向伸展的，小盆的植物起不到什么效果。

②在c或d处悬挂一个水晶球或活动雕像（见图1-25）。

③如果起居室沙发的上面正好是房梁，可以在a或b处摆放照明设备（光线向上的落地台灯最合适）。最理想的状态是沙发左边摆放高的台灯，右边摆放稍矮的台灯（见图1-26）。因为气和光线一样都有波长，利用台灯的光线能够调整紊乱的气使其恢复正常。

以上三种方法可任选其一。

## 家中有梁的情况及其化煞方法

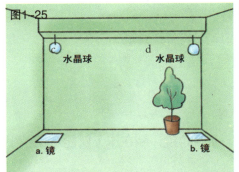

▲在a、b两处各摆放一个镜面朝上的四面镜或是在c、d处悬挂水晶球都能调整家中气的流动。

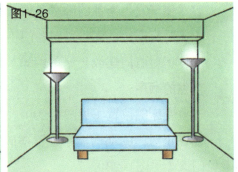

▲如果房梁下面有沙发的话，可以在沙发左边摆放高的照明器具，在右边摆放稍矮的照明器具。而照明器具以光线朝向天花板的落地台灯最有效果。

## 4.卧室篇

对人类来说，一生的1/3时间都是在卧室度过的，因此卧室在人类生活中的地位举足轻重，而且它还在很大程度上影响着人类的健康。在风水中，最需要保持良好气的场所就是卧室。如果卧室位于风水较好的、能让人心情放松的场所，人便会保持良好的睡眠和身心健康状况。反之，如果卧室位于不易入睡的场所，那么人的气就会恶化，身心也会受到恶性影响。这时候可以利用OK测试法检测一下卧室气的状态。若手指用不上力、轻易就被打开了，说明卧室的气已经恶化，需要用水晶球或镜子等加以改善。

接着检查一下门、窗和床之间的位置关系，找出最合适的场所来摆放床。如果再能将卧室安排在理气法对应的最合适的位置的话，则风水效果倍增，不仅能夜夜安睡，而且有益身心健康。

**能使气保持良好流动状态的卧室条件：**

①床位于门的对角线上，可以随时看见门口的情况。

②床上方没有房梁。

③床与窗户和阳台的距离在10厘米以上。

④卧室内气的流动状态良好。

具备以上四点的卧室才是风水良好的卧室。

**容易使气发生紊乱的卧室条件：**

①床紧靠窗边，而且背对着门（见图1-27）。

②床正对着门摆放（见图1-30）。

**化煞的顺序：**

①改变床的位置（见图1-29）。

②在正对门的那面墙的位置摆放一面四角镜，躺在床上就能从镜子中看见门口（见图1-28）。

③床要距离窗户10厘米以上（见图1-28）。

④在床的四角撒上粗盐。

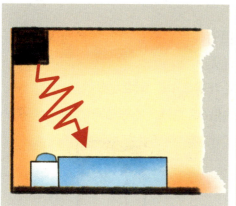

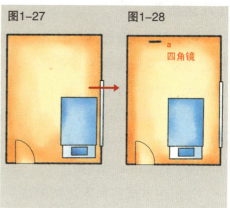

图1-27　　　　图1-28

a
四角镜

▲床摆在房梁下面的话容易受到鬼角煞的影响，化煞方法：①改变床的位置。②在床的两侧镜面朝上各摆放一面四角镜。③在房梁上悬挂水晶球。

▲床紧靠窗边摆放且背对门的状况及其化煞方法：四角镜与床、窗户之间要留有一定距离。在床对面摆放镜子，让人躺在床上就能从镜子里看见门口。

## 床正对门摆放的状况及其化煞方法

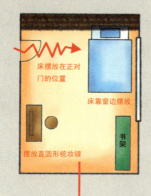

床摆放在正对门的位置

床靠窗边摆放

摆放直圆形梳妆镜

书架

图1-29　化煞①

化煞②　　图1-30

能够改变的格局：将床移至房间拐角正对门的地方。

床距离窗户10cm以上

书架

移动书架到门和床之间，防止从门进入的气直接接触人体

无法改变的格局的场合：移动书架至门和床之间，防止从门进入的气直接接触身体。也可在房梁下悬挂水晶球，另外，在床的两侧摆放四角镜也是不错的改善方法。

书架

## 5.儿童房篇

孩子不爱在自己的房间学习的原因有很多，有孩子的性格原因，也有和家人的心理关系原因，但根本原因还是房间内的气乱了。房间内的气一旦乱掉，孩子就会出现定不下心、注意力不集中、身体变差等问题。

这时，你需要和孩子一起在房间内做OK测试。小学二年级以上的孩子能够自己做，但二年级以下年龄太小的孩子就要由父母代做。

分别在书桌前和床边做测试，确认是否是家具的问题导致气发生紊乱。如果椅子或是床等家具处的气有紊乱，那么即使房间本身没有问题也不行。下面我就来介绍椅子、床等处的化煞方法。

### （1）儿童房的书桌背对门时，可以用镜子、水晶球进行化煞

当孩子的书桌正好是背对着门时，让孩子坐在椅子上进行OK测试。你会发现手指很容易就打开了。这是因为背对着门时，从门口进入的气直接接触后背，会破坏状态本身的稳定性。

▲儿童房内书桌背对大门的化解方法：化煞①将书桌移到能看见门的位置。化煞②无法移动书桌时就在桌子上摆放镜子，从镜子里要能看到门口。

**化煞的方法：**

①将书桌移到能看见门的位置。

②无法移动时就在书桌上摆放四角镜（边长为6厘米左右的正方形或长10厘米、宽6厘米的长方形），镜子要放在正好能映出门的位置。

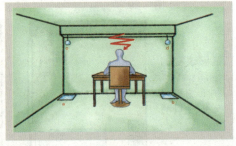

▲在c或d的其中一处悬挂水晶球，水晶球要距离天花板10厘米左右。在梁下的a或b处正面朝上摆放一个四角镜。

### （2）窗户太大时可用窗帘化煞

人们一般都认为书桌前有大窗户会显得房间很明亮，有利于孩子的学习，但其实并非如此，窗户宽敞明亮的话阳气就会很盛，阳气一盛，孩子就无法集中精神，也就无法专心学习了。

因为阳气象征扩散，在过于明亮的环境里气容易变得散漫，这样一来孩子的注意力就会被外面的景色所吸引。因此想要提高孩子的学习注意力就不要把书桌放在明亮的窗前。如果书桌前有窗，可以用蕾丝窗帘等遮挡强烈的光线，在一定程度上抑制阳气。

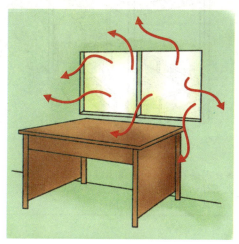

▲从窗户进来的不仅仅是气，还有其他各种信息，都会扰乱房间内原本稳定的环境。可以借助百叶窗或窗帘进行调整。

### （3）儿童房中床的摆放位置

床应该摆放在门的对角线上，这样气可以从脚下进入，贯穿身体，然后从头部出来，能维持身心的安定。而且从床上能看见门口，心理上也比较安心。

### （4）儿童房中上下铺产生的问题及化解方法

上下铺作为一种能充分利用有限空间的家具优点多多，它能为狭小的地方节省很多空间，被很多人视若珍宝，但它同时也有很多缺点。不管是上铺和天花板之间还是上下铺之间，其空间都非常狭窄，容易产生心理上的压迫感，无法安睡。在这样的狭窄空间里，气也很容易发生紊乱。

为了验证这一点，可以让孩子睡在上下铺上，拿起孩子的手指做OK测试。如果上下两层的手指都打不开就没问题，但如果打开了就说明气已经乱了，它会给孩子的身体带来危害。

# 儿童房上下铺的化煞方法

▲分别睡在上铺和下铺上做OK测试。如果上下铺的手指都打不开就没问题。如果打开了，就必须进行化煞。

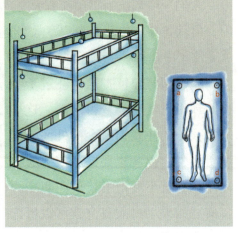

▲下铺的人在上层床架的四个角的其中任一角悬挂水晶球做OK测试，上铺则将水晶球挂在天花板上做测试，如果手指都打不开就说明化煞成功了。

**化煞的方法：**

①下铺的化煞：在上层床架的任意一点悬挂水晶球做OK测试。如果手指打不开就说明成功了，如果手指能打开就要变换水晶球的悬挂位置，直到手指打不开为止。此外，如果在每个点上手指都能不同程度地闭合，就找出其中手指闭合最紧的点，将水晶球挂在那里并缩短其挂绳，再次进行OK测试。如此反复，直到找到正确的点为止。

②上铺的化煞：与下铺的化煞情况不同，上铺的水晶球要悬挂在天花板上。但化煞方法和下铺是一样的。

## 6.单身公寓篇

单身公寓风水的好坏对居住者的身心影响非常明显，因此气的调整很有必要。首先要对房间中乱掉的气进行化煞。其次是调整家具和家电的配置，配置关键是不能阻碍气的流动，使房间内的生气能按顺时针方向流动。而且顺着气的流动方向摆放床和桌子的话，不仅能使人的身心充满活力，而且能使人保持积极乐观的生活态度。

### （1）单身公寓的化煞方法

在房间的中间做OK测试，如果手指打开了，说明房间的气已经乱了，而且这种乱掉的气可能来自于以下两个方面，一是四周的墙壁，二是脚下的地板。对于来自墙壁的乱气，可以在墙边的地板上左右各摆放1枚铝箔宝珠，左边为逆时针拧的大宝珠，右边为顺时针拧的小宝珠。这样就能在两铝箔中间形成一张过滤网，将墙壁发出的乱气转变为生气。此外，对于来自窗边等入口处的乱气，也按照和墙壁相同的方法处理。

对于来自地板的乱气，可以在OK测试中手指最容易打开的地方（或者是玻璃杯中气泡最多的地方）放置一面八角镜，镜面朝下放在地板上。

化煞后再次进行OK测试，若手指打不开就说明化煞成功。

### 良性气及恶性气的公寓示例

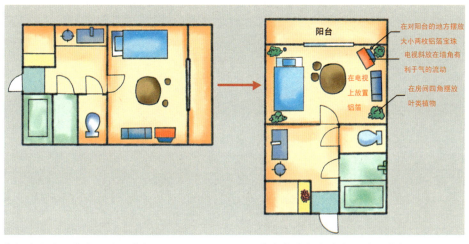

阳台

在对阳台的地方摆放大小两枚铝箔宝珠

电视斜放在墙角有利于气的流动

在电视上放置铝箔

在房间四角摆放叶类植物

▲气的流动状态良好的公寓摆设示例。　　▲容易使气发生紊乱的公寓摆设示例。

### （2）单身公寓的装饰风水

在一些通俗的风水书中，经常会有关于窗帘或家具颜色、电器的摆放方位等细微方面的指导内容。例如，将电话或传真机放在东面就会接收到更多信息，在西面摆放黄色物品就能提升金钱运，冰箱上贴过多的便利贴不吉利，冰箱上不能摆放微波炉等。其实这些东西都是没有根据的，完全

没必要在意。

很多情况下，实践这种通俗风水不但起不到开运的作用，反而还会扰乱房间内正常的气。其实窗帘的配色选自己喜欢的就好。而家具和家电的摆设只要不打乱房间的气即可。

如果按照上面的单身公寓化煞方法还收不到满意效果的话，那很可能就是通俗风水的原因了。这时候也可以通过OK测试进行确认。将双手罩在自己觉得有问题的东西上，用惯用的那只手摆出OK手势，另一只手轻轻地掰，如果掰不开就说明没问题，如果一掰就开说明该物品的气已经乱了，要立刻处理掉。

# 第四章

## 关于天

『天』字比『人』字上面多了两横，这两横分别代表太阳和月亮的运转。现代的宇宙物理学认为是宇宙释放出原子才导致自然界万物的形成，所以是行星、太阳、月亮等天体所发出的能量在很大程度上影响着地球上生命的维持。

## 天之气的中心是北极星

中国是一个四季分明的国家，古代的中国人通过观察季节的变化认识到，太阳和星星等天体的运动给地球生命的生长消亡和整个自然界带来了巨大的影响。他们认为这是太阳和星星的气的运动所产生的能量在起作用，而且还认为在天的中心有一个天帝在主宰大地的一切，操纵着大地上所有的现象。

这个中心就是北极星。北极星正好位于地球的自转轴上，从地球上看的话是静止不动的。因此他们认为北极星就是天的中心。除此之外，他们还赋予了北极星周边的北斗七星和其他星星不同的含义，并且通过观察每颗星的变化来占卜社会政治和经济。

现代的宇宙物理学也同样认为是宇宙释放出原子从而形成自然界万物，而且行星、太阳、月亮等天体所发出的能量在很大程度上影响着地球上生命的维持。

而中国人在科学技术不发达的古代就已经开始了对大自然的观察，并且从宇宙、自然、万物的运动中发现了其中蕴含的规律。

## 天之气与人的关系

我们在上一章已经学过通过调整家里的气可以使家充满元气和能量。这一章将继续学习天之气和家之间的关系。本章的内容主要是关于天的，在这一章里我们不光会学习理气法，同时还会学习到很多相关的开运方法。对我们的日常生活影响最为重要的天之气，通过对它的调整可以大大提升我们的运气。

用和上一章同样的方法——OK测试法对家中的环境进行测试。首先在卧室、书房和厨房进行测试，测试之前先对自己说"我和这个房子很投缘"。

说完后就赶快来测试一下你和卧室，这个与你相处时间最长的房间的缘分吧。

测试的结果应该是有好有坏，有的地方手指是打开的，有的地方手指是闭合的。其实这个实验就是让自己的身体去判断和房间是否投缘，而这种判断的力量就是所谓的天之气的能量。正因为家是自己每天生活的场所，所以才要积极地对天之气进行调整，让它与自己的家投缘，帮助提升自己的运气，使天之气、地之气、人之气三气合一、协调发展，这才是幸福风水学的第一步。

不光是卧室、书房和厨房，家中的其他房间不妨也做下测试，正好可以借此机会来看看那些场所到底对自己的身体有着怎样的影响。很少有人知道建筑物和居住者之间是存在所谓的缘分的。如果自己和建筑物之间的关系不好，不投缘，那就像是被束缚了双脚，无论自己多拼命努力都得不到回报。如果你的家中也有一些让你感觉不舒服的场所的话，不妨做个测试看看吧。

## 建筑物中心的取法

决定你与房屋之间缘分好坏的天之气就是你的出生年月所属的本命卦。只要知道了自己的出生年月就可以很快测出自己和房屋的缘分。而且，就算二者间的缘分不合也能够轻松加以改善。

那么，现在就对照本命卦，找出和你最投缘的方位吧。

首先，要知道自家房屋的中心和方位，否则就无法运用本命卦，关于房屋中心的取法和方位的测法，我现在就来为大家进行讲解。

### 1.单层建筑物中心的取法

建筑物中心的取法有很多种，建筑物的形状不同，其中心取法也不同。

一般的正方形或长方形的建筑物，其各边对角线的交点就是中心所在，有突出或凹陷的建筑物其中心的取法如下：

①在厚纸板上准确画出房间格局图，或者将原图拷贝后贴在厚纸上剪下。

②在绷针上穿上线，然后在线的另一头绑上重物。

③将绷针扎在格局图的A处，让它自然下垂。

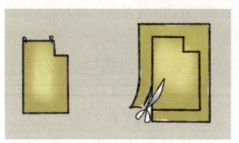

④在垂下来的格局图上描绘出绷针线，B、C处也用同样的方法描绘出绷针线。

⑤A、B、C三点都测完后，其三条绷针线的交点就是中心所在。

▲在厚纸板上准确画出房间格局图，或者将原图拷贝后贴在厚纸上剪下。

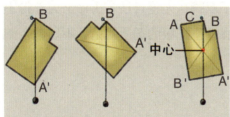

▲L字型：在绷针上穿上线，在线的另一头绑上重物。按照从A到C的顺序依次将绷针插入、然后分别在格局图上画出绷针线，三条线的交点就是中心所在。

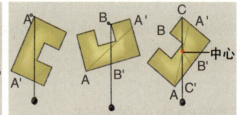

▲凹型：房屋中心的找法与L字型一样，同样是依次画出三条线之后再取中心。

## 2.多层建筑物中心的取法

如果建筑物的一层到三层的形状都相同，在哪一层取中心都可以，如果形状各异，则在主要的生活区域取中心。例如一栋三层的住宅，一层是停车场、只有玄关和楼梯，二层是起居室，三层是卧室，那中心就在二层取。如果是一栋两层的住宅，一层空间较大，是主要的生活区域，二层空间较小的话，那中心就在一层取。还有浴室和卫生间的中心，如果每层都有而且形状各异的话，则每层都取。

## 建筑物中缘分方位的分布

要想知道本命卦的缘分方位，首先要明确建筑物的朝向方位。对新手来说最简单的方法就是从搞清楚玄关的朝向开始。

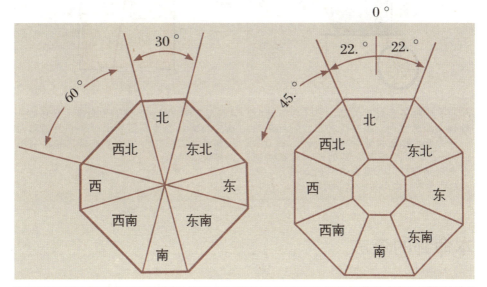

▲在风水中，方位是以45°为间隔被平均分为8部分。而在家相学中则是东西南北四个方向各30°，其他四个方向各60°。其理由是八方位是由八卦而生，30°的间隔是以十二支为基准。)

**确认方法：**

①手持方位磁石，背朝家中玄关站立（见图1-31①）。

②等待磁石的指针指向南北方向。通常情况下指针的红色方向为北（见图1-31③）。

③看一下自己正前方的方向位于磁石的那个方位，然后让指针与玄关的朝向吻合。

④将第③步测出的方向与建筑物格局图的中心相重合，算出家的中心所在，然后再用方位盘测出家的八方位并记入图中。这样就能知道自家的八方位了，知道八方位后就可以对照自己的本命卦找出缘分方位了（见图2）。

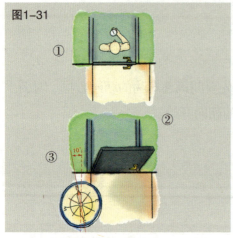

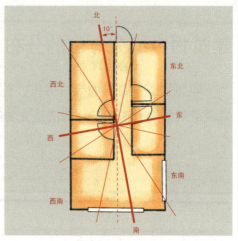

▲①手持磁石背对玄关站立，让磁石的指针指向南北方向。通常情况下指针红色的一端为北。红色指针所对应的就是磁石的0°。②如果是单身公寓的话，站在房间中央测试即可。③看着自己的正前方，发现自己正对的方向指向磁石的10°处。

▲将磁石测出的10°这一方向线平行移动，让它和建筑物格局图的中心和玄关的朝向线相吻合。将10°作为基准轴，在格局图上标出八方位。

## 本命卦的查法

在风水中，看房屋和居住者之间是否投缘需要综合居住者的出生年月日时和房屋朝向等各种因素，但本命卦却只需要知道出生的年份即可，是其中最简单且行之有效的方法。

我们对照着下文中的本命卦一览表进行讲解，表头里有出生年月日，右边还有男女分开的本命卦。我们看"1975年2月11日~1976年1月30日"这一栏，栏里写着"卯"，说明这一年是卯年，代表从旧历的1月1日到次年的12月31日。在此期间出生的男性本命卦属"兑"、女性属"艮"。

风水占卜中将2月4日立春这一天作为划分前一年和本年的分界线，而本命卦则是以旧历的正月为分界线。其实本命卦中也有以立春为分界线的划法，但我经过实验反复验证后发现，还是以旧历正月为分界线的划分方法得出的结论比较准确。

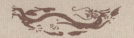

## 本命卦的活用方法

从本命卦中我们可以了解到以下四个方面的内容。

①房屋和建筑物内部方位与自己的缘分。

②空间内能提升自己能量的颜色。

③家庭成员间的力量关系。

④基本的性格倾向。

以上四点仅限于空间内部，超出这个空间则没有任何效果。例如移动方位、迁居方位、旅行方位等就无法使用，这一点一定要注意。

### 本命卦一览表

| 十二支 | 出生年月 | 本名卦·五行 | | 十二支 | 出生年月 | 本名卦·五行 | |
|---|---|---|---|---|---|---|---|
| | | 男 | 女 | | | 男 | 女 |
| 戌 | 1958年2月19日～1959年2月7日 | 乾·金 | 离·火 | 酉 | 1981年2月5日～1982年1月24日 | 坤·土 | 坎·水 |
| 亥 | 1959年2月8日～1960年1月27日 | 坤·土 | 坎·水 | 戌 | 1982年1月25日～1983年2月12日 | 离·火 | 乾·金 |
| 子 | 1960年1月28日～1961年2月14日 | 巽·木 | 坤·土 | 亥 | 1983年2月13日～1984年2月1日 | 艮·土 | 兑·金 |
| 丑 | 1961年2月15日～1962年2月4日 | 震·木 | 震·木 | 子 | 1984年2月2日～1985年2月19日 | 兑·金 | 艮·土 |
| 寅 | 1962年2月5日～1963年1月24日 | 坤·土 | 巽·木 | 丑 | 1985年2月20日～1986年2月8日 | 乾·金 | 离·火 |
| 卯 | 1963年1月25日～1964年2月12日 | 坎·水 | 艮·土 | 寅 | 1986年2月9日～1987年1月28日 | 坤·土 | 坎·水 |
| 辰 | 1964年2月13日～1965年2月1日 | 离·火 | 乾·金 | 卯 | 1987年1月29日～1988年2月17日 | 坤·土 | 巽·木 |
| 巳 | 1965年2月2日～1966年1月12日 | 艮·土 | 兑·金 | 辰 | 1988年2月18日～1989年2月5日 | 震·木 | 震·木 |
| 午 | 1966年1月13日～1967年2月8日 | 兑·金 | 艮·土 | 巳 | 1989年2月6日～1990年1月26日 | 坤·土 | 巽·木 |

接上页

| 十二支 | 出生年月 | 本名卦·五行 | | 十二支 | 出生年月 | 本名卦·五行 | |
| --- | --- | --- | --- | --- | --- | --- | --- |
| | | 男 | 女 | | | 男 | 女 |
| 未 | 1967年2月9日～1968年1月29日 | 乾·金 | 离·火 | 午 | 1990年1月27日～1991年2月14日 | 坎·水 | 艮·土 |
| 申 | 1968年1月30日～1969年2月16日 | 坤·土 | 坎·水 | 未 | 1991年2月15日～1992年2月3日 | 离·火 | 乾·金 |
| 酉 | 1969年2月17日～1970年2月5日 | 巽·木 | 坤·土 | 申 | 1992年2月4日—1993年1月22日 | 艮·土 | 兑·金 |
| 戌 | 1970年2月6日～1971年1月26日 | 震·木 | 震·木 | 酉 | 1993年1月23日～1994年2月9日 | 兑·金 | 艮·土 |
| 亥 | 1971年1月27日～1972年2月14日 | 坤·土 | 巽·木 | 戌 | 1994年2月10日～1995年1月30日 | 乾·金 | 离·火 |
| 子 | 1972年2月15日～1973年2月2日 | 坎·水 | 艮·土 | 亥 | 1995年1月31日～1996年2月18日 | 坤·土 | 坎·水 |
| 丑 | 1973年2月3日～1974年1月22日 | 离·火 | 乾·金 | 子 | 1996年2月19日～1997年2月7日 | 巽·木 | 坤·土 |
| 寅 | 1974年1月23日～1975年2月10日 | 艮·土 | 兑·金 | 丑 | 1997年2月8日～1998年1月27日 | 震·木 | 震·木 |
| 卯 | 1975年2月11日～1976年1月30日 | 兑·金 | 艮·土 | 寅 | 1998年1月28日～1999年2月15日 | 坤·土 | 巽·木 |
| 辰 | 1976年1月31日～1977年2月17日 | 乾·金 | 离·火 | 卯 | 1999年2月16日～2000年2月4日 | 坎·水 | 艮·土 |
| 巳 | 1977年2月18日～1978年2月6日 | 坤·土 | 坎·水 | 辰 | 2000年2月5日～2001年1月23日 | 离·火 | 乾·金 |
| 午 | 1978年2月7日～1979年1月27日 | 巽·木 | 坤·土 | 巳 | 2001年1月24日～2002年2月11日 | 艮·土 | 兑·金 |
| 未 | 1979年1月28日～1980年2月15日 | 震·木 | 震·木 | 午 | 2002年2月12日～2003年1月31日 | 兑·金 | 艮·土 |
| 申 | 1980年2月16日～1981年2月4日 | 坤·土 | 巽·木 | 未 | 2003年2月1日～2004年1月21日 | 乾·金 | 离·火 |

## 各本命卦的性格

| | 基本性格 | 注意事项 | 建议 | 能量色 |
|---|---|---|---|---|
| 乾·金 | 此本命卦的人性格多刚健、老实，且富于行动力和正义感，做事圆满。女性的话多带有男性特质，经常求新求变、强势有力、充满元气。男性则多成为政治家或在其他重要领域成绩斐然。 | 喜欢多管闲事，而且一旦管了就一头扎进去、大包大揽。除此之外还比较倔，平时要多注意不要太固执己见。 | 不要太硬、太死心眼，让自己放松，轻松做事。 | 疲劳时或是在自己不感兴趣的场合，可以穿颜色稍深的黄色、驼色服装或内衣，能有助恢复元气。能量小物是金色饰品。 |
| 兑·金 | 是个事事追求完美的理想主义者。心思敏感细密、爱操心。感受性比一般人敏锐得多，喜欢名牌和高档品。考虑事情很深远，在与人相处中也经常扮演照顾别人的角色并且乐此不疲。 | 四面讨好、八面玲珑，容易给人不可信任的感觉。 | 为人性急，平时应该要多注意控制情绪、保持平心静气的心态。另外，与食物相关的事物会给自己带来幸运。 | 疲劳时或是在自己不感兴趣的场合，可以穿较浅的黄色、驼色服装或内衣，能有助恢复元气。能量小物是琥珀饰品。 |
| 离·火 | 性格多追求上进、热情周到。做事积极、麻利，重视结果。其中也不乏争强好胜、勾心斗角的人。但是缺乏忍耐力和持久性，容易虎头蛇尾、半途而废。另外，经得起时间考验，有极其顽强的生命力。 | 脾气火爆，一点就着，而且固执倔强，可以试着退一步多为对方考虑一下。 | 不要凭一时兴起去做事，而是要踏踏实实地把自己要做的事情做细做好。 | 疲劳时或是在自己不感兴趣的场合，可以穿绿色、蓝色的衣服，能有助恢复元气。能量小物是祖母绿、蓝宝石等绿色或蓝色的能量石。 |

接上页

|  | 基本性格 | 注意事项 | 建议 | 能量色 |
|---|---|---|---|---|
| 震·木 | 性格优点是个性独立、追求进步、积极向上。自尊心强，欣赏高尚的东西。在事业上富于行动力、工作努力，但也喜欢玩。缺点是有些傲慢、无礼。年轻时不能平心静气，但随着经验的积累和时间的沉淀，在人格方面会越来越有魅力。 | 自尊心太强、经不起打击，受到挫折后要很久才能复原。有时候保持一定的柔软度也是很必要的。 | 处理突发事件的能力较弱，因此最好先提前考虑周全再采取行动。 | 疲劳时或是在自己不感兴趣的场合，可以穿黑色、灰色、藏青色或紫色的服装，能有助恢复元气。能量小物是水晶饰品。 |
| 巽·木 | 性格多平易近人、温文尔雅。和谁都能成为朋友，被周围的人亲切地称为疗伤系好友。看似随大流、没什么主心骨，但实际上很有主见、立场非常坚定。而且自己决定的事情会脚踏实地一直坚持下去。但其中也有些人喜欢做梦、不切实际。 | 在与自己无关的事情上容易优柔寡断，失去别人的信赖。 | 经常告诫自己，关键时刻一定要坚持自己的立场，坚定信念，不要随波逐流。 | 疲劳时或是在自己不感兴趣的场合，可以穿黑色、灰色、藏青色或紫色的服装，能有助恢复元气。能量小物是金丝玛瑙等黑色或紫色的饰品。 |
| 坎·木 | 性格多追求自由、讨厌束缚，比较固执。别人很难猜到他们在想什么。此外，自我调节和控制能力比较弱，但对危险具有天生的预知能力和警觉性，因此能够顺利躲过麻烦、防患于未然。 | 一兴奋起来就控制不住自己，口出狂言、和别人吵架，应该要学会控制自己的感情。 | 如果能脚踏实地、充满激情，以积极向前的态度面对人生的话一定会有大的发展。 | 疲劳时或是在自己不感兴趣的场合，可以穿白色的服装或内衣，能有助恢复元气。能量小物是银饰。 |

接上页

| | 基本性格 | 注意事项 | 建议 | 能量色 |
|---|---|---|---|---|
| 艮·土 | 性格多稳重可靠、比较实际。客观、冷静地看待世间万象的同时，身上还有一种能让人感受到安心和信任的包容力。不会说什么闲言碎语、受人信赖。但是也容易自信过度，演变成自傲。 | 自己在何时何地都想充当领导者的角色，喜欢指挥别人，因此保持谦虚的态度对这类人来说非常重要。 | 一旦倔起来就听不进别人的意见、一意孤行，应该要保持一定的柔软度，多听听别人的意见。 | 疲劳时或是在自己不感兴趣的场合，可以穿红色、粉色的服装或内衣，有助恢复元气。能量小物是石榴石、红宝石饰品。 |
| 坤·土 | 性格多刚柔并济，外表柔弱内心坚强。有一股强大的气场、能获得所有人的好感。很有金钱观念，不管是工作还是家事都能放心托付给他们。但是金钱观念太强也容易变得小气。这类人多数都不是太扎眼，而是在背后作无名英雄默默为别人服务。 | 无论做什么事情都慢条斯理、有自己的一套路数，一急就容易乱了阵脚、不知所措，因此要注意摆正心态，不要焦躁。 | 按照正常的节奏，不慌不忙、稳稳当当地做事就好。 | 疲劳时或是在自己不感兴趣的场合，可以穿红色、粉色的服装或内衣，能有助恢复元气。能量小物是石榴石、红宝石饰品。 |

## 从本命卦看能量色

| 本命卦 | 五行 | 适合方位 | 能量色 | 本命卦 | 五行 | 适合方位 | 能量色 |
|---|---|---|---|---|---|---|---|
| 坎 | 水 | 北、东、东南、南 | 白色 | 离 | 火 | 北、东、东南、南 | 蓝色、绿色 |
| 艮 | 土 | 东北、西南、西、西北 | 红色、粉色 | 坤 | 土 | 东北、西南、西、西北 | 红色、粉色 |
| 震 | 木 | 北、东、东南、南 | 黑色、灰色 | 兑 | 金 | 东北、西南、西、西北 | 黄色、驼色 |
| 巽 | 木 | 北、东、东南、南 | 黑色、灰色 | 乾 | 金 | 东北、西南、西、西北 | 黄色、驼色 |

## 风水学中的开运方法

　　风水中其实有很多开运法，但大部分的风水书中介绍的开运方法大都难于理解、无法普及。如果有兴趣的话，读者可以仔细研究一下。

　　下面我主要介绍几种与天之气相关的具有代表性的风水开运法。

### 1.八宅法

　　根据建筑物的朝向和位置测出八方位的吉凶并决定卫生间、浴室等排水设备以及玄关、卧室、起居室等的配置方法。同时还能根据居住者的出生年份和性别推算出本命卦，并以此判断居住者和住宅八方位的缘分。

### 2.三合法

　　根据建筑物的朝向和位置分别将整体划分为十二方位、二十四方位，并推算出各方位的吉凶和建筑物本身的运气。同时还能根据居住者的生日地支（十二支）和十二方位间的关系测出各自的运气。

### 3.奇门遁甲阳宅法

　　一说起奇门遁甲，大家通常都认为这是一门动态的方位学，其实它也有静态的一面，可以利用它来看阳宅的风水。具体做法就是通过观察玄关或大门的朝向和建筑物的朝向来推算出家宅八方位的吉凶。这个开运法有意思的地方在于它不仅可以推算家宅的吉凶，还可以推算出居住者各方面的吉凶。

### 4.三元玄空法

　　这一开运法在台湾和香港非常有人气，是拥有相关出版物最多的开运方法。它以时间之气和易学的六十四卦为基础进行风水鉴定，体系非常复杂。通过这个方法还可以清楚了解住宅和居住者之间的关系。

### 5.玄空八卦法

从八个易卦推算出方位的象征意义。例如，北方位象征事业运、东方位象征健康运等，将方位的象征意固定，然后通过调整提升住宅各方面的运气。

### 6.其他

八宅法、玄空八卦法等都各自自成体系，但在风水的理气法中还有很多开运法是单独存在并发挥作用的，代表性的有文昌法（可提升学习运、考试运等）、桃花法（提升结婚运）等。

## 能滋生开运缘的玄空八卦法

在本书中我将为大家重点介绍开运法中的玄空八卦法，掌握了它人人都能轻松提升自己的健康运、金钱运、人际关系运和事业运。

在具体讲述开运方法之前，先来认识一下易学八方位的含义。可能不少人看了这个八方位图都会有这样的疑问：为什么有些方位跟电视、宣传中讲到的风水开运方位相反。其中最显著的区别就在于金钱运的方位。有些风水理论里，金钱运被认为是在西方位，而在本书则是东南方位。用OK测试法测试后发现金钱运确实是在东南方位，本书的理论才是正确的。另外在一些风水理论中还有诸如"如果建筑物的西北方位有凹陷，住在那的人就会遭受损失"，"如果西南方位有凹陷母亲就会生病"等说法，其实这些都是子虚乌有的事情，并非事实。就算是在方方正正无缺陷的房子里，该有病的还是会有病。但是建筑物有突出或凹陷确实会扰乱室

▲玄空八卦图

内的气，而气一旦乱了就会引发很多不好的事情，不过只要认真实践峦头法就没什么问题了。

## 准备物品、方位对应的宝石

### 1.宝石的选法

没必要选特别高档贵重的宝石，但必须是有能量的宝石。由于是否有能量很难辨别，所以可以将宝石拿在手里用OK测试法检验，选那种能使手指紧闭的石头。这一点对所有的宝石都通用。另外，还可根据自己的需要，参照下表来选择宝石。

| 人际关系运、事业运 | 健康运 | 金钱运 |
| --- | --- | --- |
| 白色的宝石、白金、硅酸矿物石，直径20毫米左右的球体 | 蓝色或绿色的宝石、孔雀石、印度翡翠、翡翠、祖母绿宝石，直径20毫米左右的球体 | 绿色的宝石、孔雀石、印度翡翠、其他绿宝石、翡翠的坠子或勾玉，直径20毫米左右的球体 |

### 2.宝石的摆放场所

每个方位都有对应的运气穴位，如果不把宝石摆放在正确的穴位就收不到相应的效果。穴位的找法很简单，手拿宝石站在开运方位，将宝石置于目标场所，用手罩在上面做OK测试。如果目标场所正好就是宝石的正确摆放穴位，手指就会紧紧闭合，如果手指打开了就说明没找对，改变位置继续找，直到找到为止。

一般来说，将宝石摆在远离住宅中心的墙壁方位比较有效果。

摆放高度最好是在腰部以上。由于宝石是球体、很容易滚转，因此需要用垫子等固定住。

# 健康运、金钱运、人际关系运、事业运的提升方法

想提升金钱运的话需要准备直径20毫米左右的球体孔雀石、印度翡翠等绿色宝石。除此之外，祖母绿宝石、翡翠坠子和勾玉等也有同样效果。

至于摆放场所，虽然东南方位象征金钱运，但并不是说随便摆在东南方位的任一处都可以，还需要用OK测试法找出最合适的位置，因为每个方位空间里都有对应的运气穴位，只有将宝石摆放在正确的穴位处才能激活此处的运气使金钱运得到提升，因此摆放的时候一定要注意。

还需将摆放场所清扫干净，宝石摆放的位置高度要在腰部以上。如果有可能的话摆放高度最好能在肩部以上。

以上以金钱运为例讲述了玄空八卦法的开运方法。其他运势的开运法与此相同，需要变的就只有开运的宝石以及宝石的摆放方位。例如，想提升金钱运的话就将宝石摆在东南方位，想提升人际关系运和事业运的话就将白金等白色宝石摆在西北方位，想提升健康运的话就将蓝色或绿色宝石摆在东方位等，以此类推。

为了慎重起见，我把实践中的注意事项总结如下，供大家参考。

①对于那些在公司里上班的白领来说，与其直接提升金钱运，还不如先提升人际关系运和事业运（西北方位），因此在实施开运法的时候一定要三思而后行。

②实践完玄空八卦法后还要积极活动。因为风水的基本思想就是不断地创造出新的缘来提升运气。如果待在那一动不动，缘是不会来的。

③除了本书提到的这些宝石以外，其他的只要颜色合适也可以。但是玻璃和塑料材质的绝对不可以。因为天然的宝石是大地孕育出的，而玻璃和塑料的宝石是加工而成的，其波长和天然宝石完全不同。

# 利用文昌法提升勤奋度、考试运

　　我想应该没有哪个父母不希望提高孩子学习的勤奋度和考试运，古代中国人为了能科举及第，通常都会在学习中实践文昌法来提升自己的考试运。所谓文昌指的是中国占星学中的文昌星，据说这颗星支配着所有文人的命运。

　　文昌法所使用的风水物品是文昌塔，如果很难买到文昌塔，可以用笔代替。

　　实践了这种文昌法后，不光在考试的时候会碰到自己擅长的题目，就连不擅长的考试科目也会有名师出现为你辅导。我见到过很多这样的情况，他们的实践效果都很显著，不仅变得爱学习了，而且即使是很难的考试也能顺利通过。但如果因为实践了文昌法就放松懈怠、每天不学习的话，则是收不到任何效果的，一定要切记。

## 1.准备物品

　　①长9厘米宽6米的厚白纸。

　　②相同长度的笔3支（新旧都可，但长度必须相同）。

　　③找到自己的文昌方位（可参考P88的文昌方位一览表）。

　　对照文昌方位一览表，表中出生年份的右边就是对应的文昌方位。

## 2.文昌方位的活用法

　　①在厚白纸上竖着写上自己的出生年月日、姓名、愿望（见图1-32）。

　　②将3支笔对齐，用透明胶带固定。

　　③将②中的3支笔放在的①白纸上，并用透明胶带固定（见图1-33）。

　　④手拿③的白纸站在自己对应的文昌方位。

　　⑤将手中的厚纸放在方位处的书桌或家具上进行OK测试，书桌或家具的目标高度为距离地板1.2米~1.8米。条件允许的话尽可能靠墙边（见图

1-34和图1-35）。

⑥利用OK测试找出最合适的位置（手指紧紧闭合）把厚纸放在那里，并使笔尖的朝向和磁石所指的北方相吻合。然后将手罩在厚纸上再次进行OK测试，手指打不开的话就说明成功了。

⑦如果文昌方位处没有书桌或家具，可以将厚纸贴在墙上（见图5）。贴的时候可以在厚纸背面用双面胶进行固定，千万不能在纸上插钉。贴的目标高度也是距离地板1.2米~1.8米之间，笔尖朝上。固定好后同样进行OK测试确认位置。如果厚纸正好位于正确的位置，那OK测试的反应会很强烈，手指紧紧闭合，否则反应则较弱，手指很容易就能打开，这时需要变换位置再次测试。

听起来好像挺神乎的，不过确实很有效果，大家不妨一试。但愿望一定要切合实际，要在本人的能力所及范围之内。同时父母也不要对孩子抱有不切实际的过高期望。

## 实践文昌位法提升考试运

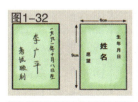

▲在厚纸板上写上生日、名字等项目，以及希望实现的愿望。

▲将3支笔对齐，用透明胶带固定。

▲将笔固定在厚纸上。并使笔尖的朝向和磁石所指的北方相吻合。站在文昌方位，将厚纸放在家具或书桌上进行OK测试。

▲将手中的厚纸放在方位处的书桌或家具上进行OK测试，书桌或家具的目标高度为距离地板1.2米~1.8米。条件允许的话尽可能靠墙边。

▲如果文昌方位处没有书桌或家具，可以将厚纸贴在墙上。贴的时候可以在厚纸背面用双面胶进行固定。

# 文昌方位一览表

| 十二支 | 出生年份 | 文昌方位 | 十二支 | 出生年份 | 文昌方位 | 十二支 | 出生年份 | 文昌方位 |
|---|---|---|---|---|---|---|---|---|
| 亥 | 1935年 | 南 | 戌 | 1958年 | 西南 | 酉 | 1981年 | 北 |
| 子 | 1936年 | 西南 | 亥 | 1959年 | 西 | 戌 | 1982年 | 东北 |
| 丑 | 1937年 | 西 | 子 | 1960年 | 西北 | 亥 | 1983年 | 东 |
| 寅 | 1938年 | 西南 | 丑 | 1961年 | 北 | 子 | 1984年 | 东南 |
| 卯 | 1939年 | 西 | 寅 | 1962年 | 东北 | 丑 | 1985年 | 南 |
| 辰 | 1940年 | 西北 | 卯 | 1963年 | 东 | 寅 | 1986年 | 西南 |
| 巳 | 1941年 | 北 | 辰 | 1964年 | 东南 | 卯 | 1987年 | 西 |
| 午 | 1942年 | 东北 | 巳 | 1965年 | 南 | 辰 | 1988年 | 西南 |
| 未 | 1943年 | 东 | 午 | 1966年 | 西南 | 巳 | 1989年 | 西 |
| 申 | 1944年 | 东南 | 未 | 1967年 | 西 | 午 | 1990年 | 西北 |
| 酉 | 1945年 | 南 | 申 | 1968年 | 西南 | 未 | 1991年 | 北 |
| 戌 | 1946年 | 西南 | 酉 | 1969年 | 西 | 申 | 1992年 | 东北 |
| 亥 | 1947年 | 西 | 戌 | 1970年 | 西北 | 酉 | 1993年 | 东 |
| 子 | 1948年 | 西南 | 亥 | 1971年 | 北 | 戌 | 1994年 | 东南 |
| 丑 | 1949年 | 西 | 子 | 1972年 | 东北 | 亥 | 1995年 | 南 |
| 寅 | 1950年 | 西北 | 丑 | 1973年 | 东 | 子 | 1996年 | 西南 |
| 卯 | 1951年 | 北 | 寅 | 1974年 | 东南 | 丑 | 1997年 | 想 |
| 辰 | 1952年 | 东北 | 卯 | 1975年 | 南 | 寅 | 1998年 | 西南 |
| 巳 | 1953年 | 东 | 辰 | 1976年 | 西南 | 卯 | 1999年 | 西 |
| 午 | 1954年 | 东南 | 巳 | 1977年 | 西 | 辰 | 2000年 | 西北 |
| 未 | 1955年 | 南 | 午 | 1978年 | 西南 | 巳 | 2001年 | 北 |
| 申 | 1956年 | 西南 | 未 | 1979年 | 西 | 午 | 2002年 | 东北 |
| 酉 | 1957年 | 西 | 申 | 1980年 | 西北 | 未 | 2003年 | 东 |

★注：1月或2月出生的人有可能被划分到前一年。

# 利用桃花法提升恋爱、结婚运

桃花法是根据出生年份的干支推算出恋爱、结婚运提升方位的一种开运方法。在我国，桃花法中使用的主要风水物品是插有粉色鲜花的粉色桃花瓶，实践了桃花法后桃花运就会变得更旺。具体操作方法如下。

## 1.准备物品

①能引出桃花方位能量的宝石。尤其是蔷薇石英、印加蔷薇等粉色心形的物品，最有效果，粉色心形的宝石不需要很贵重，但必须要有能量。由于是否有能量很难辨别，所以可以将宝石拿在手里用OK测试法检验，选那种能使手指紧闭的宝石。

②写愿望的纸（白纸）。

## 2.将写愿望的纸摆放在桃花位

①写愿望的纸需要是边长6厘米的白纸。用笔在上面写上自己的愿望和其他必要事项（姓名、出生年月日原本是应该按天干地支来填写的，如果不知道的话也可以按照图示的方法填写）。

②写愿望的纸必须指向磁石所示的北方。

▲圆圈里面是出生年份的十二支，圆圈外面是对应的桃花方位，例如，卯年出生的人对应的桃花方位就是北方。

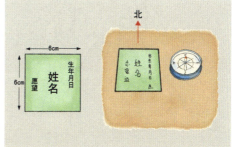

▲写愿望的纸必须指向磁石所示的北方。

③摆放场所并不是桃花方位的任何地方都可以，而是进行OK测试或直立运动机能测试，找出最合适的场所。因为空间里有恋爱、结婚对应的穴位，只有找到这个穴位并将愿望白纸放在这里才能激活气的流动，让愿望早日实现。

④保持摆放场所的洁净整齐，摆放高度要在腰部以上，条件允许的话最好能在肩部以上，这样效果最显著。

### 3.将粉色的心形宝石放在写愿望的纸上

①将宝石放在愿望纸的中央，用透明胶带或透明粘合剂固定。但是不能使用瞬间粘合剂，因为它会导致宝石变色。宝石在摆放时要使心形的尖朝向西南方向（见图1-37）。

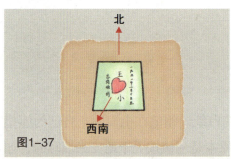

图1-37

▲将心形的宝石放在愿望纸的中央,心形尖朝向西南方向,用透明胶带固定。

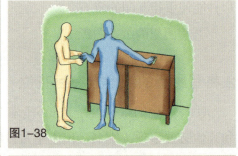

图1-38

▲手拿写有愿望的纸站在自己的桃花方位,对摆放场所进行OK测试。

②手拿愿望纸站在自己的桃花方位OK测试进行（见图2）。

最后将手罩在纸上进行OK测试。

③关于朝向方面还有一种方法是将宝石的心形尖指向自己出生年份对应的干支方向。例如出生日是卯日的话就朝向东方、午日的话就朝向南方、未日的话

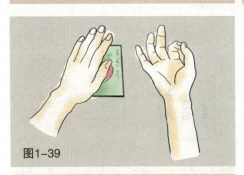

图1-39

▲最后将手罩在纸上进行OK测试,如果手指紧紧闭合就说明成功了。如果手指打开就说明纸的摆放场所或宝石的摆放方法有误,需要调整后重新测试,直到成功为止。

就朝向西南方。但是这种方法需要参照万年历，没有万年历的话就还是将心形尖对准西南方向。因为在三元玄空法中，西南是能够提升恋爱、结婚运气的方向（见图1-38）。

## 4.将手罩在愿望纸上进行OK测试或直立运动机能测试

如果前面的方法都正确、摆放的位置也正确的话，OK测试或直立运动机能测试的反应就应该很强烈。相反的，如果摆放位置有误的话，测试反应就会很微弱，这时候需要变换摆放场所重新测试。

以上就是提升恋爱、结婚运的方法，但是归根结底起关键作用的还是你自己。实践了桃花法后一定要积极地多出入一些能邂逅缘分的场合、多和别人接触，通过自己的努力来提升恋爱、结婚运气。

# 第二篇

# 家相风水

　　本篇以日常生活中不可或缺的衣食住行中的"住"为研究对象，站在现代的立场，以现代的视角来思考住宅对人一生的影响，以及住宅与运势间的密切联系，并配以大量通俗易懂的图片和图解来展开说明。另外，本篇还通过丰富的事例论述了怎样打造自己的家它才能成功地招来好运、远离不幸。

# 第一章

## 何为家相

为了更好地学习家相，我们首先要正确理解什么是家相。本章对家相的基本内容进行了详细的说明，包括方位的正确辨别方法、房屋的突出和四陷的辨识方法等。

## 家相的吉凶和基本观点

### 1.什么是理想的家相

　　一说起"家相"，很多人都以为那是一种古老的迷信，其实不然。想想看，如果是你的话，你愿意每天住在晒不到太阳的房子里吗？愿意住在又冷又湿的房子里吗？答案当然是否定的。事实上谁都想住在温暖明亮的房子里，家相也同样如此。接受由东向南的阳光，避开由西南向西的落日余晖，这样的房子被称为吉相，住在这样的放在里生活才会惬意。与家相相关的所有事物都要遵循一个重要尊则，那就是与自然条件保持适度的平衡与协调。

　　理想家相的判断往往是因人而异的，没有一个统一的标准模式。如果不能认识到这种差异性，对具体问题进行具体分析的话，就无法找到真正适合自己的理想住宅。但有一点是相同的，即住宅环境要有益于身心健康且能保证健康合理的生活状态，这是理想住宅应该具备的首要条件。除此之外，能让家庭关系融洽，增进日常生活和睦也是理想住宅的必备条件。反之，违背自然规律的房屋也就是凶相了。

　　判断住宅家相风水好坏的标准有许多，但最主要的有以下十三点。能同时具备这十三个条件的，无疑是最好的家相。现在就对照自己的家检验一下满足哪几个条件吧。

　　①东西方向较长；②卧室和孩子的房间最好位于北方位或东方位；③屋顶的形状要便于排水；④鬼门（东北）方位封闭；⑤厨房最好位于东侧；⑥卫生间不在八方位的正中线上；⑦围墙不能太高；⑧楼梯原则上要沿外墙壁设计；⑨庭院要很好地平衡建筑物和地形；⑩走廊对整个住宅的协调起到至关重要的作用；⑪玄关的大小要与房屋整体相协调；⑫地下室和地下车库要位于地基的外轮廓下方；⑬门朝向西北（戌亥门）方位为吉。

### 2.家相存在于我们的日常生活中

如果有人住在原野中的一栋孤立的房子里，冬天的北风寒冷逼人，那么住在里面的人肯定都不想吹到寒风，都会设法让房间能照到阳光以达到保暖的目的。日常生活中也如此，睡在东边卧室的人总是最早晒到早晨的阳光，也总是最早醒，最早起床，而睡在西侧卧室的人由于很晚才能晒到太阳，因此可以呼呼大睡，起的就比较晚，同样，晚上睡的也比较晚。我们的生活和习惯就是这样在不知不觉中受到大自然的影响。

另外，那些非常热闹、不断有人进进出出的家庭总是充满活力，人们就好像被什么吸引了一样，都想往他家跑，与此同时，住在那里的人的运势也随之慢慢上升了。相反，那些没人去的人家则总是显得死气沉沉，就连好运也不愿光顾。

由此可见，家相其实就存在于我们的日常生活中，不要把它想得太难，要学会在简单的日常生活中发现规律，这才是正确理解家相的最重要的条件，也是最方便的捷径。

## 正确识别方位是第一步

### 1.八方位的正确找法

想要更好地鉴定家相就必须正确找出八方位。而北方位作为基准方位，因此首先要掌握的就是如何确定北方位。由于家相方位是利用磁石来鉴定房屋吉凶的，因此一定要以方位磁石（罗盘）所示的北方位为准。这一点很容易弄错，地图上所标示的北并不是家相方位中的北，地图上的北和方位磁石所示的北方位之间存在一定的偏差，这被称为西偏差角度。

不仅是家相，一般来说只要属于气学方位的都要用这种方法确定北方位。

北方位在十二地支中对应的是"子"方位，之所以如此是因为在子丑寅卯辰巳午未申酉戌亥这十二地支中，"子"位于开头。"子"的本来含义并不是动物中的"老鼠"，而是"象征万物的初始、阴阳的接点"。"子"

字的起源是终了的"了"字加上"一"字，是个会意字，代表"初始"。"子"正好是12月的冬至，将这一点放在自然规律这一背景中就很好理解了。所谓冬至是指一年中夜最长昼最短的一天，换言之也就是象征阴的黑暗最长、象征阳的光明最短的一天。以冬至为界，过了冬至后阳（白昼）就越来越长，因此冬至，也就是"子"正好就成了阴阳的接点，寓意万物的开始。而这一发现同样也是对自然界运行规律长期观察的结果。

## 2.静的方位与动的方位

方位的取法有两种，一种是用于家相吉凶判断的家相盘——"静的家相方位盘"，另一种是通过动的事物判断吉凶的方位盘——"动的方位盘"，这两种都是常用的方位。在地图上确定好正确的北方位，以中心为原点标出东南西北方位，然后在东南西北四根线的左右两侧分别标出15°的角，这四个30°的角就是四正，四正之间的60°的角就是东南、西南、西北、东北四隅，这样八方位就完成了。这个"动的方位盘"可以用于搬家、旅行以及其他方位学等各方面。

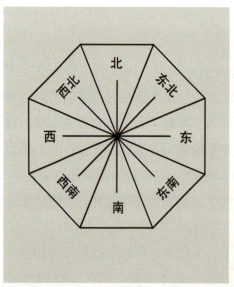

▲ 静的方位盘。

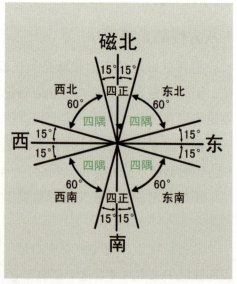

▲ 动的方位盘。

# 鉴定家相还要找出房屋中心

## 1.找到房屋中心

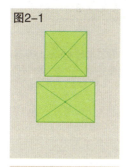

▲ 最基本的房屋中心取法图：以正方形或长方形的房屋为原形，将对角线的交点作为房屋的中心。

鉴定家相时寻找房屋中心的取法有很多，不同的家相风水学家有各自不同的中心取法，有以承重柱为房屋中心的取法，也有以屋主人的起居室为房屋中心的取法。那么，到底哪种取法才是正确的呢？

首先，以方形的房屋为例，最基本的取法就是以方形对角线的交点为中心（见图2-1）。将房屋的外围部分按比例画在平面图上计算出准确面积。有凹凸的就将凹凸部分归纳整理在方形图里，然后引对角线求中心。其中，凹凸部分在那一侧正常边长的三分之一以上的，将凹陷部分和突出部分的面积各取一半做成方形（见图2-2、2-3、2-4）。形状过于复杂的话就以主要的生活空间为准画出方形求中心。

此外，如果凹凸部分在那一侧正常边长的三分之一以下（见图2-5）或是有一些凸窗之类的不与地基相接的凹凸的话，可以忽略，正常引对角线求中心（见图2-6）。

土地中心的取法和房屋中心的取法相同。中心的位置对家相的吉凶有着重要的影响，因此在求取的时候一定要慎重。

图2-2

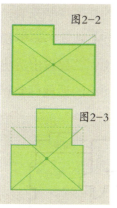

图2-3

图2-4

▲ 房屋中心的其他取法图：将凹凸的部分等分，整合成正方形或长方形。

图2-5

▲ 三分之一以下的凹凸可以忽略。

图2-6

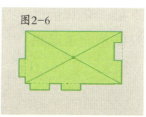

▲ 凸窗或是其他不与地基相接的凹凸都可以忽略。

## 2.三角形房屋的中心取法

如果你的房屋整体呈三角形的话，就以最长边的中点为基点做正方形，引对角线求中心。不过在计算面积求中心时，由于具体情况复杂，因此最好还是根据各家各户的具体状况灵活改变中心求法。

这时候尤其要重视家人共同生活的场所，比如家庭成员经常碰头交流的场所是起居室的话，就可以将起居室作为房屋的中心。

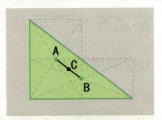

▲ 三角形房屋中心的三种取法：三角形房屋的中心取法有3种，可以分别做A、B两种类型的长方求中心，也可以连接A、B两点，取连线的中点C为中心。

## 3.两层以上建筑的中心取法

随着城市的发展，两层以上的多层、高层建筑也越来越多了。这种房屋取中心的时候要在每层分别取，不过取法都与一层的房屋相同。

从建筑整体来看，二层以上的面积最好比一层小，而二层以上面积在一层面积的三分之一以下是最理想的构造。不过就目前的住宅现状来看，这似乎不太实际，但二层面积比一层大的建筑格局看起来总觉得不够稳定，而且在家相中这种情况还被称为"凹陷"。也就是说，二层以上突出的部分反过来成了一层的"凹陷"，是凶相。上面大下面小的话就容易脚跟不稳、脚下打晃，没办法牢固扎根。上层的面积最大不能超过下层，充其量也只能是上下面积一般大。

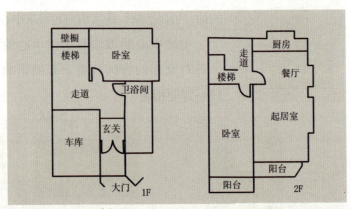

▲ 不稳定的二层以上建筑示例：这是一个上层面积比下层大的典型示例，车库没有算在一层面积之内。这样的设计格局明显看起来不舒服。

## 家相格局中的突出和凹陷

　　家是人类居住的地方，没有一个地方能像家那样生动贴切地反映出居住者的性格、秉性以及思维等。不管外面的世界多精彩，也不管你在外面的工作多有价值，最后都还是要回家的，只有回到自己的家中才能感到放松和安全。家总能带给我们一种莫可名状的心灵上的平静。家对于住在里面的人而言就是他们的城堡，是给他们的身心带来巨大影响的灵魂栖息地，同时也是另一半的自己。

　　协调的家能让居住者的身心得到均衡发展，而不协调的家则会使居住者的身心产生倾斜。一般来说，万物都是由圆、三角和方形构成的，而家的形状原形是正方形。但是，世界万物又都是由阴阳构成的，我们居住的

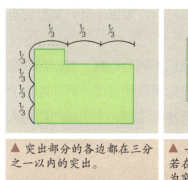

▲ 突出部分的各边都在三分之一以内的突出。

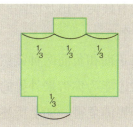

▲ 一边三分之一、另一边若在三分之一以内则判断为突出。

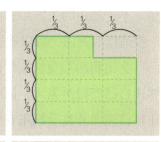

▲ 若一边在三分之一以内，而另一边在三分之一以上的话就是凹陷。

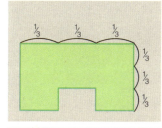

▲ 凹陷部分的一边在三分之一以上的就可看做是凹陷。

▲ 像这种不规则图形，有一边在三分之一以上的话也是凹陷。

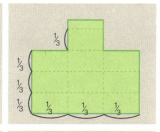

▲ 即使有一边是在三分之一以内，但另一边在三分之一以上的话，两处都被看做是凹陷。

家也同样需要阴阳。也就是说对家而言需要同时有长又有短，因此稍微呈长方形的家才是最协调的家。

不过，抛开这种家相风水中的理论标准不谈，现实生活中由于受土地条件的限制以及个人设计上的喜好，我们的家中经常会出现这样或者那样的突出和凹陷。

在鉴定这种突出和凹陷时要以家相学的理论为基准。突出是指超出地基的部分，没有地基的部分被称为凹陷。另外，以这一基准为前提，长度在一边的三分之一以内的突出部分对整体的平衡没有影响，被称为突出，而当长度超过三分之一以上时，另一侧必然出现不足，因此这时候的突出部分被称为凹陷。

选择和设计房屋时要避免缺陷，这是基本的原则，但太多的突出也不行。即使刚开始的时候没什么问题，但它的负面影响还是会在日后慢慢凸显。不过规矩的正方形和没有任何突出及凹陷的长方形也不好，最好能有一些适度的突出，可以彰显个性。

突出和凹陷会给人带来正面和负面两种截然不同的影响。突出部分能够让自己变得更强大，同时还能为你带来外界的帮助和喜讯。而凹陷则会让自己变弱并且受到来自外界的危害。如上所述，不同的突出和凹陷对人产生的影响有着天壤之别。

# 第二章

## 了解家相盘的构成要素

看家相时一个不可或缺的工具就是家相盘。

决定家相吉与凶的不仅仅是房屋的格局，还包括住在里面的人。这一章将专门针对各种规定及家相盘的含义和使用方法进行说明。

# 家相盘的构成与使用方法

## 1.家相盘的构成要素

家相盘集十天干、十二地支、九星、八卦等于一体，是鉴定家相风水时不可或缺的工具，家相盘主要包括以下六大要素：

①中央、太极：这是鉴定家相时的房屋中心，是气学中用于定位五黄土星的最重要场所。

②八卦之象：象征阴阳的组合。

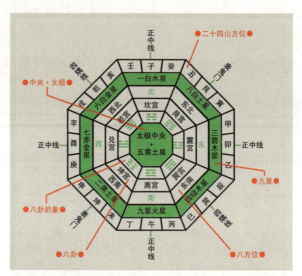

▲ 家相盘的构成图。

③八卦：八卦是一门起源于易学的学问，它认为万物以中央太极为原点向外分为阴阳两部分。八个定位点分别称为"宫"，代表气象、人物等含义。

④二十四山方位：将八方位分别三等分成24份，在十二地支和十天干的基础上又加入了乾等方位，用来更加详细地判断八方位。

⑤九星：每颗星都有固定的定位，这种定位同时也决定了家族的位置。

⑥八方位：将一周360度以45度为间隔平均分成八份，每个方位的含义都对家相吉凶的判断有着重要影响。

### 2.家相盘的使用方法

准备一张按适当比例缩小的房屋格局缩略图，找出正确的房屋中心。

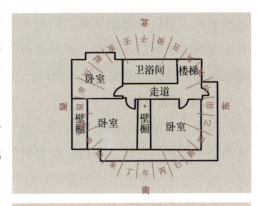

用罗盘找出正确的北方位，将房屋格局图的中心和北方位用直线连接。

将格局图的中心和家相盘的中心重合、家相盘的北方位和罗盘测出的北方位重合，确定各个房间的方位。

▲ 将家的格局图与家相盘重叠。

# 八方位分别代表的吉凶含义

住宅的吉凶与住在里面的人的出生年月日所属的星相有很深的关联，这里我们仅就各方位的本来含义以及其对应的吉凶的具体表现进行说明。

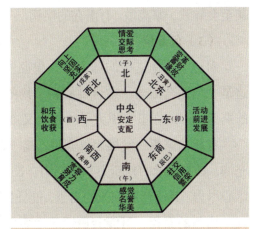

▲ 方位的含义：这个图简单地归结了八方位和中央共计九个方位的含义，看图的时候注意观察它们各自的性质差异。

### （1）北方位

对应十二地支中的子方位。万物开始由阴转阳，所有的事物都得到新生。因此北方位象征万物的交叉和新生，属水象。

**吉相的家相：**由于它象征阴阳交界，因此可以使夫妻关系得到改善，增多彼此的交流，而且让孩子变得善解人意，懂得孝敬父母，头脑也变得越来越聪明。吉的家相能充实家人的精神世界，还有望带来隐形的收入。

**凶相的家相：**子女不孝而且总让父母操心。下属运也变差，部下或自己的工作人员让自己很头疼。阴气入侵让身体发寒，危害健康，家中不断有人生病。家庭收入减少，逐渐变得贫穷。夫妻间的秘密以及隐瞒的事情越来越多，导致夫妻关系陷入僵局，甚至会发展至分居或离婚。

### （2）东北方位

对应十二地支中的丑寅方位，是个至关重要的场所，俗称表鬼门，被认为是不吉利的方位。不过，所有的方位都必定会有好的一面，因此没必要对这个方位一味恐惧。如果能好好利用，则可以将此转变为绝佳方位。

**吉相的家相：** 该方位属土星，象征日积月累的山之土石。由于土代表亲属，因此可以使兄弟姐妹间的关系变得融洽。同时此方位还有变化的含义，因此也可以说是从父辈到子辈的接点，代表相续，能有一个好的继承人。此外，土还有积少成多的含义，寓意你会有丰厚的积蓄。

**凶相的家相：** 与亲戚间的交往越来越少，可能会没有继承人，即使有继承人也会在财产继承方面纷争不断。工作不顺利，欠债增多几近破产，严重的甚至会导致一家离散。有潜在的疾病，一旦发作无法立即治愈，会拖很久。

### （3）东方位

对应十二地支中的卯方位，象征一切都会慢慢变得明亮、充满活力。这是一个适合活动、适合挑战新事物的方位。除此之外，东方位还有长子的寓意，因此在皇室中太子的住所又被称为东宫。

**吉相的家相：** 发展之气充足，能一直保持较高的目标。干劲十足，精力充沛，具有准确的判断力和决断力。长子能够担起家庭的责任重担，为家庭尽心尽力。具有说服别人的力量，能凭借语言打动对方、赢得信任。

**凶相的家相：** 可能会遭遇突发事故或麻烦。家中长子不省心，做什么事都没有分寸，总是失败。说话言不由衷，经常撒谎蒙骗别人，也容易上当受骗陷入困境。此外还要多注意肝脏和神经系统的疾病。

### （4）东南方位

对应十二地支中的辰巳方位。东南方位作为一个出入口，被认为是万事俱备的场所，因此自古以来就被商人奉为执掌生意兴隆的重要场所。

**吉相的家相：** 有利于社交运和人际关系的改善，在社会上的信用度也

会慢慢增加。会有贵人相助，地位得以提升，运势的发展也较为顺利。长女会在很大程度上帮助家庭，而且会有一段好姻缘，拥有幸福的家庭。在健康方面，肠胃的功能会有所改善，整个人都会精力充沛。

**凶相的家相：**疑心很重，自以为是，不愿意相信别人，同时也不被别人所信任。由于经济不充裕和人际交往上的屡屡受挫而逐渐被外界讨厌、疏远。同时会有不诚实的部下或工作人员趁机作祟使自己利益受损。任何事开始的时候都还算顺利，但快到最后的时候总会出纰漏，从而导致全盘皆输。

### （5）南方位

对应十二地支中的午方位。由于南面是太阳光照最强烈的方位，因此总给人一种炽热的的印象。如果挡住了这个能给自己带来温暖和光明的南方位的太阳，则整个家庭也会变得阴冷黑暗。

**吉相的家相：**头脑更加灵活，能具备准确的判断力。感觉变得敏锐，自我表现力也有所增强，从而变得魅力十足。受到上级的重视和提拔，为自己赢得更多的名誉和名声。能够充当实业家、政治家、艺术家和设计师等职业，并有突出的表现。

**凶相的家相：**与周围人的纷争增多，离合聚散频繁。有时甚至会演变成为有警察介入的刑事事件。同时不被上司重视，影响自身事业发展。个人好恶易被激化，有偏执倾向。很有可能在选举活动中引发事端，因此政治家需要尤其重视。

### （6）西南方位

对应十二地支中的未申方位，与东北方位的表鬼门相对，被称为里鬼门。该方位与东北一样同属土星，但与东北方位的象征日积月累的山石不同，西南方位象征的是广阔的大地之土，与大地同样也具有孕育万物的能量。

**吉相的家相：**热心于自己的事业，认真努力工作并能取得相应的成果。极富忍耐力，能脚踏实地寻求进步，立场坚定。同时也具有超强的体力和持久力，能经得起考验。主妇持家有道。家族的生意和事业等也能顺利发展，收入稳步增加。

**凶相的家相：**认真努力的意识淡薄，想法闪烁不定、变换不停，运势

也随之呈直线下降趋势。家人之间缺乏坦诚，容易相互排斥，导致整个家缺少凝聚力、四分五裂。主妇的持家能力有所欠缺，男主人也很难找到满意的工作，总是不断跳槽。

### （7）西方位

对应十二地支中的酉方位，同时代表一年中的九月和四季中的秋季。由于秋季是农作物收获的季节，一年的辛苦劳作终于得到了回报，因此这个方位也是象征丰收和喜悦的方位。

**吉相的家相：**收入稳定，在金钱方面比较充裕。不用为自己老后担心，自然可以衣食无忧、安享晚年。在人际交往方面也会变得开朗活泼、人气直升。饮食方面丰盛充足，而且姻缘方面也能够水到渠成。

**凶相的家相：**一直被经济问题困扰，借不到钱，甚至导致破产。不自量力硬撑门面，最后只能是白白浪费了金钱。对自己喜欢的东西挥金如土，但对其他方面则比较抠。家中经常会有人受伤，特别是牙齿方面，所以不得不经常往医院跑。

### （8）西北方位

对应十二地支中的戌亥方位。因为这个方位还象征天地中的天，所以也被称为上位。天运转不息，给大地带来无尽的恩泽。

**吉相的家相：**具有压倒性的能力和财力，在社会中处于上层，受到周围人的尊敬。由于这个方位是主人方位，因此在家庭中就对应为丈夫和父亲，他们会爱护自己的家庭并具有强烈的守护家庭的决心。

**凶相的家相：**家人有可能会遭遇车祸。父亲在家庭中没有威信力，被家人轻视。借出去的钱或投资的资金经常收不回来，甚至会因此破产。可能会热衷于赌博并终将玩火自焚。同时，为人偏执，容易受人误解。

以上是八方位各自代表的吉凶含义，我想大家通过这些描述已经对它们有了一定的了解。另外，还有一个方位也不能忘，那就是中央。

### （9）中央部分

一个住宅肯定会有中心和中央部分，而这个中央部分就是所谓的"太极"。它是住宅的基础，是家中中心的位置所在，因此具有非常重要的地位。在气学中，中心是五黄土星的定位，同时也被视为帝王之位。如果住宅的中心处呈凶相，那么一家之主在家中的地位就会受到影响，我们都知道任何事物一旦没有了中心就无法发展，因此这样的家庭也同样不会有好的发展。正因为中心对家中的顶梁柱——一家之主有着重要的影响，因此一定不能疏忽。

## 鬼门的含义和相关观点

你是否听过"那里是鬼门，最好不要去"这样的话？或是当某个地方总让自己感觉不舒服时就会下意识地说道"那个地方是鬼门吧"，人们习惯用鬼门来指那些自己比较棘手的事情。因此，鬼门通常情况下都被用作"棘手的事情"和"不好的事情"的代名词。

在家相中，东北45°方位被称为表鬼门，西南45°方位被称为里鬼门。鬼门方位在家相中有着非常重要的地位和复杂的意义，因此在处理方法上也纷繁复杂。

那么，鬼门一词究竟有着什么样的含义呢？研究这个问题的时候一定不能忽视中国的自然、国土以及悠久的历史文化。在古代中国的漫长历史中，汉民族一直受到外族的威胁并为此苦恼不已，而威胁它的这些外族恰好都位于东北方位。因此人们就把这些可怕的夷狄涌来的东北方位视为灾难之门，称之为鬼门，这是最普遍的一种说法。即使在现代，鬼门所具有的自然能量也仍然没有改变。

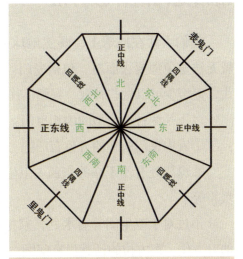

▲表鬼门和里鬼门：表鬼门和里鬼门在家相中都有着重要的意义，在鉴定家相风水的时候必须要慎重考虑。

那么，在现代社会鬼门又有着什么样的含义呢？家相风水学认为自然之气的循环具有非常重要的意义。之所以这样说是因为我们人类就生活在大自然中。早晨，太阳从东方升起，中午升至南方的中天，傍晚沉入西方的地平线，经历夜晚的黑暗后又再次从东方升起，如此往复循环、亘古不变，而在这种自然循环中生存的我们也同样是每天过着早晨起床、白天劳作、晚上睡觉的生活。

在自然环境中，东北方位也是一个照不到太阳、又冷又湿的地方。如果在盖房时阻挡住了大气的流动，就会导致那里空气腐坏、淤塞滞积。而与它正好相反的西南方位则是太阳西沉的地方，沉没的太阳具有使万物腐坏的能量。长期生活在这种充满腐坏空气的环境中，久而久之就会危害到自己的健康，社会活动能力也变得迟钝，运势也自然会随之下降。

因此，在家相风水中是不允许在东北和西南方位放置不干净的东西的。之所以把这两个方位称为鬼门，就是要提醒大家这是个很微妙的场所，要多加注意。

## 凶相鬼门的补救方法

我们生活在地球上，既然地球上存在方位这一事物，那我们自然也就无法避免地要去面对，包括鬼门。家相即使无法完全消除鬼门的反面作用，但至少可以做些补救，将整体往好的方向指引。

以下是两种最典型的凶相鬼门：

①家中鬼门所在的方位有凹陷。

②鬼门处有不干净的东西（卫生间、净化水槽、垃圾口、出入口、垃圾箱等）。

不过对于卫生间等有水处，家相学认为必须避开十二地支对应的东北的丑方位，寅方位的话就没有问题。

同时，鬼门处有大窗户（90厘米×90厘米以上）的话，最好的补救方法是将大窗拆掉，换成小窗。

　　除此之外还有很多凶相鬼门的补救方法。例如，可以将陶瓷器、玻璃制品、石头和木头材质的物品和植物等摆在鬼门方位。这些东西能守护鬼门、削减鬼门的凶煞之气。基本上来说，以上这些东西随便放哪种都可以，只要不是腐坏的或有恶臭的就好。

　　还有，我们经常会听到有人说不能在鬼门方位摆放神龛，其实没关系，因为对神佛来说是没有方位的。不过在这种场合摆放神佛要将神龛朝向南方供奉，以示对祖先的尊重。

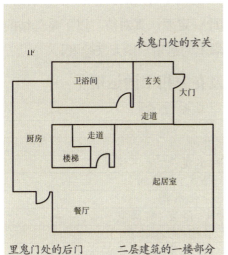

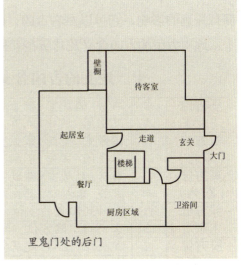

▲ 鬼门方位有凹陷的情况：表鬼门和里鬼门都有凹陷，而且还都有出入口，这是大凶之相，需要对凹陷部分进行增补并改变出入口的位置。

▲ 鬼门处有不干净的东西的情况：鬼门方位如果有出入口或垃圾口的话会使鬼门打开，从而将灾祸招致家中。

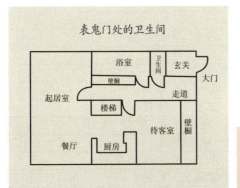

◀ 卫生间在表鬼门方位的情况：卫生间和净化水槽等腐坏和恶臭的来源处不要配置在鬼门方位，因为不干净的东西会增加鬼门方位的凶作用。

## 十二地支和家相的关系

我们所熟悉的十二地支其实是家相学中不可缺少的内容，而且出生年份所对的十二地支与家相中的十二地支方位有着非常密切的关系。例如子年出生的人对应家相盘中的北方位，因此受到北方位的影响比较大，寅年出生的人对应的是家相盘中的东北方位，因此受东北方位的影响比较大。这种十二地支方位又被称为"地气"，"地气"对人的肉体和精神两方面都有深远的影响，它可以左右吉凶，因此一定要认真对待。以下是总结的十二地支方位的吉凶含义及其所在家相学上的运用，供大家参考。

### 十二地支的吉凶含义及在家相上的运用

| 子方位<br>（北） | 吉 | 书房 储藏室 孩子的学习房 卧室 |
| --- | --- | --- |
| | 凶 | 卫生间 水井 地下室 净化水槽 出入口 |
| 丑方位<br>（东北） | 吉 | 储藏室 壁橱 家务室 卧室 |
| | 凶 | 卫生间 玄关 下水道的水龙头 地下收纳室 |
| 寅方位<br>（东北） | 吉 | 书房 起居室 储藏室 卧室 会客间 |
| | 凶 | 玄关 出入口 卫生间 净化水槽 |
| 卯方位<br>（东） | 吉 | 能晒到阳光的方位 厨房 浴室 起居室 |
| | 凶 | 家中的凹陷方位 净化水槽 老人的房间 |
| 辰方位<br>（东南） | 吉 | 玄关 卫生间 起居室 厨房 浴室 家中的突出方位 |
| | 凶 | 净化水槽 家中的凹陷方位 地下室 |
| 巳方位<br>（东南） | 吉 | 玄关 餐厅 会客间 |
| | 凶 | 厨房的出水口 水池 浴室的水槽 家中的凹陷方位 卫生间 |
| 午方位<br>（南） | 吉 | 出入口 能充分吸收南面阳光的方位 起居室 |
| | 凶 | 厨房 浴室 卫生间 水池 车库 |
| 未方位<br>（西南） | 吉 | 和室 年长者的房间 |
| | 凶 | 卫生间 出入口 厨房 浴室 净化水槽 |
| 申方位<br>（西南） | 吉 | 能挡住阳光的方位 卧室 工作室 |
| | 凶 | 卫生间 玄关 浴室 厨房 |
| 酉方位<br>（西） | 吉 | 储藏室 壁橱 起居室 卧室 会客间 |
| | 凶 | 玄关 出入口 有火处 卫生间 净化水槽 |
| 戌方位<br>（西北） | 吉 | 家中的突出方位 玄关 别栋建筑 壁龛 客厅 |
| | 凶 | 家中的凹陷方位 穿堂 地下车库 |
| 亥方位<br>（西北） | 吉 | 卫生间 浴室 盥洗室 书房 男主人的房间 |
| | 凶 | 家中的凹陷方位 地下储藏室 穿堂 |

# 何为二十四山方位

由于仅凭八方位很难对家相风水进行细致的判断，因此又将八方位中的每一方位都进行了三等分，等分后的方位共计24个，称为"二十四山方位"。这其中既有子、丑、寅、卯、辰、巳、午、未、申、酉、戌、亥十二地支，也有被称为天之气的十天干中的甲、乙、丙、丁、庚、辛、壬、癸，以及乾、坤、艮、巽四卦。

## 十天干与十二地支组合而成的二十四山方位

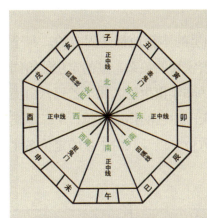

▲ 十二地支方位：二十四山方位是将八方位中的每一个都进行三等分得来的，其中十二地支的分布位置如图所示。

▲ 十天干方位图：被称为天之气的十天干的分布位置如图所示。

◀ 二十四山方位图：十天干、乾、坤、艮、巽和十二地支组合而成的24格图就是二十四山方位，根据这个可以对家相风水进行更详细的判断。

# 何为九星

　　九星是将世间万物用九种气进行归类的风水术，是家相判断中不可缺少的元素。所谓九星是由一白水星、二黑土星、三碧木星、四绿木星、五黄土星、六白金星、七赤金星、八白土星、九紫火星这九颗星构成的，从一白水星到九紫火星，每颗星都有各自固定的位置，被称为定位。定位的含义和方位相通，是进行吉凶判断时必不可少的。

　　九星都有各自固定的含义，根据这些星的运行变化可以判断运势等的吉凶。这里先不讲太深奥的内容，大家只要知道有九颗星，并记住下面的图就可以。

　　在家相中，九星的定位，也就是每颗星的本籍地都是固定的。每个人所属的星与这颗星所在的定位之间都有着密切的关系，星的定位能给同属这颗星的人带来运势上的变化。例如，1965年出生的人属于乙巳八白土星，因此他的运势会在很大程度上受到十天干中乙的15度方位、十二地支中巳的15度方位（参照前文所述二十四山方位）以及八白土星的定位东北45度方位的影响。

　　除此以外，定位还有另外一个层面的含义。和个人出生年份对应的星无关，代表的是家人所属的固定场所，父亲有父亲所属的场所、母亲有母亲所属的场所，不同的人会受到各自对应场所的影响。

　　各定位的具体含义如下页表所示。

　　例如，在父母和儿子、女儿组成的四口之家中，父亲会受到西北方位的影响，母亲会受到西南方位

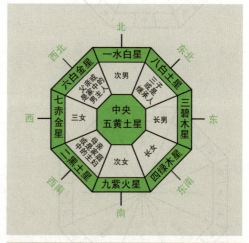

▲ 九星的定位与家人的位置：出生年份对应的十天干·十二地支·九星以及家人的定位会对这个人的一生产生很大的影响。

的影响，长子会受到东方位的影响，长女会受到东南方位的影响，这种影响和各自的出生年份无关。

这里只简单介绍一下定位的知识，不过由于这些星的位置每年每月每日都在变化，因此在进行家相判断时最好参考当年最新的九星历。

## 九星、定位与家人间的关系

| 九星 | 定位 | 与家人间的关系 |
|---|---|---|
| 一白水星 | 北 45度 | 次子 |
| 二黑土星 | 西南 45度 | 母亲或是家庭中的主妇 |
| 三碧木星 | 东 45度 | 长子 |
| 四绿木星 | 东南 45度 | 长女 |
| 五黄土星 | 中央部分 | 一家之主 |
| 六白金星 | 西北 45度 | 父亲或是家中的男主人 |
| 七赤金星 | 西 45度 | 三女儿 |
| 八白土星 | 东北 45度 | 三子或是继承人 |
| 九紫火星 | 南 45度 | 次女 |

# 九星、干支与出生年月的关系

## 1.东方命理学的根本思想

人根据出生年份的不同，兼具十天干、十二地支、九星这三个不同的属性。而作为这三者根源的东方命理学，其根本思想也有三个，分别是阴阳说、五行说和三才说。

**阴阳说：** 这种思想认为天地万物都是由阴、阳这两种性质截然相反的元素构成的。例如"太阳为阳、月亮为阴"、"男性为阳、女性为阴"、"前为阳、后为阴"等。

**五行说：** 这种思想认为天地万物都可以概括为木、火、土、金、水这五大要素，即五行，并且这五种要素是循环往复的，木燃烧后生成火，火生成灰（土），土生成金属，金属冷却后生成水滴，水又能促进木的生长，这种往复代表自然界的大循环。而将五行中的这五种要素分别按照阴阳进行划分后又会生成甲和乙、丙和丁、戊和己、庚和辛、壬和癸这十天

干。这种所谓的阴阳五行说就是东方命理学的根本所在。

三才说：这种思想认为作为天之气的十天干、作为地之气的十二地支和作为人之气的九星共同组成了天地人这三才。家相是通过观察自然的运行和个人的气是否协调发展来判断吉凶的，因此出生年份的属性与家相之间的关系是剪也剪不断的。

## 2.何为干支

十天干和十二地支组合而成的纪年法就是干支。共有60组，60年为一个循环，因此满六十岁又被称为花甲。

例如，1992年对应的干支是壬申，对应的九星是八白土星，因此1992年出生的人又可以说成是壬申八白土星年生人，以此类推，1965年出生的人就可以说成是乙巳八白土星年生人。各人所属的星可以对照下面的九星干支一览表进行查询。

有一点需要注意的是，东方命理学中所谓的一年是指从二月的立春到次年的立春这一段时间。以1988年为例的话，这一年的2月4日到次年的2月3日被称为一年。

## 九星干支一览表

| 一白<br>水星 | 二黑<br>土星 | 三碧<br>木星 | 四绿<br>木星 | 五黄<br>土星 | 六白<br>金星 | 七赤<br>金星 | 八白<br>土星 | 九紫<br>火星 |
|---|---|---|---|---|---|---|---|---|
| 1909年<br>己酉○ | 1908年<br>戊申◎ | 1907年<br>丁未◎ | 1906年<br>丙午◎ | 1905年<br>乙巳◎ | 1904年<br>甲辰◎ | 1903年<br>癸卯◎ | 1902年<br>壬寅◎ | 1901年<br>辛丑○ |
| 1918年<br>戊午◎ | 1917年<br>丁巳○ | 1916年<br>丙辰◎ | 1915年<br>乙卯◎ | 1914年<br>甲寅◎ | 1913年<br>癸丑◎ | 1912年<br>壬子◎ | 1911年<br>辛亥◎ | 1910年<br>庚戌◎ |
| 1927年<br>丁卯◎ | 1926年<br>丙寅◎ | 1925年<br>乙丑○ | 1924年<br>甲子◎ | 1923年<br>癸亥◎ | 1922年<br>壬戌◎ | 1921年<br>辛酉○ | 1920年<br>庚申◎ | 1919年<br>己未◎ |

| 一白水星 | 二黑土星 | 三碧木星 | 四绿木星 | 五黄土星 | 六白金星 | 七赤金星 | 八白土星 | 九紫火星 |
|---|---|---|---|---|---|---|---|---|
| 1936年丙子◎ | 1935年乙亥◎ | 1934年甲戌○ | 1933年癸酉○ | 1932年壬申◎ | 1931年辛未○ | 1930年庚午○ | 1929年己巳○ | 1928年戊辰◎ |
| 1945年乙酉○ | 1944年甲申◎ | 1943年癸未○ | 1942年壬午○ | 1941年辛巳○ | 1940年庚辰◎ | 1939年己卯○ | 1938年戊寅○ | 1937年丁丑○ |
| 1954年甲午○ | 1953年癸巳○ | 1952年壬辰○ | 1951年辛卯○ | 1950年庚寅○ | 1949年己丑○ | 1948年戊子○ | 1947年丁亥○ | 1946年丙戌○ |
| 1963年癸卯○ | 1962年壬寅○ | 1961年辛丑○ | 1960年庚子○ | 1959年己亥○ | 1958年戊戌○ | 1957年丁酉○ | 1956年丙申○ | 1955年乙未○ |
| 1972年壬子◎ | 1971年辛亥○ | 1970年庚戌○ | 1969年己酉 | 1968年戊申◎ | 1967年丁未○ | 1966年丙午○ | 1965年乙巳○ | 1964年甲辰 |
| 1981年辛酉○ | 1980年庚申◎ | 1979年己未○ | 1978年戊午○ | 1977年丁巳○ | 1976年丙辰○ | 1975年乙卯○ | 1974年甲寅○ | 1973年癸丑○ |
| 1990年庚午○ | 1989年己巳○ | 1988年戊辰○ | 1987年丁卯○ | 1986年丙寅○ | 1985年乙丑○ | 1984年甲子○ | 1983年癸亥○ | 1982年壬戌○ |
| 1999年己卯○ | 1998年戊寅○ | 1997年丁丑○ | 1996年丙子○ | 1995年乙亥○ | 1994年甲戌○ | 1993年癸酉○ | 1992年壬申○ | 1991年辛未○ |
| 2008年戊子○ | 2007年丁亥○ | 2006年丙戌○ | 2005年乙酉○ | 2004年甲申○ | 2003年癸未○ | 2002年壬午○ | 2001年辛巳○ | 2000年庚辰○ |
| 2017年丁酉○ | 2016年丙申○ | 2015年乙未○ | 2014年甲午○ | 2013年癸巳○ | 2012年壬辰○ | 2011年辛卯○ | 2010年庚寅○ | 2009年己丑○ |

▲ 生日在正月和立春之间的人都算前一年生人。
○表示那一年的立春是2月3日。
◎表示那一年的立春是2月4日。
在九星中，从二月的立春到次年的立春被看做是一年，因此元旦到立春之间出生的人对应的都是上一年的星。

## 3.八卦与九星方位的关系

八卦是中国易学的根本所在，它认为天地万物从太极出发分为阴阳两部分，然后再细分为天、泽、火、雷、风、水、山、地八部分。观察九星方位的时候一定会用到八卦，因此在这里简单说明一下。

天乾方位是西北——在九星中对应六白金星；

泽兑方位是西——在九星中对应七赤金星；

火离方位是南——在九星中对应九紫火星；

雷震方位是东——在九星中对应三碧木星；

风巽方位是东南——在九星中对应四绿木星；

水坎方位是北——在九星中对应一白水星；

山艮方位是东北——在九星中对应八白土星；

地坤方位是西南——在九星中对应二黑土星；

太极方位是中央——在九星中对应五黄土星。

八卦和九星方位的关系如上所示，每个组合分别代表不同的气象、人物、场所等，有各自不同的含义。每个定位置称为宫，有艮宫、坤宫等，而中央的位置则被称为中宫。

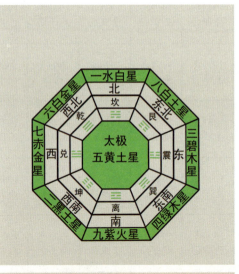

▲ 九星的定位和八卦：从一白水星到九紫火星这九星的定位分别与不同的八卦相对应。中央的位置称为太极，对应九星中的五黄土星。

## 九星的定位与八卦

| 卦名 | 正象 | 方位 | 九星 | 对应的天气 | 对应的人 | 对应的场所 | 所代表的含义 |
|---|---|---|---|---|---|---|---|
| 乾 | 天 | 西北 | 六白金星 | 晴天 | 父亲 | 高处 | 坚硬、广阔、大、动的、高处 |
| 兑 | 泽 | 西 | 七赤金星 | 下雨前乌云密布的天气 | 三女以下 | 水池或湖泊 | 嘴、语言、小、积蓄、水池、小河 |
| 离 | 火 | 南 | 九紫火星 | 晴天 | 次女 | 文化场所 | 明亮、美丽、明确、艺术、知识 |
| 震 | 雷 | 东 | 三碧木星 | 打雷天 | 长子 | 发射塔等电波发出地 | 响、惊、传达、声音、发射信号 |
| 巽 | 风 | 东南 | 四绿木星 | 起风天 | 长女 | 人或物进出的地方 | 轻、柔软、动摇、长的、出入口 |
| 坎 | 水 | 北 | 一白水星 | 雨雪天 | 次子 | 背阴处或地下室 | 黑暗、寒冷、思想、背阴、地下 |
| 艮 | 山 | 东北 | 八白土星 | 阴天 | 三子以下 | 储物场所 | 停止、不动、高尚、储蓄、山 |
| 坤 | 地 | 西南 | 二黑土星 | 阴天 | 母亲 | 平地、耕地 | 柔软、安静、低矮、包容、平地 |
| 太极 | | 中央 | 五黄土星 | | | | |

## 4.九星的含义及与家相的关系

每个人都有属于自己的诞生星，即使是一家人，每个人的资质和秉性也各不相同，命运也各异。这里我们将九星各自的意义、性质、命运、需要注意的生活方式等重新总结一下，供大家参考，并通过格局图对九星和家相之间的关系进行简要说明。

提醒读者，特别要注意的是卫生间、浴室、厨房等与水火打交道的场所的位置。此外，卧室的位置也非常重要。

建议您在建房或买房时要以家中男女主人为中心，同时考虑到其他家人各自的具体情况，挑选最合适的格局和房屋。

# 一白水星生人与家相的关系

一白水星是九星中排在首位的星。万物是由阴阳交际而生，一白的定位为象征"阴阳接点"的北方位，与十二地支中的"子"共通。在自然界中属水象。从天降落的一滴滴的雨水相互交融汇成小溪，小溪又慢慢融合变成大河，大河又注入大海，一白的作用也就像这水一样，具有多重含义。

一白水星生人与父母的缘分较浅，从孩提时期开始就多辛苦和磨难，但恰恰是这种环境反而培养了其独立性和忍耐力，造就了其后天的运势和发展。这类人属于不继承家族产业也能自己独立创业取得成功的典型。

如果家中的北方位有卫生间、净化水槽、水井、出入口、凹陷等，会导致一白水星生的人缺乏韧性，依赖心理较强，容易与异性起冲突等问题，在健康方面会有肾脏、耳朵、痔疮、子宫、血液相关疾病及遗传性疾病。

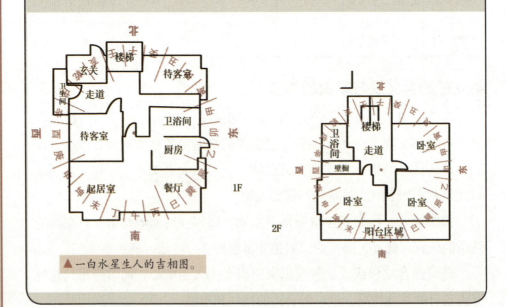

▲一白水星生人的吉相图。

# 二黑土星生人与家相的关系

二黑具有大地之象。这里的土和脏净无关，指的是对所有事物的包容力。大地从天处受到诸多恩惠，然后毫无怨言地将这些恩惠全部贡献出，用来孕育自然万物。地球上的生物以及我们人类正是因为受到了大地的这种恩惠才能得以生存。而土的这种性质和功用也赋予了二黑更多的含义。二黑的定位为西南方位，这一方位也被称为里鬼门。

二黑土星生人与其自主创业不如跟随别人，做别人的助手更容易成功。在金钱方面二黑土星生人不要期望能一获千金，一步一步踏踏实实地努力才能使自身运势得到发展。

家中的西南方位如果有卫生间等不干净的地方以及浴室、玄关、凹陷的话，会导致二黑土星生人努力意识淡薄、事业得不到长久发展、家庭内部充满纠纷和争吵。在健康方面容易出现内脏功能减弱、痼疾发作等，需要特别注意。

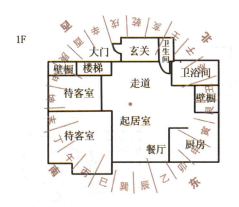

▲二黑土星生人的吉相图。

# 三碧木星生人与家相的关系

三碧在自然界中属雷象，在季节中象征初春。自然界万物随着一声春雷从寒冬中苏醒过来，开始活动。以自然界中的一天作比喻的话，它就相当于早晨的日出时分，是崭新一天生活的开始，也是一天中精力最旺盛的时刻。因此三碧木星又有惊喜之星、地震之星、创新之星、年轻之星等多重含义。三碧的定位为太阳升起的东方位。

三碧木星生人极富决断力和发展性，而且兼具果敢精神。但与此相对，他们也有雷声大雨点小、只说不做、做事轻率的一面。与父亲的缘分较浅，因此会按照自己的意愿选择工作，年轻的时候便能自己决断、采取行动并有所建树。

家中的东方位如果有卫生间、净化水槽、凹陷的话会对三碧木星生人产生不好的影响。如心情烦躁、静不下来、行动力缺乏，并会因失言惹来灾祸等。在健康方面需要特别注意伴随抽搐的疾病、肝脏及哮喘方面的疾病。

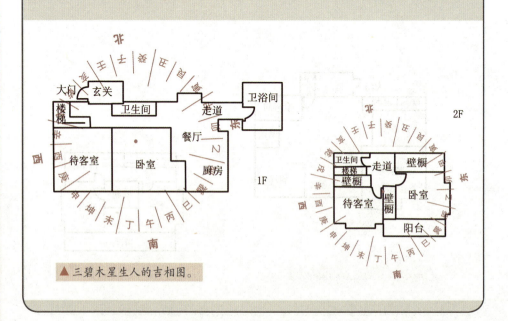

▲ 三碧木星生人的吉相图。

## 四绿木星生人与家相的关系

四绿在自然界中属风象。风无形,虽然可以通过树枝摇晃和旗帜招展感知它的存在,但却是摸不到也抓不着的。风无孔不入,而且没有尽头,可以吹到无穷远的远方。因为风的这种特质,四绿木星又被赋予了更多的含义而被称为结婚之星、信用之星、远方之星、生意之星等。四绿的定位为东南方位,对应家相中的辰巳·巽。

四绿木星生人温柔可爱,散发独特魅力。交际范围也比较广,但不善于赚钱理财。对别人热心真诚,自己的运势也会有较大飞跃。

家中的东南方位如果有凹陷的话会导致四绿木星生人在社交中失去信用,此外还会导致错失良缘,婚后生活疾苦。在工作方面会因为与下属或工作人员的关系处理不当而陷入困境。在健康方面容易感冒,对流行性疾病的免疫力低下。

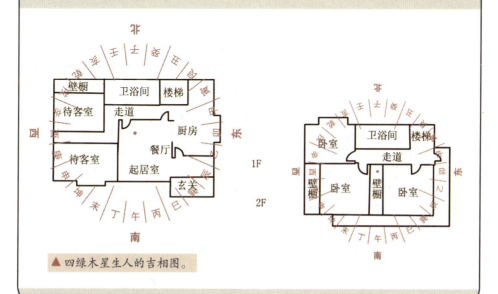

▲ 四绿木星生人的吉相图。

## 五黄土星生人与家相的关系

五黄土星是九星中能量最强的星，定位在中央，因此又被称为帝王之星。虽然与二黑和八白同属土星，但性质却截然不同。五黄所象征的土具有生杀两种力量，既能孕育生命，同时也能灭绝生命。五黄土星的定位是中心，正好是家相中的太极部位。

五黄土星生人性格比较倔强但内心软弱，因此运势会有大起大落、沉浮不定。幼年时期多辛苦磨难，家人也无法给自己什么帮助，一般都是靠自己奋斗获得成功。

家中的中央方位如果有卫生间、中庭、楼梯的话会导致五黄土星生人的运势产生大的波动，净做些替别人打杂的小事，无法充分发挥自己的能力。在健康方面需要多注意腹部疾病以及脑溢血、心脏病、癌症等疾病。

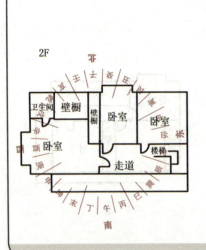

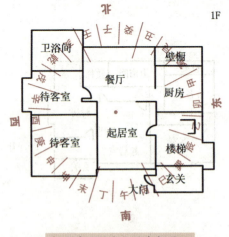

▲ 五黄土星生人的吉相图。

# 六白金星生人与家相的关系

六白金星的地位非常尊贵，如果说二黄土星是大地之星的话，那六白金星就是天象之星。相对于大地这位善良的母亲，天就好比是威严的父亲，正因为有了天的恩惠万物才能够生生不息。天覆盖自然万物，一刻不停地在运转，六白金星因此也被称为运动之星、谷米之星、资产家之星。六白金星的定位为西北方位，对应家相中的戌亥。

六白金星生人品格端正、头脑清晰，但说话不够圆滑，因此容易在不知不觉间树敌。具有为理想奋斗的毅力和决心，但也爱打小算盘、患得患失、不善于和别人交流，属于晚年运较好的类型。

家中的西北方位如果有凹陷的话会使六白金星生人失去锐气和求胜心，甘于平庸，从而造成成功进程缓慢。同时还会遭遇偏激的爱情、引发交通事故等。在健康方面需要特别注意心脏病、便秘、头痛和肺病等。

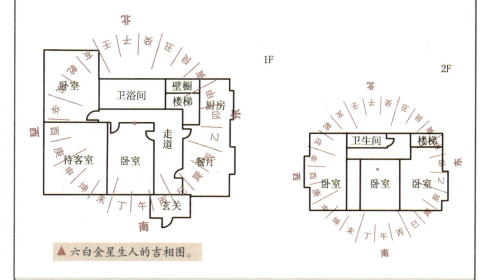

▲ 六白金星生人的吉相图。

# 七赤金星生人与家相的关系

　　七赤金星属泽象，代表水的聚积和停滞。以一年做比喻的话相当于九月，也是秋季收获的时期，象征丰收的喜悦之情。以一天做比喻的话就相当于太阳沉入地平线的傍晚时分，是结束了一天的劳作开始享受晚餐的时刻。七赤金星因此又被称为喜悦之星、结婚之星、收获之星、金钱之星、饮食之星。其定位是夕阳落山的西方位。

　　七赤金星生人多为饶舌之人，如果从小就任性妄为，则长大后会变得满腹牢骚、处处抱怨，自身的优势也得不到发挥。到壮年之时要为自己年轻时的辛苦买单，以后的运势才会转好。

　　家中的西方位如果有卫生间、净化水槽、玄关、凹陷的话容易让七赤金星生人误入歧途、不务正业、挥金如土。由于生活过于奢侈，因此外面的借款也会随着增多，爱情方面也麻烦不断。在健康方面会比较容易受伤，对胸部疾病以及口、齿方面的疾病需要多加注意。

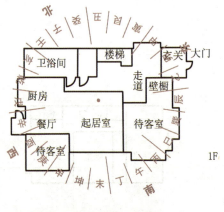

1F

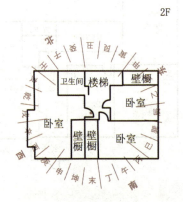

2F

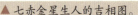

▲ 七赤金星生人的吉相图。

# 八白土星生人与家相的关系

八白属山象，象征积石成山、积小成大。因为山是岿然不动、巍峨耸立的，因此八白也被赋予了高大、静止、积累等多重含义。又因为八白土星正好对应一年向下一年转变的交界时期，因此还被称为变化之星、革命之星。八白土星的定位为东北方位，又叫表鬼门，在家相中被认为是会引发变化的不稳定场所，需要特别注意。

八白土星生人不善言辞、交际能力较差，但一旦关系变得亲密后便会投入很深的感情，受到别人的喜爱。不过会因为利欲熏心而丧失操守。能得到上司的重用，只要能把握机遇就能赢得事业上的成功。

家中的东北方位如果有突出的玄关，或是卫生间、浴室、厨房这些不干净的场所会导致八白土星生人与亲戚和家人的不和、贪得无厌、并引发贪赃金钱的麻烦。在健康方面需要注意风湿症、关节痛、腰痛、癌症等疾病。

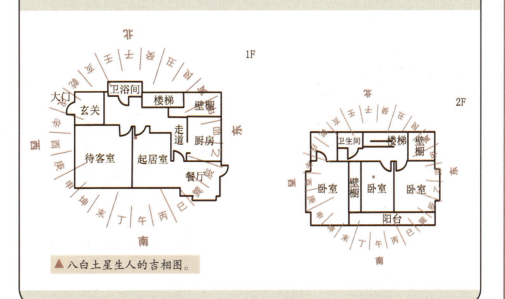

▲ 八白土星生人的吉相图。

# 九紫火星生人与家相的关系

在九星中处于末位的这颗星，其含义与位于首位的一白水星的意义正好相反。九紫属火象，在季节中对应六月的夏至时期，而夏至一到，炎热的夏天也跟着渐渐远离了，因此它还有离合聚散的含义。火焰有着跳动的美感，而且能为我们带来光明，让我们可以看得更清楚。九紫火星的定位为南方位。

九紫火星生人头脑思维敏捷，但有些任性。富于判断力和决断力，但容易善变、持续力不够。有跻身上层社会的命运，具有慈悲和宽容的一面，会有较大的发展。

如果家中南方位的光照被挡住或是南方位有卫生间、厨房、浴室等用水的场所，则会导致九紫火星生人在生活中常常与人争端不断，并受到来自社会的谴责，名誉也会受损。在健康方面需要特别注意头痛、眼病、心脏病、乳癌等疾病。

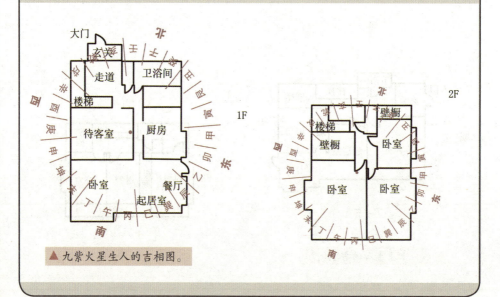

▲九紫火星生人的吉相图。

## 九星间的相生相克

五行之中存在着相生相克的关系，有良性的也有恶性的，如果违反了五行的正确运转规律便会引发一连串的问题。下面，我们就来讲一下五行的相生相克关系。

木吸收水分生长，燃烧生火。火燃烧完木后变成灰，灰又生土。灰生出土后，土又生成金属。金由土而生，冷却后又生成水滴。水由金属而生，水流反过来又能孕育木的生长。

五行木火土金水的这种循环就称为相生。另外，还有一种完全相反的循环关系。

金属割断树木，木从土中吸取养分。土因为木的吸收养分而变得贫瘠，水又因为土而变得浑浊。土可以使水变得浑浊，水可以灭火。火被水所灭，但却能反过来熔化金属。金被火熔化，金又可以割断木。

五行的这种互相冲突、互相消除的关系被称为相克。

将五行相生相克的这种关系和九星相对应就会得出如下的关系：

木=三碧木星、四绿木星　火=九紫火星　土=二黑土星、五黄土星、八白土星　金=六白金星、七赤金星　水=一白水星

而且，无论是相生关系还是相克关系，都存在两面性，相生关系中既有帮助的一方又有被帮助的一方，相克关系中既有伤害的一方又有被伤害的一方。以一白水星为例，它对六白金星和七赤金星是被帮助的关系，而对三碧木星和四绿木星则是帮助的关系。具体可以参照下页表格的内容。

概括来说的话，相生相克中主要存在以下几种关系。

**相生关系**：生气=能为这颗星象的人提供帮助的星，退气=从这颗星象的人处获取帮助的星；

**比和关系**：处于同位的星

**相克关系**：死气=对这颗星象的人产生伤害的星，杀气=被这颗星象的人所伤害的星。而五黄土星对应的是六大凶杀中的五黄杀，它对所有的星

来说都是凶星，这个后面再讲。

接下来看一下怎样从相生和相克关系看方位。以一白水星生人为例，对应下面的九星关系表可以看出他适合的方位是三碧木星和四绿木星的方位，此外还有六白金星和七赤金星的方位。而如果是三碧木星或四绿木星生人的话，其适合的方位就是一白水星和九紫火星方位。选择跟自己属于五行相生关系的方位，这一点非常重要。

## 九星间相性的关系

| 本命星 / 相生相克 | 一白水星 | 二黑土星 | 三碧木星 | 四绿木星 | 五黄土星 | 六白金星 | 七赤金星 | 八白土星 | 九紫火星 |
|---|---|---|---|---|---|---|---|---|---|
| 生气（被帮助的星）相生 | 六白金星 七赤金星 | 九紫火星 | 一白水星 | 一白水星 | 九紫火星 | 二黑土星 八白土星 | 二黑土星 八白土星 | 九紫火星 | 三碧木星 四绿木星 |
| 退气（帮助的星）相生 | 三碧木星 四绿木星 | 六白金星 七赤金星 | 九紫火星 | 九紫火星 | 六白金星 七赤金星 | 一白水星 | 一白水星 | 六白金星 七赤金星 | 二黑土星 八白土星 |
| 同位关系比和 | 无 | 八白土星 | 四绿木星 | 三碧木星 | 二黑土星 八白土星 | 七赤金星 | 六白金星 | 二黑土星 | 无 |
| 死气（伤害的星）相克 | 九紫火星 | 一白水星 | 二黑土星 八白土星 | 二黑土星 八白土星 | 一白水星 | 三碧木星 四绿木星 | 三碧木星 四绿木星 | 一白水星 | 六白金星 七赤金星 |
| 杀气（被伤害的星）相克 | 八白土星 二黑土星 | 三碧木星 四绿木星 | 六白金星 七赤金星 | 六白金星 七赤金星 | 三碧木星 四绿木星 | 九紫火星 | 九紫火星 | 六白金星 七赤金星 | 一白水星 |

# 何为六大凶杀

　　方位中存在各种各样的规律和禁忌。例如一白水星生人的最佳选择方位是三碧木星方位，但在某些情况下却会受到限制。这是因为每年每月的九星历的方位盘都不同，有时候原本相生的星正好位于五黄杀这一凶星上，而在这种状态下就不能依据一般的标准去判断相生相克的关系，必须加以区隔。

　　六大凶杀其中之一就是五黄杀方位。土星对应的有二黑、五黄、八白三颗星，其中五黄是最让人头疼的一颗星。土既能孕育生命，同样也能让生命腐朽回到土中，可以说它同时具备生杀两种力量。而方位中的五黄土星恰恰具有这种使事物腐朽的能量，这颗星所在的方位也因此被称为五黄杀，是大忌。一旦去到这个方位，所有的事情都变得不顺，一件接一件地失败，并由此让健康、事业、人际交往等方方面面都陷入困境，因此五黄杀这个方位对所有星象的人来说都是大忌。

　　其次是暗剑杀方位。它正好位于五黄土星的对侧，是个对角线上的方位。例如，当五黄土星运转到北方位时，它正对的南方位就是暗剑杀。但即使是位于五黄土星的对立侧也同样免不了受五黄杀的影响。但与五黄土星不同的是，暗剑杀自己不会引发灾祸，都是受到外界的影响才产生不好的结果。暗剑杀方位也是大忌，所有星象的人都不宜使用。

　　还有本命杀方位。本命杀的方位依个人所属星象的不同而不同。例如，当四绿木星正好运转到东方位时，那对这时候的四绿木星生人来说东方位就是他的本命杀方位。本命杀会让自己变得固执、优柔寡断，从而破坏与周围人的关系，也容易引发大灾大病。

　　本命杀中还有一个对应的本命的杀方位，它与本命杀的方位正好相反。如果东方位是本命杀的话，那西方位就是与它对应的本命的杀方位。它和本命杀方位一样，都不会因为自身原因导致失败，但是容易受到其他灾害的影响，从而产生不好的后果。

另外还有岁破和月破方位。首先是来看岁破，例如当这一年正好是十二地支中的酉年时，那和它正好相反的卯方位的能量就相对较低、容易受到恶性影响，这时的卯方位就叫岁破。岁破方位诸事不顺、障碍频发，任何星象的人都不适宜前往。月破也同样如此，它是指与当月十二地支的方位正好相反的方位。由于每个月都不一样，因此最好参照当月的日历选择要前往的方向。

五黄杀、暗剑杀、本命杀、本命的杀、岁破、月破这六大方位就被称为六大凶杀，选择方位的时候最好综合考虑、避开这几个方位。对照本年的日历确认星象的位置，找出自己对应的良性方位，最起码避开这六大方位，这才是方位选择中最关键的。

# 第三章

## 如何选择理想的地基

在家相判断中，地基是一个很重要的考察要素。但是买地需要花费大笔的资金，想要所有的条件都合乎要求似乎不太可能。本章将针对选择理想地基这一主题，为大家简单介绍怎样去趋吉避害选择好地基，以及地基的具体改善方法。

# 地基的选择

选择地基的时候首先必须要考虑土地周围的自然环境。土地周围的自然环境包括山、川、水池、洼地、山崖以及其他方面，而这些自然环境相对于地基的方位都是家相中很重要的方面。

例如，南部有大山挡住太阳光线的地基就不是吉相，而北方有滋生寒气和湿气的河流的地基也同样如此。只有那种既能阻挡北方的寒风，同时又能充分吸收东面和南面阳光的环境才是理想的地基环境。

## 1.地基最好不要有高度差

如果一块地基中既有高的地方又有低的地方、地势高低不平的话，这种地基就不能称为吉相。当然，如果实在是受条件限制，有一定的高度差也可以，但最多不能超过1米。除了高度差之外，地基周围有容易导致空气流通不畅的洼地，或者周围是崖状、只有住宅部分是平地的环境也不好。综上所述，没有太严重的高度差是选择地基最重要的条件之一。

## 2.通风条件要好

河流的湿气会阻碍土地的活性，被河流包围的土地也因此被称为病

▲ 良好的通风条件是舒适环境的关键所在。

相，这种土地容易引发不明原因的疾病以及地方病，最好避开。

相反的，通风良好的环境不仅能赶走不好的东西，同时还能为土地注入新的生机，使土地永葆活性。那些通风较好、空气清新的环境，其土地状态既不干燥也不潮湿，居住在这样的环境里不仅生活舒适，连心情也会变得愉悦。

但是风也有好坏之分。例如在城市里，住宅的地基本身一般都是平地，但高层建筑物很多，居住在这种高层建筑附近的话就会经常有强风穿堂而过，俗称高楼风。经常遭受这种强风冲击的住宅为了抵御强风就不得不浪费掉很大一部分力量。力量太强的风，非吉即凶，而且往往处于极端状态，因此这种环境绝不是地基的好选择。

### 3.最好避开的地基

首先，地基上不能有不干净的东西。例如住宅用地附近有集中净化水槽或净化处理设施的情况。还有那些会排放有害物质的工厂或作坊附近也不宜作为生活场所，因为那些有害物质会给周围的自然环境和居住者的健康带来危害。总之，那些违反自然原理的事物以及会招来异味和腐坏的事物，最好都不要出现在住宅附近。

在选择地基时还要将这块地基的过去也一起考虑在内。那些曾经发生过重大灾害和事故的土地、曾有过很多死者的古战场、以及周围死亡事件频发的土地都不适合用作地基，墓地和离墓地较近的地区也最好避开。另外，那些之前发生过火灾的地方、土地需要很长时间才能回复生机的地方也都不好。因为发生过事故的地方都潜伏有引发灾难的诱因，因此不适合用来作为地基。

考虑完上面两个方面后，接下来就该考察地基的状态和周边状况了。例如自家的玄关和起居室不能正对着邻居家的卫生间或浴室等，这些状况都要考虑清楚。

最后，对地基来说，建在上面的住宅的大小也很重要。自家与邻居家之间需要留出多大的空间，这些在建筑相关法规中都有明确规定，住宅与

住宅之间尽可能留出用来走动和散步的空间。此外，地基和道路之间的关系也很重要，这一点后面再详细说明。

### 4.挑选地基要综合考虑各方条件

前面讲了很多关于地基的条件，但现在的社会现状是地少、建筑物密集，根本没有那么多理想状况的土地可供选择。想要满足所有的条件在现实生活中几乎是不可能的，而且还会对经济方面造成沉重的负担。不过除此之外，前面还讲到了选择地基时需要避开的一些地方，大家在选择时可以重点避开这几个地方，从环境、条件、经济状况等各方面折中考虑，从中选出最合适的地基。

## 什么是条件不好的地基

因条件不好而带有负面作用的地基情况主要有以下几种：

①南高北低的地基（见图2-7）。会阻碍大的发展，产生停滞和腐坏。

②东南高西北低的地基（见图2-8）。导致人际交往中的麻烦频发，以及自身行为缺乏一致性，久而久之会丧失社会信用度。

③北面有流水的地基（见图2-9）。导致生活无法稳定，像水流一样辗转不停。

④山上的高地和周围地势骤降的地基（见图2-10）。在土气上有所欠缺，孕育能力缺乏，与周围的连接点较为薄弱，往往孤立无援。

⑤有断崖的地基（见图2-11）。尤其是北方位、东北方位、西方位有断崖的情况，最为不利。断崖方位会产生负面作用。

⑥四周高中间低洼的地基（见图2-12）。因为地形的限制，汇集在此处的恶性空气得不到清除，使该地区一直都处于湿漉漉、黏糊糊的状态，享受不到上天的恩惠，长期居住在此地容易引发疾病。但如果是大型盆地的话对个人就不会有什么影响。

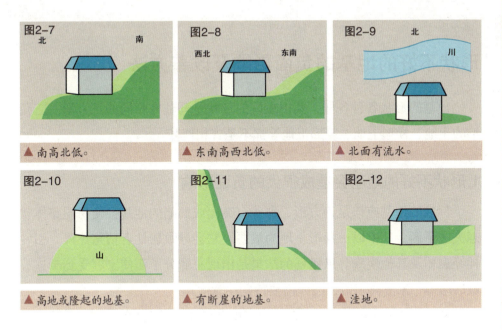

图2-7
北　　　　　南

▲ 南高北低。

图2-8
西北　　　东南

▲ 东南高西北低。

图2-9
北
川

▲ 北面有流水。

图2-10
山

▲ 高地或隆起的地基。

图2-11

▲ 有断崖的地基。

图2-12

▲ 洼地。

　　关于条件不好的地基，即使不能完全改变，我们也希望能在一定程度上把它往好的方面转变。然而遗憾的是土地条件深受自然环境的影响，这种影响是我们无力改变的，因为我们不可能去削平山脉，也无法改变河流的形状。所以我们在选择地基的时候只能充分考察其周边环境，查看它的方位以及有没有悬崖和河流等，尽量避开那些不利的地形。

# 形状不好的地基的负面影响及改善方法

地基的形状各种各样，其中最好的形状是与住宅相同的正方形。三角形的土地、梯形土地、菱形土地等都不是吉相地基。

## 1.形状不好的地基会造成很大的负面影响

标准的地基应该是正方形，那些有突出或凹陷的地基会使房屋整体状态失去平衡。其中以三角形土地为最恶。它会导致居住者情绪焦躁，引发神经衰弱及其他疾病。最糟糕的结果是出现犯罪分子而使家庭受到牵连，最后落得一家妻离子散，因此需要特别注意。

从立体角度来看，同一地基内有高度差异的情况也不好。这会导致家人及亲属间观点各异、无法达成一致，还会导致生活习惯等方面的差异，从而使彼此之间的交流和沟通出现问题、渐渐疏远。另外，由于家庭成员彼此排斥，还会阻碍整个家族的繁荣和发展。所以不要让地基内部出现大的高度差异，如果存在段差的话就以道路的高度为基准、想办法把高度差异填平。

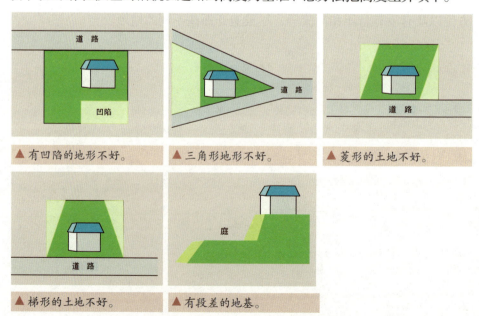

▲ 有凹陷的地形不好。　　▲ 三角形地形不好。　　▲ 菱形的土地不好。

▲ 梯形的土地不好。　　▲ 有段差的地基。

## 2.怎样将形状不好的地基往好的方向改变

如下图所示，改善三角形地基可以将三角形的土地划分区域，隔出一块方形作为地基，这样就可以成功避免原来的凶作用。在三角形的土地中，用围墙或栅栏等将整块地隔成几块，方形的那块用作住宅地基，剩下的部分可以作为菜园或庭院，种上绿色植物以吸收自然之气。此外，还可以挖条水渠、再立个栅栏门，这样效果更好。如果地基的一角有凹陷，在建造房屋的时候就可以将与凹陷位于同一方位的部分往外伸展。如果受空间限制无法伸展的话，可以伸展与凹陷部分相反的那侧，用房屋结构来弥补地基形状的不足。除了这种凹陷的地形之外，其他的地形都可以用同样的方法来转凶为吉。

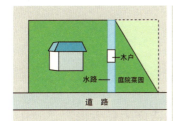

▲ 变形地基改造法：挖条水渠将土地分开，使用来建造房屋的地基部分成为一个方形。另外再立个栅栏门保持水渠两边的联系。

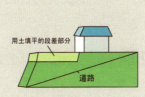

▲ 地基内部有段差改造法：用土填平的段差部分，段差部分应该以道路高度为基准、用土填平。这样能够保持地基的稳定。

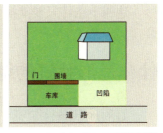

▲ 有凹陷的地基改造法：延长凹陷部分的边线，利用门或围墙等将土地整成方形。门前多出的那片空间可以用来做停车场等。

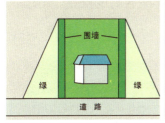

▲ 梯形地基改造法：这种地形同样也可以利用围墙等整出方形，剩下的部分用作庭院、种植植物。

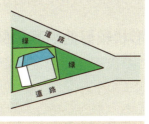

▲ 三角形地基改造法①：在最大范围内利用篱笆等将土地隔开，整出一块近似方形的土地用作房屋地基。剩下的部分种植绿色植物。

▲ 三角形地基改造法②：这种情况也同样可以在最大范围内利用篱笆等隔出一块方形土地用作地基。剩下部分可以用作花园或菜园等。

## 什么是好的地相

东方有清澈的水流，南方地势稍低能够充分吸收太阳光，西方道路开阔，北方有山脉能挡住寒冷的北风，同时具备这四大条件的土地能够最大限度地享受大自然的恩惠。这就是所谓的"四神相应相"，是最好的地相。

东方有流水——青龙之相

南方有旷野——朱雀之相

西方有长道——白虎之相

北方有丘陵——玄武之相

这四个条件只要能满足一项，也被视为吉相。

## 什么是形状好的地基

好的地基条件包括"少突出和凹陷、整体为适度的长方形"、"土地整体平坦、土壤养分充足、具有孕育生命的能力"、"从东、东南到南面没有障碍能充分吸收太阳光"、"微风习习、沁人心脾、通风状况良好"。满足了这些条件的地基才是吉相的地基。

一般来说，地基的形状最好为方形，同时还不能有高度差导。不过，

### 形状较好的地基示例

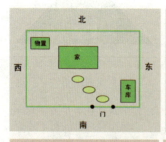

▲ 最理想的长方形地基：房屋、门以及其他建筑物的位置也比较容易确定。

▲ 表鬼门的凹陷在三分之一以内的地基也可以。

▲ 里鬼门的凹陷在三分之一以内的地基也可以。

除表鬼门和里鬼门以外的方位如果有突出，而且突出的长度在一边长度的三分之一以内的话，也属于比较好的地相。

▲ 突出部分在三分之一以内的示例。

▲ 这也是突出部分在三分之一以内的示例。

## 地基与道路的关系

### 1.地基与道路应该是平行关系

　　道路对我们来说究竟有着什么样的意义呢？它是连接我们和社会的通道，所有的东西都要通过道路运送。以人体来比喻的话它就相当于我们体内的血管。道路除了是人类行走的场所，还是自己和他人的联络口，同时还是自然界中风的通道，当洪水泛滥时它还能作为水流通道。从家相的观点来看，地基和道路之间的关系也是绝对不容忽视的。

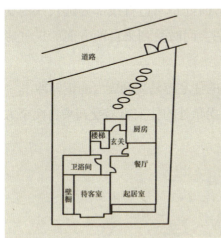

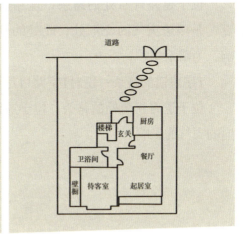

▲ **地基在道路斜向上：** 位于道路斜向位置的地基很多，很多人都会选择顺着土地的形状、将住宅建得和土地平行，但是这种建法在家相中属于恶相，容易导致人的社会性和社交性被腐蚀，因此并不推荐。

▲ **地基与道路平行：** 地基的位置与道路平行，而且地基本身也是理想的方形，这才是较理想的住宅选址。特别要说明的是，即使是像左图那样形状不规则的地基，住宅也要沿着道路建在与道路平行的位置上。

道路与地基最理想的关系状态是道路与地基平行，也就是说道路正好从住宅的正门口通过。房屋不可建在道路的斜向上，这样会导致住在里面的人缺乏坦率和真诚、无法和社会正面相向、总是对社会持排斥和反抗态度，居住在其中的人社会信用度也会渐渐下降。因此，在建造房屋的时候一定不能将房屋建在道路的斜向上，要与道路平行。

## 2.会招致灾祸的路杀之相

道路和地基之间还存在一种不好的关系状态，这就是路杀。路杀容易受到风水灾害的影响，让房屋与周围产生对立，让居住在其间的人被他人所迷惑。最典型的路杀是家正好位于道路的尽头，从家相风水上来说，道路距家的距离越长、影响越坏。除此之外，位于道路弯曲处的路杀、T字路口的路杀、位于道路拐角处的路杀也是几种常见的路杀，这些路杀对居住在其中的人都会产生不好的影响，具体如下：

**位于道路尽头的路杀**：正好位于道路尽头的住宅，属于典型的路杀相。

**位于道路弯曲处的路杀**：道路的弯曲处是两边直线部分延长线的交点，是两边灾气的交汇处，此处的住宅会同时受到来自两方面的灾气影响，为路杀相。

**T字路口的路杀**：正对T字路口尽头的住宅容易受到灾气的正面冲击。

**位于道路拐角处的路杀**：位于道路拐角处的住宅容易受到来自两个方向的灾气的影响。

# 第四章

## 房屋新建、改建时如何选择最佳家相风水

在实际的房屋新建及改建过程中都有哪些家相上的注意事项呢？本章将主要针对此问题，分别从大门、玄关、厨房、浴室、卫浴间、卧室、书房等细节部位进行详细说明。

# 关于大门和围墙

## 1.关于大门

大门是自我世界和外部世界的接点、是与他人交流的窗口，也是区分公私的界限。大地基搭配小门是贫穷之相，会受人侮辱，小地基搭配大门是虚荣之相，容易变得强势。大门的大小还是符合地基和房屋的整体比例比较好。而大门的具体位置则是由道路和玄关的关系所决定的。

那么，那些没有大门的住宅要怎么办呢？没有大门也就意味着没有围墙，意味着没有属于自己的地

▲ 大门是自我世界和外部世界的连接点，设计时要与住宅的整体保持协调。

基界线。任何时候任何人都能随便出入，公私界限暧昧不清，总觉得散漫，缺少原则。所以，自己的家和外界之间还是需要有界线的，有了大门作为界线，整个家才会变得完整。大门的设计也不用太豪华，只要与住宅整体协调就好。

接下来再看一下大门的具体位置与吉凶的关系。

**北方位的大门**：没有活力而且会降低金钱方面的运势，最好避开。

**东北方位的大门（表鬼门）**：容易引发亲戚和家人之间的羁绊，不吉利。

**东方位的大门**：吉相之门，充满青春朝气，能促进自己的成长，并带来好运势。

**东南方位的大门（辰巳门）**：吉相之门。能增加交际运势和社会信用度，让屋主富于生气和活力。

**南方位的大门**：吉相之门。能充分发挥自身才智和能力，赢得社会名誉和地位。

**西南方位的大门（里鬼门）**：不适宜正式的大门，适合用作后门或便门等。

**西方位的大门**：金钱的收支不稳定，在异性问题上容易有麻烦。

**西北方位的大门（戌亥门）**：吉相之门。自古以来筑城的时候都将戌亥门作为上门，用来迎接贵宾。皇宫也多用戌亥门来迎接外国的宾客。

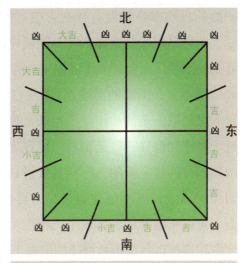

▲ 大门的位置与吉凶。

一栋住宅通常都有一个正门，也就是大门，除正门之外还有其他的后门等出入口，规模都比正门要小。如果都建的一样大，会导致家中势力一分为二、双方相互对立和斗争，整个家也会随之凋敝。

## 2.关于围墙

围墙既是地基的边境线，同时也是自我势力范围的标志，以及与外界的界线。没有围墙的住宅虽然感觉上开放、明亮，但缺少了边框，容易显得散漫、不板正。另外，在面对外界入侵的时候也会陷入无防备状态，因此对住宅来说围墙还是很必要的。一般来说，围墙主要分为水泥围墙、石砌围墙、砖墙、土墙、木板围墙、树篱笆围墙等，此外还有铁栅栏做成的围墙。

▲ 围墙能够体现一个家的个性和特色，但在注重特色的同时还要保持一定程度的开放性。过高的围墙容易导致亲情欠缺，使家的整体状态倾向于封闭和保守。一定程度的开放性是必要的。如果想要加高围墙的话可以在植物上下功夫，用植物代替围墙。

一般的材质本身都没有什么吉凶，但铁栅栏围成的围墙不适用于普通家庭，通常只用于公共建筑物。围墙越简单明快越好，那些装饰杂乱、冗繁复杂的围墙反而会让人质疑屋主人的品性。

基本上，围墙的高度在1米左右就足够了，超过1米8的话，容易导致家人之间缺乏亲情、彼此不坦诚、热衷玩弄权术。太高的围墙会使家显得过于私密和保守，还是留有一定程度的开放性比较好。另外，生活在被高围墙围住的住宅里的人还容易变得自私自利、陷入利己主义的泥淖。因此围墙的高度最好不要建得过高，要保持一定的开放度。在围墙的装饰方面，可以精雕细琢、体现个人特色，但一定要注意与住宅整体相协调，要注意在遵循自然法则和规律的前提下融入适当的个人喜好和特色。

## 关于玄关

有家就一定会有门，有门就会有玄关。在家相中，玄关被视为一个家的脸面，这个脸面怎么样，朝向哪个方向，都是需要特别重视的关键问题。人的脸各不相同，有的个性鲜明，也有的平凡无奇。但是作为家的脸面的玄关却没必要太过个性，与整体相协调才是最理想的。宗教设施及公共设施等的玄关由于是对普通大众开放的，因此都设计得比较宽敞和厚重，其实玄关就应该这样。但考虑到实际情况，根据不同的目的和用途，玄关也可有不同的设计尺寸和制作方法。

普通住宅的玄关最好是形状规

▲ 玄关被视为一个家的脸面，玄关的形状规划，要保持与整体的平衡度。

则、稍往外伸出的，往里凹陷的设计不吉利。大小也要适中，不能超过房屋整体的三分之一，要注意保持整体的平衡度。下面再举几个不符合家相学观点中吉相的玄关设计案例，供大家比较参考，避免设计时出现这种状况。

## 1.不吉的玄关

### （1）玄关尺寸占房屋的比例过大

居住者容易夸夸其谈、不自量力，从而导致失败。是一种虚荣之相（见图2-13）。

### （2）玄关尺寸占房屋的比例过小

导致居住者对事物的看法和思考方法死板、消极，缺乏社交性，是一种利己主义之相（见图2-14）。

### （3）上行的玄关

即玄关处有上行的楼梯，会导致屋主人和家中长子容易卷入异性问题纷争（见图2-15）。

### （4）下行的玄关

即玄关处有下行的楼梯，这种玄关对家中男丁不利，会导致长子无法继承家业，转由次子或三子继承，甚至要依靠养子延续家业（见图2-16）。

### （5）玄关的正面对着楼梯、浴室及卫生间等

这种玄关设计就好比人突然没有了下半身，非常不吉利，既无法保持家的气派和品位，也没有足够的力量抵抗外部的侵袭。

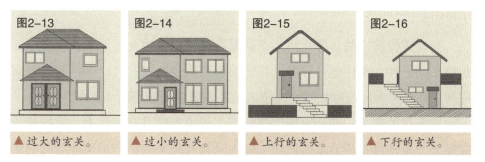

图2-13 ▲过大的玄关。　图2-14 ▲过小的玄关。　图2-15 ▲上行的玄关。　图2-16 ▲下行的玄关。

## 2.玄关所用的建筑材料

从家相学的角度来说，木制的门是最理想的。因为木制的门能够让人精神稳定，且能让生活充满情趣。除了木制门之外，市面上的铝制门也越来越常见，铝材质属于金属类，具有价优耐用的优点，也是不错的选择。可以结合预算和住宅的整体风格选择合适的材质。

## 3.各方位玄关的家相

接下来以具体格局为例，为大家介绍各方位玄关的吉凶。

除了特别定制的建筑以外，其他一般的商品住房以及分期付款所购的公寓等，其玄关的位置及设计都是无法变更的。玄关依据其方位的不同而具有不同的家相，同时突出、凹陷等格局也会对玄关产生各种各样的影响。

▲ 玄关不仅会受到方位的影响，还会受到其他各方面条件的影响。

下面将以公寓为主要对象向大家解说玄关方位的吉凶，不过要提醒的是，这里所介绍的吉凶只能作为鉴定方位时的一个参考，不能说明所有问题，因为家相是一个综合性内容，需要结合各方面综合来看，你需要从全局考虑，才能对不足的地方进行改善。

**北方位的玄关**：穷困之神会和北方的冷风一起趁虚而入。家里一冷，身体也会跟着变冷，人就会生病。此外，夫妻间的矛盾和摩擦也会日益增多（见图2-17）。

**东北方位的玄关**：即使再怎么勤勤恳恳地攒钱也无济于事，就好像钱包破了洞一样，不住地往外漏，总会因为亲戚或朋友有这样那样的问题而破财。财产继承问题麻烦频发，亲戚关系方面也烦恼不断（见图2-18）。

**东方位的玄关**：成长发展之气旺盛，代表年轻且富有活力。家中长子能够充分发挥自身能力取得成功。屋主会具有较强的语言运用能力和交流

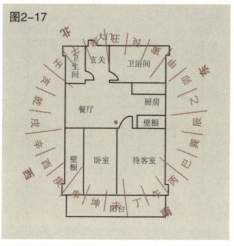

▲ 北方位的玄关。

▲ 东北方位的玄关。

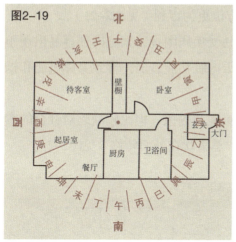

▲ 东方位的玄关。

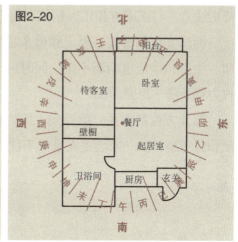

▲ 东南方位的玄关。

能力，颇得周围人的好感和拥戴（见图2-19）。

**东南方位的玄关**：阳气充足、内外交流旺盛。在此方位设置玄关对经商和从事企业工作的人特别有利，对一般家庭而言也属吉相（见图2-20）。

**南方位的玄关**：对从事艺术、技能、学术研究等的脑力劳动者而言是吉方位，但对一般家庭来说，会不利于社会交际方面的发展，这一点需要

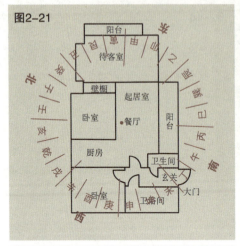

▲ 南方位的玄关。

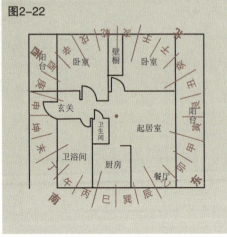

▲ 西南方位的玄关。

特别注意。与正南方相比，稍偏东的方位更为吉利（见图2-21）。

**西南方位的玄关：**妻子和母亲容易受疾病困扰，家庭内部容易出现不和。生意和事业也渐渐不振。同时由于内脏功能衰弱，导致身体机能和抵抗力都下降（见图2-22）。

**西北方位的玄关：**能受到上级的重视和提拔，但比较缺乏对社会的奉献和服务精神。一家之主在家呆不住，总喜欢在外面转悠（见图2-23）。

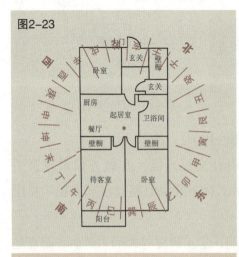

▲ 西北方位的玄关。

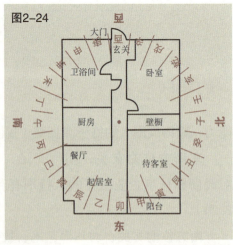

▲ 西方位的玄关。

**西方位的玄关**：热衷于个人爱好和游戏，为此浪费大量金钱，甚至举债。异性方面的麻烦也颇多。不过对从事饮食店生意的人来说，西方位的玄关为吉相（见图2-24）。

## 4.从实例看凶相玄关的改善方法

下面我们再看几个凶相玄关的例子：①内缩式的玄关（见图2-25）、②凹陷部位的玄关（见图2-26）（包括三分之一以上和以内的）、③凹陷且开放式的玄关（见图2-27）、④沿道路下行的玄关（见图2-28）。

其中最常见的是第②种的凹陷玄关，现今市面上建筑商自行设计建造

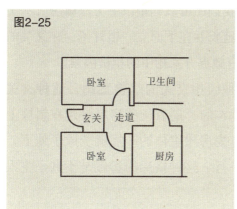

图2-25

▲ 内缩式的玄关。

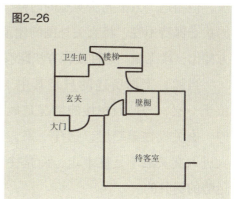

图2-26

▲ 凹陷部位的玄关。

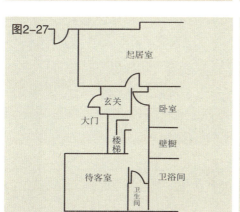

图2-27

▲ 凹陷且开放的玄关。

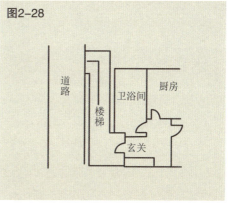

图2-28

▲ 沿道路下行的玄关。

的玄关几乎都是这种类型，因为这种玄关具有看上去美观、能有效利用土地的优点。

内缩式的玄关看起来像缩着头的乌龟，被视为"保守式玄关"。要想对这种玄关进行改造的话，还是要想办法让缩进去的部分伸出来。这种改造方法相对简单，但是出于有效利用土地的考虑，大约7～8成的家庭都会在玄关前面的区域建停车场，这种情况下想要让玄关往前伸出就困难了。不过玄关的吉凶对整个家相有着至关重要的影响，因此还是要想办法解决的。

我们不妨以退为进，虽然让缩进去的玄关往外伸出是最好的改善方法，但当这一方案无法实施的时候，我们还可以利用以下方法解决。玄关的状态保持不变，将玄关外围的屋顶延长并在下面立一根柱子，在玄关前方伸出一段飞檐。这种改善方法能够有效提升家相中的积极因素。

当然，上面所述的只是其中一种凶相玄关的改善案例，这种玄关位于一层，与地面相接的情况是最基本的，还有一些房屋是建在斜坡上的，玄关设在第二层，这样一来，作为房屋主体的一层就变成了地下，人进入玄关后不是往上走，而是往下行，这种格局的房屋是不利于主人运势的提升的。

玄关是家中的关键场所，因此在设计格局时一定要综合各方面条件慎重考虑。

## 关于厨房

在家相中，厨房是一个同时用到水和火的重要场所，应该配置在各方面条件都较良好的吉相方位。一般情况下，厨房要配置在住宅中的哪个位置才好呢？答案是早晨的阳光最先照射到的地方。此外，由于厨房还是主妇待的时间最长的场所，因此最好环境舒适，不太冷又不太潮，这样的场所才是最合适的。作为家中使用最频繁的场所，厨房要经常跟水火打交道，需要注意的是用火的场所要避开正中线和四隅线，其次是水池，尤其是水龙头处，因为这里容易滋生湿气，因此需要特别留心。

▲ 厨房是一个同时用到水和火的重要场所，最好环境舒适，不太冷又不太潮。

### 1.厨房的适合方位

在得天独厚的土地基础上合理又有规划地去建造住宅，这是家相学的目的所在。对厨房来说，其最适合方位应该是早晨的太阳最早照到的东方位，而且从家相学中来看，东方位也是喜水和火的方位。不过虽同属于东侧，东北方位由于是表鬼门且与水火不融，因此需要避开。但有一种情况除外，那就是厨房整体在东北方位，但炉子和水池在东方位，这样的话就没关系。

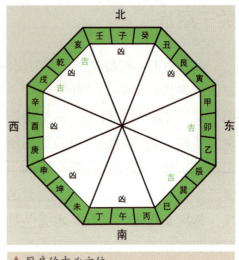

▲ 厨房的吉凶方位。

也就是说，虽然东北是鬼门方位，但只要不把火气和水气置于丑方位和四隅线的艮方位就没有太大问题。

如果作为首选方位的东侧满足不了的话，东南方位也是不错的选择，而且在家相学中东南的辰巳方位也是吉方位。但是不能刚好建在四隅线上，另外，巳方位上也不能配置水池等有水气的设施。

东方位和东南方位都行不通的话还可以选西北方位，但也要注意避开四隅线和乾方位。合理的格局应该是在戌方位配置火炉，在亥方位配置水池。

### 2.厨房的不适合方位

除了上述三个方位之外，其他方位都不适合配置厨房，其中以西南的里鬼门方位和西方位为最恶。之所以这样说是因为从西南到西这一区域的太阳不仅没有生命力，反而还会加速物体的腐坏，因此不适合做厨房用。西南的里鬼门方位象征家中的主妇，如果在此方位配置厨房的话，会对主妇的健康状态产生恶性影响。西方位也不适合用作厨房，但如果偏向于辛方位的话则没有太大问题。

此外还有北方位，如果把厨房配置在这个方位的话，不仅光照条件恶劣，而且又冷又湿，会给人的健康带来各种各样的困扰。

而南方位由于光照过强，也不适合做厨房用。更主要的是南方位与水气犯冲，将厨房设在这里会带来很多精神方面的烦恼和人际交往中的纷争。

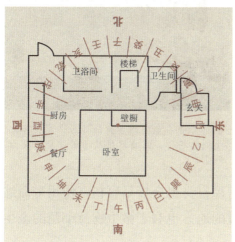

▲**恶性厨房示例**：厨房正好位于正中线上。

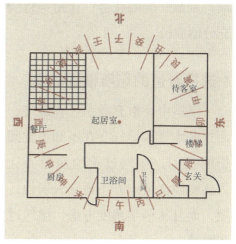

▲**恶性厨房示例**：厨房正好位于里鬼门方位。

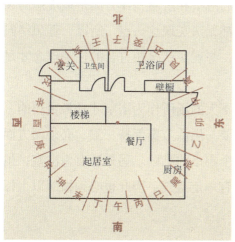

▲**良性厨房示例**：厨房位于住宅的东方位。

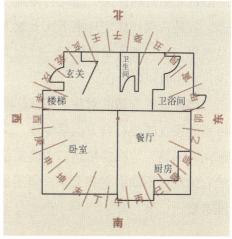

▲**良性厨房示例**：厨房位于住宅的东南方位。

# 关于浴室

浴室是我们用水洗净身体污垢的地方，也是身体放松的场所，在浴缸中放入满满的温水，泡在里面，释放一天的疲劳，让精神得到充分地放松。

▲ 浴室是我们洗净身体的地方，也是身体放松的场所，需要适度的干燥才能让生活惬意。

## 1.选择合适的场所设置浴室

浴室中经常充满水气和湿气，而这些水气和湿气会在不知不觉间影响我们。湿气过重的房屋会让人感觉阴郁烦闷，不适宜人居住，房屋自身也会提早腐朽，使用寿命缩短，而且从科学角度考虑，湿气过重的地方也利于微生物及细菌的滋生和繁殖。

住宅本来就需要适度干燥的状态，在这种状态下房屋才会持久耐用，生活也才会舒适惬意，因此将多湿气的浴室和房屋整体分离是最理想的状态。但是在现代住宅环境下大多数人都无法实现这一点。所以，理想终归是理想，它与现实始终隔着一段距离，与现实状况相符合的住宅理念才是现代家相的使命所在。

因此选择合适的对住宅整体影响不大的场所作为浴室才是最重要的。浴室的设置既要符合方位学原理，又要与生活节奏保持一致，必须两方面都同时满足，这在房屋建造中确实是个不小的难题。另外还有盥洗室，虽然它的湿气不如浴室那么重，但还是有一定湿气，因此也必须按照以上标准考量。

## 2.浴室不宜铺设污水管道

污水管道必须铺设在房屋外面，这是常识。因为如果铺设在房屋地下的话，不仅会面临出现故障的时候不易修理的现实问题，而且从家相学的观点来看，让污水在自己的脚下流动也是不吉利的。一旦管道腐蚀或故障导致污水流出来，便会堆积在地板下面污染地板、导致房屋腐坏，而且还会给居住者的健康带来非常恶性的影响。

在具体配置时，污水管道还是要避开正中线和四隅线，特别是浴槽和排水口更要避开这两个位置，浴室的窗户要做成凸窗，齐腰高度，要尽可能大。除了窗户，浴室还要有换气扇和排气口。

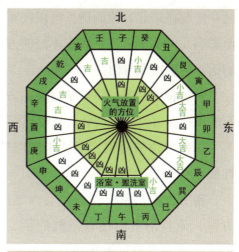

▲ 浴室、盥洗室、火气的吉凶：辰方位对浴室来说是大吉，对盥洗室而言也是吉方位。巳方位对浴室而言是小吉，对盥洗室而言则是凶。

## 3.浴室和方位的关系

究竟哪些方位适合做浴室、哪里不适合做浴室，现在就来为大家一一说明。

**北方位的浴室**：子方位不好，壬方位和癸方位为吉。北方位的浴室比较寒冷，冬天容易换气不畅。本来湿气就很重，这样一来就变得更重了，会引起很多健康的问题，诱发肾脏病、妇科病、血液病、痔疮等。

**东北方位的浴室**：丑方位和艮方位不适宜用做浴室，如果迫不得

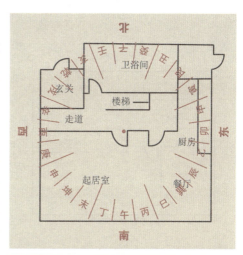

▲ 浴室位于正中线上的例子：尤其是位于北方子方位处的浴室，会对健康产生恶性影响。最好还是尽量避免将浴室配置在正中线上。

已一定要在东北方位的话，可以往寅方位偏一些，能在一定程度上减轻负面影响。但基本上还是属于不好的方位，如果浴缸的水一连几天都不清理的话，会更加重凶相。

**东方位的浴室：** 将浴槽设在乙方位和甲方位为吉，没有任何问题。但不能设在卯方位，否则会使家中长子心神不定、反应迟钝、缺乏元气。

**东南方位的浴室：** 只要不把浴槽配置在巽方位就好，东和东南方位都属木气，喜水气。

**南方位的浴室：** 南方位有火气作用，与水气犯冲。如果浴室位于此方位，而且浴室内还有浴缸的话，很容易引发头痛和眼科、心脏病等疾病，并导致精神紊乱。

**西南方位的浴室：** 里鬼门方位是绝对不能建浴室的。它不仅对家中主妇有害，而且会给家中所有的女性都带来灾难。此外还容易导致事倍功半、付出得不到回报，让家人的生活热情每况愈下。

**西方位的浴室：** 西方位喜水气，其中的辛和庚方位为浴室的吉相方位，但要注意避开西方位的正中线，如果浴缸位于此处的话会导致屋主人沉迷于游戏和玩乐而散财。

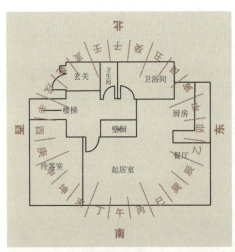

▲ 常见的位于表鬼门（东北）方位的浴室：如果是在寅的位置还勉强可以，但如果是在图中的丑艮位置则为凶相。

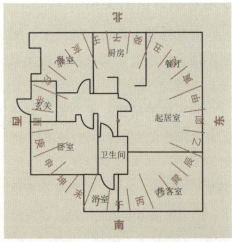

▲ 位于南方位的浴室：现在的很多公寓都将浴室设计在明亮的场所，但其实位于南方位的浴室为凶相。

**西北方位的浴室**：亥方位和戌方位为吉，但乾方位需避开。这个方位与水气和火气都犯冲，尤其是火气，因此热水器一定不能放在这里，盥洗室的洗脸池也要避开此处。

## 关于卫生间

卫生间的说法有很多，现在很流行用英文的"WC"来表示，其实有一个词很形象地表达了卫生间的含义，就是"不净所"。卫生间是我们排泄身体老、废物质的场所，也是一个腐坏和恶臭充盈的场所。但排泄是人类正常的生理现象，卫生间也是生活的必要设施，不容忽视。古时候也称雪隐、厕等，通常用便壶来盛放排泄物。如果将便壶放在家中向阳的南

▲卫生间也是生活的必要设施，不容忽视。

侧或午后阳光强烈的西方位的话，会加速排泄物的腐坏，令家中充满恶臭，因此通常都放在室外。

## 1.卫生间应该建在什么地方

从家相学的角度来看，卫生间要建在哪里才好呢？其实，这种不干净的东西放在哪里都不好，因此我们能做的就是尽量把它建在影响较小的地方。最佳的选择是住宅的突出部分，至少不要建在凹陷的部分。如果建在凹陷处，会进一步增大其恶性影响。另外还有一点很重要，卫生间要沿着住宅外侧墙壁而建，方便通风，不要建在住宅内部。这样才能保证臭气尽快排出，不在室内滞留。

## 2.卫生间和方位的关系及注意事项

**北方位的卫生间：**壬方位为吉，但子方位和癸方位不宜。将卫生间设在此方位的话容易被孩子和部下的麻烦困扰，夫妻之间也会失和、产生意见分歧，从而使关系僵化，此外对健康也不利。

**东北方位的卫生间：**该方位的所有场所都不吉。容易导致继承人空缺，家族繁荣无望，与亲戚之间的摩擦多发，家庭内部也会突发不测，由此引发的所有的问题都很棘手、难以解决。而且在家相中，表鬼门的卫生间也是最忌讳的。

**东方位的卫生间：**甲方位与乙方位为吉，但正中线上的卯方位不好。东方位是象征家中长子的场所，且对家中所有男性都有影响。如果卫生间建在卯方位，则在此家中出生的男性都会有健康方面的缺陷，尤其是卯年和3月出生的男性，除此之外还会对长子的品行产生恶劣影响。

**东南方位的卫生间：**辰方位为吉，巳方位和巽方位不吉。东南是象征家中长女的场所，代表的是年轻女性，卫生间设在此方位的话会导致女性在成长过程中麻烦多发。如果从事商业贸易，则会多事故和退货，从而影响到信用度，造成严重损失。

**南方位的卫生间：**该方位的所有场所都不吉。将厕所建在此方位会导致家人容易在公共原则问题上发生麻烦，甚至会触犯法律，被送至法庭，使个人名誉严重受损，也会遭致背叛，使人际交往不顺，并会致使性格上产生缺陷，导致个人好恶太过极端。

**西南方位的卫生间：**该方位的所有场所都不吉。西南方位又称里鬼门，象征家中主妇，因此对女性的影响尤其恶劣。容易导致神经过敏、内脏虚弱、抵抗力下降。在事业和生意上，即使付出比别人多一倍的努力也收不到什么成效，也无贵人相助。

**西方位的卫生间：**辛方位为吉，酉方位和庚方位不吉。多金钱方面的困扰，不会理财。同时还会因为异性问题上的纠纷导致家庭内部不和。特别是酉年和9月出生的人更需要注意，此外还很容易导致家人受伤。

**西北方位的卫生间：**戌方位和亥方位为吉，乾方位不吉。西北方位是象征一家之主的场所，因此容易对屋主人的品行产生恶性影响，会助长其专断跋扈、以自我为中心的作风，让其渐渐失去周围人的尊敬。同时也很难得到上级的重视和提拔。

**中央方位的卫生间：**越接近房屋中央凶意越强。房屋中央是中心人物的所在地，因此对中心人物的影响尤其不好，另外对二黑土星、五黄土星、八白土星、戌年、巳年出生的属土星的人也不利。在身体健康方面需要特别注意内脏、心脏和头部的相关疾病。

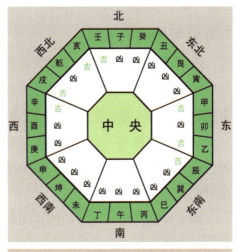

▲ 卫生间的吉凶方位图：中央是象征屋主人和中心人物的场所，因此越是中心影响越大。

# 关于卧室

人类一生中的大约三分之一的时间都是在睡觉中度过的，睡眠环境和睡眠方式对我们的肉体和精神状况有着极大的影响。在家相中，卧室也具有非常重要的意义和地位。甚至在家相观点中还有一种方法是以屋主人的卧室为房屋中心的。

太阳从地平线升起的时候开始一天的劳动，太阳落山的时候回到家里休息，这样日出而作、日落而息的生活方式才是人类最根本、最符合自然规律的生活方式，也是最利于肉体和精神两方面发展的生活方式。

经常在潮湿阴暗的环境中睡觉的人，健康状况一般都不是很好，只有在适度干燥和有新鲜空气的环境中才能保证舒适的睡眠。

## 1.方位与房间的关系

房间最好能依各自用途配置在合理的位置，但通常情况下很难做到所有的房间都位于最佳场所，这时候就只能充分利用现有条件，尽量使整体布局达到最佳状态。下面，我们就来举例说明房间的具体配置。

**北方位的房间**：北方位的房间安静、稳定，很适合用做卧室，同时还因为这种安静的环境能够让人集中精力思考，因此也适合用做孩子学习的房间。

**南方位的房间**：南方位的房间明亮，但同时也缺乏稳定，适合用做人员出入频繁的会客室或茶室等，可以增强全家人的阳气。

**东方位的房间**：东方位的房间对身体虚弱的人有益，因此是孩子健康成长的最佳场所。

**西方位的房间**：西方位是太阳下山的场所，因此不适合生活才刚刚开始的年轻人，会增加他们的玩心，导致散财。孩子的房间应该避开这个方位，否则会影响他们的学习。

▲ 卧房是我们生活中使用最多的场所，只有在整体布局上达到最佳状态才能使家人都能受益。

## 2.家庭成员与卧室的具体配置

由夫妇、孩子、双亲组成的家庭在建造或选择新居的时候有一个非常重要的问题要考虑，那就是每个人的卧室应该在什么位置。

首先要考虑的是屋主人的卧室，其最适合的方位应该是西北。位于西北方位的卧室在家中具有统领所有家庭成员、守卫全家的作用。因此这个方位的卧室非屋主人莫属。如果这个方位的卧室里住的是孩子，则会出现孩子侵犯父母权限，父母反过来要取悦孩子这种不正常的现象。在孩子叛逆、家庭暴力频发等家庭中，多见这种格局。

其次，如果主妇有单独卧室的话，象征守卫家庭的西南和西方位是最佳选择。孩子的卧室最适合安排在东方位。不过，孩子比较多的情况下还要根据男女进行区分。最后，家中老人的卧室要尽可能安排在光照条件较好又比较安静的场所，让他们能度过一个祥和、幸福的晚年。

## 3.卧室的方位与家庭成员的关系

各类人适合的卧室方位大致如下。

年轻男性：东、东北、东南、北方位；

年轻女性：东南、南、东方位；

年长男性：北、西北、西方位；

年长女性：西南、西、西北方位。

如果分得再细一点的话，家中各个成员的卧室方位如下。

北方位：次子；

东北方位：家族继承人；

东方位：长子；

东南方位：长女；

南方位：次女；

西南方位：主妇/母亲、妻子、祖母；

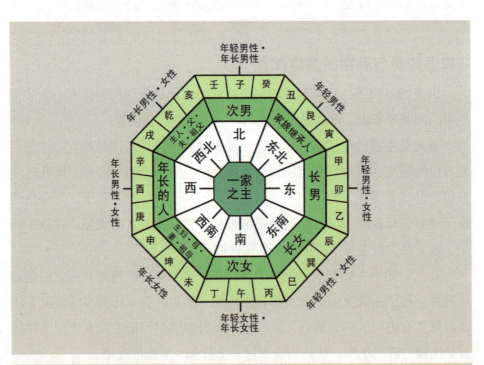

▲ 家庭成员卧室方位一览。

西方位：年长的人（男女不问）；

西北方位：屋主人/父亲、丈夫、祖父；

中央方位：一家之主。

## 4.孩子较多的情况下卧室的分配

家里只有一个孩子的话，可以把他安排在东方位的房间，那如果有两个以上的孩子时要怎样安排房间呢？相信很多家庭都会有这样的困惑。其实可以从孩子的性别出发，依据性别来选择房间。

▲ 孩子房间的分配对孩子的成长有重大的影响。

首先观察孩子的性格和资质，从中选出将来能够承担起继承家业重任的，将他安排在东方位的房间，因为这一方位有利于学习运和健康运的提升，且能培养孩子的积极性和行动力以及对事物的热情，让孩子能健康茁壮地成长，尤其适合家中长子。次子以及其他的男孩子由于在家排行较小，通常比较受宠、爱撒娇，因此适合安排在北方位的房间，有利于培养其独立性和稳重性。

如果孩子比较擅长社交、朋友众多、信用良好，适合往人际交往上发展的话，可以选择东南方位的房间，因为东南方位非常有利于培养孩子敏感、细心的性格，会让孩子不仅对自己，对别人也能非常关心，因此家中如果有女孩子的话，很适合用作长女的房间。至于除长女以外的其他女孩子，最好的选择是南方位的房间，该方位能为孩子的成长提供更多机遇，并有助于自身能力的发挥。

除了方位之外，房间的大小也是一个很重要的因素。在家中如果家长的居室过小、孩子的居室过大的话，整个家就会失去协调。但也并不是说家长的居室面积大了家庭就协调了，家长居室面积过大的话会在不知不觉间压抑孩子的成长，激发其反抗和叛逆情绪，家中同样得不到安稳。因此过大过小都不好，保持平衡才是最重要的。

## 5.父母与一儿一女的四口之家的房间分配

如上面所述，在家相中，家庭成员之间是存在序位的，如果忽视了这一点，整个家庭的正常秩序就得不到有效维持。下面我们举个例子来说明。

有这样一个四口之家，父母的卧室位于西南方位，长子的房间位于西北方位，女儿的房间位于东方位。在这样的格局下，女儿能够精力充沛、干劲十足、向着自己的目标勇往直前，儿子也能逐渐掌握家中的主导权、对身边的人形成威慑力。而父母则会因为对孩子太过在意从而失去家长该有的威严，无法对孩子进行正确的教育。若一意孤行，将自己的意见强加给孩子的话只会招致孩子的反抗，从而引发冲突，逐渐导致双方力量关系的逆转。总体来说为不吉之相。

# 关于书房

## 1.设计书房时的注意事项

　　以前的住宅中，很少有人有属于自己的书房。不过，要想更好地学习新知识、充实个人兴趣、安静办公的话，一个属于自己的个人空间还是不可或缺的，所以最近越来越多的人开始拥有自己的小书房。

　　在设计书房时，最适合屋主人的场所是卧室旁边西北方位的房间，主妇则是卧室西南方位的房间。不过如果地基够大、住宅面积够宽敞的话，就不用把书房设在卧

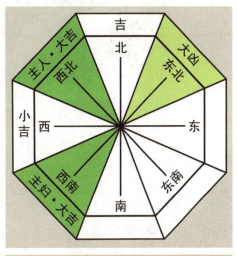

▲ 书房和方位的关系。

室旁边了，最好在西北方位辟一个独立的房间用作书房。

　　至于书房的方位，首先要避开的就是鬼门方位。因为东北的鬼门方位是家中继承人所属的场所，如果被父母占据，那孩子就永远离不开父母，没办法独立，成长为合格的继承人了。

## 2.书房的作用与方位

　　在家中，书房是一个属于个人的私密空间，不同的书房位置会对使用者的精神状态产生不同的影响。书房的位置代表的是使用者在家中所处的位置，而位置的不同也就决定了书房在功用上的不同。

　　例如一间位于西方位的书房，西方位是一个能让人埋头于个人兴趣和消遣的场所，因此在这样的书房里可以让自己很好地放松。而另一方面，西方位又是一个不适合研究学问和工作的场所，因此想要认真学习和工作的话最好还是选择北方位的书房。

▲ 书房是一个属于个人的私密空间，不同的书房位置会对使用者的精神状态产生不同的影响。

所以我们在设计书房之前，一定要明确自己的目的，搞清楚自己到底是想要一个能专心从事工作和研究的场所，还是要一个可以消遣、放松的场所，然后再结合具体目的选择合适的方位。

## 关于收纳空间

### 1.壁橱与储物间

盖房子的时候通常都是先盖中心方位的房间，然后再盖周边的房间。有的家庭会以中心的房间为靠背建壁橱，其实这样不好。因为壁橱平时都是橱门紧闭，空气的流通和循环状况很差，从家相上看不利于居住者的身心健康。

　　除中心房间之外，还要避开南方位，将壁橱设在南方位的话，整个家的氛围都会变得阴郁潮湿，家人之间的心灵交流也会越来越少。更有甚者，家庭由于长期笼罩在冷清的气氛中，还会对人的精神层面造成严重的影响。

　　现如今除了传统意义上的储物间外，很多家庭还会将一整间屋设计成

▲ 储物间作为家中的一个相对封闭场所，要保持良好的通风条件。

一个大型的储物间，前后打通可以自由通行。其实不管是传统的储物间还是这种新型的通行式储物间，都比封闭的壁橱要好得多，因为开关门比较频繁，所以空气的流通和循环状况都比较好，也不会对身心造成什么恶性的影响。如果家中中心方位处有壁橱的话，不妨将它改造成新型的通行式储物间吧。

和壁橱一样，储物间也要避开南方位。

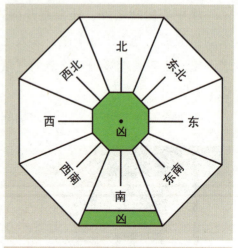

▲ 储物间要避开南方位。

## 2.将阁楼改造为收纳间

要想把阁楼改造成储物间就必须在天花板上开个孔，这样便于搭梯子或利用楼梯取物。这时候要特别注意的是孔的大小和梯子的安放位置。开孔的边长不能超过房间边长的三分之一，而且还要避开中心位置。梯子不能搭在孔的中心处，而要搭在孔的外侧。

另外，多数情况下阁楼收纳间都是没有窗户的，空气的循环状况很糟，因此在设计的时候还要加一个排气孔。

## 3.在地板下建收纳间

地板部分作为住宅的基础，最好还是不要在上面开孔。不过有些时候受到空间限制，不得不在地板下建收纳间，其中大部分的地板下收纳间都是储物间直接与地板相连的模式，但这样一来，地下的气就被收纳间挡住了、无法正常循环。其实，如果真要建地板下收纳间的话可以采用储物间的地板不接触地面的悬挂式设计，这样不仅能改善气的循环，而且还不会对其他方面造成大的障碍。

如果现在你家中的地板下面就有收纳间，而且改造成悬挂式的难度很大，那不妨在收纳间的周围放置一些炭进行改善。炭可以吸湿、防止潮气侵入地面，从而弥补这种收纳间模式的不足。不过，不能把炭放下去就不管了，一定要定时把它取出来晒干、去除湿气。

## 关于地板和地下室

### 1.地板材料

到底哪种材质才是理想的地板材质呢？很多家庭都用的都是乙烯基瓷砖等化学制品，并不是说这种材质不好，但从注重自然之气的家相学观点来看的话，还是木头材质的地板最好。如果你正在为是铺设纤维材质的带孔地毯还是木质地板而发愁的话，那就不用犹豫了，木地板才是不二之选。铺上木质地板后再在上面铺一层地毯或毛毯就可以了。

▲ 木地板才是理想地板的不二之选。

## 2.房间地板存在段差

现在的很多住宅都存在地板段差的问题。例如，厨房的地面高度低于住宅其他部分的高度，在家相中这不是一种好现象。因为地板象征着一个家族的安定和统一，存在段差的话，

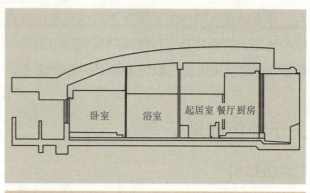

▲ 地板段差示例：浴室和厨房与其他部分相比低了2级台阶左右，整体存在段差。

家人之间就无法友好相处，甚至导致家庭失和。

地板有段差的话，家庭成员之间也会随之滋生出各种差距。例如，哥哥事业有成，但弟弟却一事无成，做什么都不顺，或是父亲品格高尚，但其他家庭成员却品行不端、被周围人厌恶。也就是说，地板是家庭的根基，这个根基一旦发生剧烈变化，那家人各自的发展姿态也会良莠不齐。

除此之外，它还会给健康方面带来恶性影响。例如同在一层，既有地势低三级台阶的厨房，又有地势较高的卧室，在这种格局下，人就会很容易染上关节疾病。

## 3.关于地下室

从家相的基础来说的话，地下室为凶相。另外，半地下室也要尽量避免。因为长期住在地下的话会吸入过量的地气，这些过量的地气会反过来生成腐坏和败退之气。

现在地下空间主要被用于停车场，另外就是出于隔音问题的考虑而用作乐队的练习室。

建造地下室不能在住宅的下面直接开挖，而是沿着住宅轮廓（地基外周）往下挖。之所以这样做主要是为了均衡吸收地气，因为如果是挖在住宅某部分的地下，那就只有这一部分能吸收到强烈的地气，从而破坏了整

体的平衡、引发各种问题。而且吸入太多的地气对健康也很不利，如果住宅的某部分吸收了过量的地气，就会滋生出腐坏之气，使居住在里面的人疾病缠身。

有些人之所以想建地下室就是因为看了关于欧洲地下酒窖的描写，自己也想跟着模仿，殊不知，同是地下室，但国内有些地方和西欧却是截然不同的，欧洲因一年到头天气都很干燥，湿度相对较低，物体在地下环境中能够均衡地吸收土的湿气和能量，所以，也不能盲目效仿。

因此，在设计地下室的时候一定要充分考虑风土和自然环境因素，做到因地制宜。

## 关于屋顶

家相学中一个重要的判断基准就是将住宅立体化，把靠近天空的部分看做南，把地板等接近大地的部分看做北。因此，从这一点上来看，屋顶的方位正好对应南。

南方位代表人体的大脑和心脏，那屋顶在某种意义上也就相当于居住者的头部。在建造房屋时，屋顶的构造是至关重要的，它究竟能晒到南面的阳光还是能晒到东面

▲ 屋顶在某种意义上也就相当于居住者的头部。在建造房屋时，屋顶的构造是至关重要的。

的阳光，这些问题都需要认真考虑。现在住宅的构造越来越复杂，有些住宅的屋顶甚至只有一边是倾斜的。但是这样的构造并不好，因为天地万物都是由阴阳构成的，保持二者的平衡很重要，所以如果想设计成倾斜屋顶的话，必须保证两面都倾斜。

## 1.屋顶的形状

现代社会住宅屋顶的形状越来越多样化，屋顶的差异在某种程度上也反映了不同居住者在感性上的差异。那么，到底什么形状的屋顶才是符合家相学标准的呢？

### （1）人字形屋顶

一般来说，这种人字形的方正屋顶是最好的。这种屋顶的主要特点是形状非常简单，而且各边的长度和左右两边的面积都相同。图2-29所示的往左右两边呈线型倾斜的屋顶形状是最佳形状，也是最符合家相学阴阳平衡说的形状。

### （2）四面流屋顶

图2-30中所示的有四个面的屋顶被称为"四面流屋顶"。这种屋顶历史悠久，最具代表性的就是"四面坡屋顶"，这种屋顶形状也能实现阴阳的平衡。

### （3）一面坡屋顶

除上述两种屋顶外，还有一种单面宽阔倾斜的屋顶，建筑学上将这种结构的屋顶称为"一面坡"屋顶（见图2-31）。这种形状的屋顶只有一面

图2-29

▲ 人字形屋顶多用于普通的木结构房屋。这种屋顶的变形也很多。

图2-30

▲ 最具代表性的是四面坡屋顶。古代建筑物中还有一种常见的屋顶同时包含了以上两个方面，上部是人字形，下部是四面形。

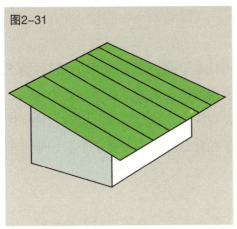

图2-31

▲ 一面坡的屋顶多是受到地基条件及光照条件的限制。

图2-32

▲ 平坦屋顶多用于混凝土构造住宅中，这种屋顶的最大缺陷是防水和排水问题。

能接收到光照，另一面照不到，这样便错过了大自然最大的恩惠。住在这种房子里的人思想比较偏激、容易走极端。屋顶以南高北低的构造为最坏，住在这种房子里会引发精神方面的波动，导致家人患上脑部处的相关疾病。

### （4）平顶屋顶

混凝土构造的房屋屋顶一般都是平的（见图2-32）。由于屋顶主要是用来挡雨的场所，如果建成这种平坦的形状会很容易积水，只要有一个小洞就会导致房屋漏雨。而且在家相学中，位于南（火）方位的屋顶不宜积水，否则很不吉利。虽然现代的防水技术很发达，但排水性能良好的倾斜构造屋顶仍然是最理想的选择。

除了上述四种屋顶之外还有很多形状各异、构造复杂的屋顶，但屋顶的构造宜简不宜繁，构造越复杂住在里面的人的思想也就越复杂，个人好恶比较偏激。人字形和四面流构造的屋顶最好，如果条件不允许的话也可以使用其他屋顶，但构造一定要简单。这样，居住在里面的人的思想才会单纯，家庭生活也才会稳定。

## 2.屋顶空间利用的误区

### （1）屋顶阁楼

所有人都希望能够最大限度地利用住宅空间，于是阁楼就在这种情况下应运而生了。本来没什么用处的屋顶内部被改造成了一个独立的房间，既然是房间，就需要采光和通风，需要有窗户，这是常理，也是一种刚性需求，但在家相中这样的做法却无异于在自己的头顶上开了个洞，非常不吉利。

### （2）太阳能系统

有些家庭出于环保考虑，引入了太阳能系统，在屋顶设置热水器，但这在家相中却是不吉利的。因为屋顶的方位朝南，属火，在此处引水，水与火的性格截然相反、相互斗争、从而产生负面影响。

## 3.屋顶的增建

房屋扩建时不可避免地要对屋顶进行增建，然而屋顶作为房屋中最至关重要的部分，以人体作比的话就相当于人体的头部，是不能随便乱动的。如果想对这一部分进行改动，就必须从屋主人的运势、方位、改造后的家相等各方面综合考虑，然后再确定其具体格局以及施工日期。否则在不合适的日期进行改造的话会引发眼睛及脑部疾病，因此需要特别注意。

## 4.屋顶要和住宅整体保持协调

看一栋住宅的外观时首先注意到的会是围墙和房屋外壁，然后是屋顶。因此在设计建造时一定要保持这几个方面的统一和协调感。如果一栋住宅，围墙是日式风格，房屋外壁是中国风，屋顶又是西欧风格的话，不仅外观上看起来乱七八糟，同时还会导致住在里面的人的思维缺乏统一性、精神状态不稳定。因为房屋的外观是居住者品位和生活方式的体现，所以保持统一的风格和整体感很重要。这一点在设计和建造房屋时一定要作为重点考虑的指标。

# 关于窗户

　　窗户能为室内带来新鲜的空气和明媚的阳光，同时，窗户作为房屋的眼睛，还是联系室内和室外的纽带。如果没有了窗，房屋就无法通风换气，会变得潮湿阴暗。

　　不过，过量的阳光直射也不是什么好事，必须根据方位和房屋的具体用途来决定窗户的大小、构造其等。只有空气循环和采光两方面

▲ 窗户作为房屋的眼睛，其设置的方位以及大小影响家相的凶吉。

达到良性平衡，才能为家注入充足的活力。关于这个平衡，可以参考国际上通用的房屋建造常用的基准规定，在对窗户进行设计时一定要满足相应的要求。

## 1.窗户与方位的关系

　　在设计窗户时除了要考虑自然因素外，还要判断方位吉凶，然后在此基础上做出合适的选择。那么，从家相的观点来看的话，哪个方位、什么构造的窗户才是最合适的呢？

　　**疾病的入口——北方位的窗户：**北方是冷风吹来的方向，从防止寒风入侵这一层面来考虑的话是不适合在这个方位开窗的，但从采光方面考虑的话又不得不开。因此，综合起来考虑，还是开高窗和小窗比较合适。因为北风的危害很大，会引发神经系统疾病以及神经衰弱、失眠、痔疮、痢疾等相关疾病，所以北方位的窗不宜太大。

　　**东北方位的窗户要避免：**东北方位是表鬼门，本来就是应该堵住的场所，即使光线再暗也最好不要设窗户。如果一定要设的话就在寅方位，开个腰部以上高度的小窗户。

**东方位的窗户宜大**：东边是太阳升起的地方，东方位的太阳能在一天的初始带给我们所需的能量，为了能充分吸收这种能量和阳气、让房间充满活力，最好是将窗户开得大一些。那些东方位没有窗户的家庭通常都缺乏活力、没有什么元气，家庭成员的行动力和实践能力也得不到培养，因此从这层意义上来讲，东方位是一定要有大窗户的。

**东南方位的窗户宜大**：东南方位是一个与外界的交流异常激烈的场所，大窗户能充分吸收外界的养分和活力、排出老废物质。而且东南方位还象征家业的繁荣，家人社交能力的提升以及在社会交往中的信用等，在这个方位设置大窗户能充分吸收这方面的能量。

**南方位的窗户能让才能得到充分发挥**：南方位的窗户也适宜开大，这样才能更充分地吸收阳光和新鲜空气。另外，南方位还关系到健康和智慧，因此在这个方位设置大窗户还有利于个人能力的发挥。

**西南方位开大窗为凶**：西南方位是里鬼门，和东北方位一样是个不适宜有窗户的方位，如果这个方位不但有窗户，而且还是个大窗户的话，就会生出凶相。不过没有窗户、光线太暗也不好，因此这个方位适宜开腰部以上高度的小窗户。

**西方位的阳光会加速物体的腐坏**：西方位的阳光具有让物体腐坏、败退的能量，而且酷热难耐，因此从根本上来说是不适合设窗户的。如果出于采光需要设窗户的话，也只能设高窗或小窗。不过即使是设高窗和小窗也必须避开西方的正中线。此方位开的大窗户象征散财、玩物丧志、不务正业，容易使人沉迷于玩乐。

**西北方位的窗户宜小**：西北方位也是受到夕照影响较为强烈的场所，只适宜设置高窗和小窗。

## 2.恶性窗户的改善方法

说到恶性窗户，最恶的要数那种能让阳光直射入室内的窗户。要改善这种情况，可以在保证房屋整体协调的前提下撤掉没用的窗户。除此之外还可以设置一些遮阳的设施，防止光线直接射入室内。如果这些改善方法都无法实施，还有一个最简单的办法就是直接在窗户外面挂一个拆卸方便的塑料或布制的帘子，防止阳光直接射入室内。设计合理的窗户应该让阳光从横向间接射入室内。关于各式窗户的吉凶及具体的改善方法，我们下面举例说明。

### （1）天窗

天窗是为了照明而直接从屋顶上开的窗户（见图2-33）。不过像图中这种直接在屋顶开洞的方法并不好。因为在家相中，屋顶就相当于人的头部，同时也有名誉的含义，如果像这样直接在屋顶开洞，让阳光直射进来的话，由于光线过于强烈，会致使大脑活动衰退，引发失眠、情绪不稳定等精神方面的问题。更有甚者还会导致个人地位和名誉受损。天窗无论开在东南西北哪个方位都不好。如果实在要开的话，可选择图2-34那样设计成带屋顶的小窗构造，这种欧式风格的屋顶小窗构造与天窗截然不同，能使原来的屋顶看起来更复杂，并能防止太刺眼的光线直射入室内。

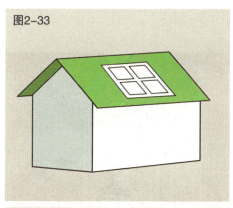

图2-33

▲ 牵牛花天窗：牵牛花形式的天窗在家相中不吉利。

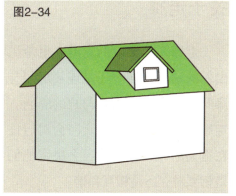

图2-34

▲ 带屋顶的欧式风格小窗：将牵牛花天窗改造成带屋顶的欧式风格小窗。

### （2）嵌窗

嵌窗是出于增加室内亮度的目的而设置的，由于它不能开关，因此又被称为固定框格窗，多用作高窗。前面我们讲过，北、东北、西、西南等方位适合开高窗，不适宜开大窗。这实际上是关于光和影的问题，也就是

阴和阳的问题。因为，一个格局合理的住宅里必须既有明亮的房间，同时也必须要有光线稍暗的房间。例如，厨房等活动频繁的场所要尽量明亮，而卧室等用于放松心情、充实灵魂的场所则不宜太亮，最好昏暗一些。在设置嵌窗时一定要充分考虑这些因素。

### （3）凸窗

现如今，带凸窗结构的住宅越来越多。如果只有窗户部分突出来的话在家相上是没有任何问题的，但如果是从地基上直接立起的凸窗，就不太吉利了（见右图）。如果家中有这样的凸窗，就要相应地拉长遮阳的屋檐，或是将凸窗整体的位置抬高，但要保证横向长度大于纵向。

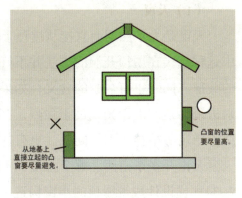

从地基上直接立起的凸窗要尽量避免。

凸窗的位置要尽量高。

▲ 合理的凸窗与不合理的凸窗示例。

## 关于走廊

走廊既是家中的走道，也是风出入的通道，同时还是连接房间与房间的过道，以及户与户的隔断。走廊在家中的方位与走向会对居住在里面的人产生影响，会决定他们是相互对立还是相互和谐。

例如，中走廊就是一种将家中势力一分为二的不和之相。如果又正好和大门相对的话，那就会演变成对立相，引发左右两边势力的冲突。这种势力的强弱分化是由房间的面积所决定的，面积大的一方会

▲ 走廊是连接不同房间的过道，也是户与户的隔断，走廊的方位不同，对家人产生的影响就不同。

压迫小的一方。另外，如果一个房间周围都被走廊所包围的话，就形成了孤立之相。一般来说，住宅面积越大走廊就越多，在设计和建造的时候就要更加注意。

下面我们就通过图示来为大家简单讲解不同走廊的吉凶情况。

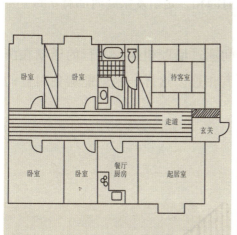

▲ 典型的对立相走廊示例：走廊和大门正好相对的对立相，容易引发家庭冲突。

▲ 对立相的改善示例：将房间门的位置稍微错开就可以避免形成对立相。

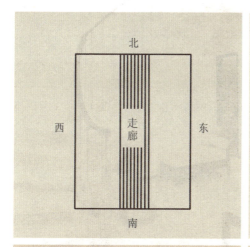

▲ 将家分为东西两部分的走廊：南北向的走廊是导致家庭分化、父母和子女不和的主要原因。

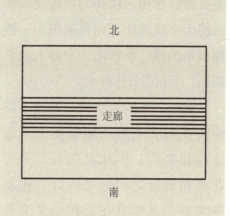

▲ 将家分为南北两部分的走廊：东西向的走廊会引发人际关系中的上下对立和冲突，在公司等场合主要表现为部下的背叛以及上司和下属的冲突。

走廊是隔断，同时也是通道。这种任何人都可以通过，从任何地方都可以进入的孤立之相，使走廊很容易受到外界的侵略，让活动在其间的人精神没有休息和放松的间隙。受这种遭走廊围住所形成的"孤立之相"影响最大的是位于西北和东南方位的房间。

这种格局会造成房间所处方位具有凶相，是引发家庭内部对立的主要原因。

最好的改善方法是和旁边的房间通过墙壁相连，不行的话就在两个房间之间建个壁橱或储藏室将两者相连。这样一来就能避免对立的产生了。

## 关于楼梯

楼梯是连接各个楼层的走道，也是空气流动的通道，是让家成为一个立体存在所不可缺少的部分。以人体为例的话，它跟走廊一样起着血管的作用。楼梯的构造应该跟家的大小成正比，如果家很大、楼梯很窄的话，就好比一个胖人血管很细，不利于身体健康。

同时，又因为楼梯是通过下层的天花板、上层的地板将上下层连接起来的，因此又被看作是天花板和地板之间的通风口，也就是穿堂。其实这在家相中是有负面作用的，但是没有又不行，所以在建楼梯的时候一定要选择凶相较弱的地方。

▲ 楼梯与走廊一样起着血管的作用，在设计上应该跟家的大小成正比。

## 1.穿堂楼梯的负面作用

现如今欧式风格的豪华住宅越来越多，为了让家看起来更宽敞舒适，很多住宅都选择了穿堂设计。不过这里面存在很大的问题。穿堂位于住宅格局的中央部分，其负面作用是会加剧方位自身凶相的影响。而住宅的中央相当于人体的头部、心脏等重要器官，在这里建穿堂很有可能会引发这些器官的相关疾病。凡是沿房屋内壁建造的楼梯都属于中央楼梯的范畴，在家相中都是不吉利的。那些只是单纯追求宽敞而打通天花板、在自家住宅中央建楼梯的行为都是不可取的。如果非要建的话，可以在房屋建造之初设计一处突出的部分，在这个突出部分建穿堂楼梯，这样就能有效减轻其负面影响了。

## 2.建造楼梯的注意事项

楼梯的吉凶可以通过楼梯口的位置进行判断。楼梯口在东西南北四正的中央15度范围，或是四隅的中央15度范围都是凶相，不可取。在构造方面，一般面积的住宅适合90厘米左右宽幅的楼梯，130平方米左右的住宅适合110厘米宽幅的楼梯，倾斜度以40～45度为宜。另外，楼梯上部太窄的话，在上楼梯的时候会有憋屈感，不好。下窄上宽的楼梯在上楼梯的时候才会有开

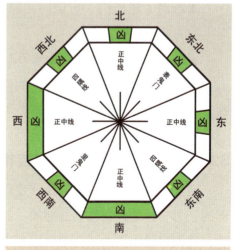

▲ 楼梯和方位的关系。

放感、精神上也才能得到放松，让家人生活舒适之余还能带来好的结果。原则上，理想的楼梯应该沿房屋外壁建造，建在房屋中心或太极方位的话很可能对屋主人造成恶性影响。不过旋转式楼梯的1米～1.2米的这段范围可以不用沿外壁而建。

在一些小户型住宅里，楼梯下面通常会建有卫生间，这种情况下湿气

和臭气会通过楼梯传到楼上，对健康方面产生负面影响，需要特别注意。

下面，我们来看一下除中央楼梯以外的其他各方位楼梯的吉凶状况。

○北方位的楼梯应避开正中15度的范围。

○东北（表鬼门）方位的楼梯应避开四隅15度的范围。

○东方位的楼梯应避开正中15度的范围。

○东南方位的楼梯应避开四隅15度的范围。

▲南方位的楼梯对头部有阻塞作用，不宜。

▲西南（里鬼门）方位的楼梯对主妇的健康不利，不宜。

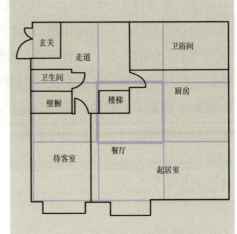

▲太极处的楼梯：太极方位的楼梯为凶。

▲西方位的楼梯会使家中纷争不断，为不吉之相。

▲西北方位四隅15度范围内的楼梯会导致屋主人神经衰弱，容易引发与上级的不和以及交通事故。

## 3.地基和照明状况都好才是吉相楼梯应具备的条件

对建筑方而言，一般的楼梯建造方法主要有两种，一种是建在住宅内部的，另一种是建在住宅外部的。前面已经讲过，楼梯最好沿房屋外壁而建，建在房屋中央的话会对健康产生恶性影响。那么，是不是所有沿外壁建造的楼梯都是好的？其实这也是有条件限制的。

首先是突出在房屋外侧的楼梯，这时候楼梯可以看做是住宅的一部分。但是，如果下面没有地基、只有单独的楼梯悬空伸在房屋外侧的话，看起来就好像是楼梯贴在墙壁上，这种情况下最好还是在楼梯下面建个底座，或是建个储藏室来填补空缺部分。只是，用作储藏室的时候不要在里面放置会吸收湿气和臭气的物品。其次是楼梯的左右两侧都是墙壁的情况，这种情况也不吉利。两边都是墙壁，楼梯的光线就会很暗，这样一来不仅脚下不安全，氛围也会显得阴郁、潮湿。这时候应该尽量在两边开些窗户、让光线照进来，因为再狭窄的楼梯，只要光线够亮，就会显得宽敞很多。此外，还要在楼梯的天花板上安装上照明灯，如果仍然很暗的话，还可以再装上脚灯，这样脚下就会明亮很多。

**综上所述，合理的楼梯应该具备的条件：**

外部楼梯的缺陷通过地基或储藏室弥补；

楼梯的两侧不宜都是墙壁；

使用窗户和灯提高照明效果。

## 关于两层住宅的格局

### 1.上下层颠倒的格局

物体从手中滑落后会向下坠落，水的流动方向是从高处往低处，这是一种自然规律。

住宅也同样如此。如果把最主要的活动场所，也是家人最常聚集的起居室设在楼上，每次去到那还得一级一级地爬楼梯，浪费了多余的力气不说，还很不方便。这种房间格局就相当于让家中本该正常流动的能量倒着流。

▲ 二层住宅不宜将家人最长聚集的起居室设在楼上，这样会导致能量的倒流。

即使从常识方面考虑也不应该把起居室设在楼上，这样有客人来访的时候还得爬到二楼，很麻烦，而且外面的世界也跟着变狭窄了。

下图中所示的住宅地基比较窄，房间的格局乍一看去好像是充分考虑了光照条件精心设计的，但是把它放到宽敞一点的空间来看的话就会发现这种格局其实很不符合自然规律。把起居室放在二楼，肯定要用到水，水

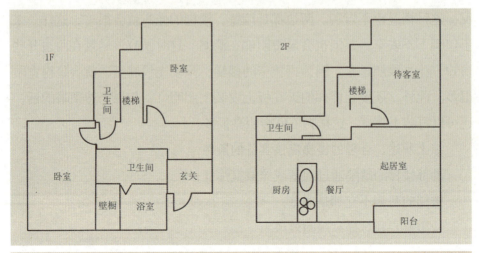

▲ **上下层颠倒的格局：**住宅的设计充分利用了有限的空间，并且重视个人隐私，将各个居室都相互隔开，这种格局在现在非常流行。不过把客厅设计在二楼有些不合理，另外，一楼的主卧上方正对着二楼的厨房和卫生间，这都不利于家人运势的发展。

本来应该是从上往下流的，现在要违反自然规律让水从下往上流，这样一来就会过分消耗家中的能量。本来该有十分力的，现在可能就只剩七分，甚至一半了，这不仅会使整个家运变得疲惫不堪，连运势也会跟着衰落。

住在这种上下格局颠倒的住宅里，人的价值观也会发生错位和变化。而且又因为这种生活违背自然作用，因此还对健康产生不利影响，容易引发气的逆流和神经系统疾病。

如果没有迫不得已的特殊情况，还是尽量避免这样的格局比较好。

## 2.两层住宅的房间分配

在两层住宅中，各层所受家相的影响比例约为一层六～七成，二层三～四成，由此可看出一层部分的家相比较重要。因此在分配家人的房间时，首要的大前提就是父母在下、子女在上，如果反了，父母就会反过来要依靠子女，这会导致父母的运势下降。

除此之外，现如今在两层住宅中比较流行的就是上面所讲的将起居室设在二楼、卧室设在一楼的上下层颠倒格局。如果卧室设在一楼后，为了保护个人隐私就不得不把各个房间都相互隔开，这样的格局很容易让家庭成员都变得自私自利。父母什么事都只为自己着想，孩子们也都养成了冷漠、不关心别人的性格，而那些被独立隔开的房间也很容易沦为对立相有鉴于此，所以您在设计格局和进行房间分配时一定要多加注意。

　　如果受条件限制非要将起居室设在二楼、卧室设在一楼的话，必须在具体格局和分配上多下功夫，确保各个房间的气能够顺畅流动，气顺了，家人之间才能相互交流、相互理解。

## 关于别栋建筑

### 1.正房与别栋的关系

　　正房是家里人居住的地方，而别栋通常是指不用来住人的建筑物。仓房、收纳间、仓库等由屋顶、墙壁、柱子构成的建筑物都属于别栋。甚至连整齐牢固的车库也都属于这一范围。不过别栋也是有一定标准的，必须是四面都围起来的封闭空间，那些没有地板的、以及虽然有屋顶但却只有两面墙的建筑，都不能称为别栋。

▲ 别栋的设置与正屋要保持平行状态。

如果把正房比作自己或是家人的话，那别栋就相当于外人、别人。如果别栋比正房还大，那这就是一种主客颠倒，这种情况下正屋会受到别栋的压迫而难以居住。因此，别栋只能比正屋小，包括屋顶在内的所有部分都不能超过正屋，这是最基本的、也是最重要的要求。

另外还有一点很重要，那就是正屋和别栋要保持平行状态。别栋和正屋平行代表别栋（外人）对正屋（自己）真诚并且顺从，这种状态有利于人际关系的发展。反之，如果别栋位于正屋的斜向，会导致和他人的关系受阻，甚至使自己遭到别人的反抗和背叛。

## 2.别栋的作用

例如有一户经商的人家，想在自家的辰巳（东南）方位建一间别栋建筑。然而由于地基的关系，只能建在正房斜向的位置。如果这个别栋建成了，会对整个家带来什么样的影响？东南方位有贸易、信用、部下、使用者、掌柜等含义，如果在这个方位增建别栋，刚开始的时候可能会带来吉作用，生意兴隆、利润颇丰。

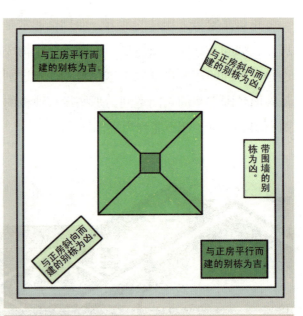

与正房平行而建的别栋为吉。

与正房斜向而建的别栋为凶。

带围墙的别栋为凶。

与正房斜向而建的别栋为凶。

与正房平行而建的别栋为吉。

▲ 正房与别栋位置关系的吉凶。

但4年一过就会慢慢开始转向，自己信赖的员工开始心生歹念，常常爱挑起事端，并且给生意造成严重损害，久而久之，会成为自己事业的绊脚石。而等到过了7年、10年以后，以往生意兴隆的状况将急转直下，开始变得举步维艰。部下中还会出现搞阴谋或使坏的人，导致主人家在社会中丧失信用度。

正房和别栋的这种关系不单单局限于住宅，店铺、公司、事业所等地方也同样如此。别栋相对于本社的存在位置、仓库和事务所是否平行等等，这些都是不容轻视的大问题。

### 3.别栋和方位的关系

　　一般来说，把别栋建在八方位的任何地方都不会带来灾祸，而且在漫长的使用过程中肯定还会不可避免地对它进行改造和移动，但是无论在什么情况下都要遵守一个大前提，就是避开鬼门方位，不管是东北的表鬼门还是西南的里鬼门，都要避开。另外，位于正南方位的别栋还要注意和正房保持较远的距离，哪怕只是

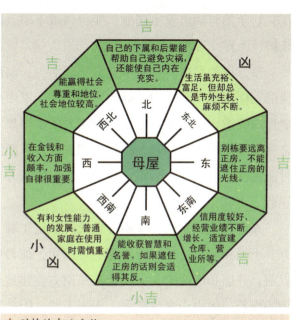

吉

吉　　　　　　　　凶

自己的下属和后辈能帮助自己避免灾祸，还能使自己内在充实。

能赢得社会尊重和地位，社会地位较高。

生活虽充裕、富足，但却总是节外生枝、麻烦不断。

北
西北　　东北
小吉　西　母屋　东　吉
西南　东南
南

在金钱和收入方面颇丰，加强自律很重要

别栋要远离正房，不能遮住正房的光线。

有利女性能力的发展。普通家庭在使用时需慎重。

能收获智慧和名誉。如果遮住正房的话则会适得其反。

信用度较好、经营业绩不断增长。适宜建仓库、营业所等

小　凶　　　　　　　小吉　吉

▲ 别栋的吉凶方位。

挡住一点点的太阳光，也会造成不同程度的影响。下面，我们就分别来看一下各个方位的别栋所具有的含义和作用。

　　**北方位的别栋：** 象征忠实的部下和诚实的下属，代表你能被别人信赖，并能与他人建立深厚的感情，常常能收获精神上的愉悦。北方位同时还是冷风吹来的场所，这道天然屏障能够有效抵御社会的不正之风。同时该方位还代表你在金钱方面也比较充裕，而且财富还不会外露，从外面看去显得质朴、低调。与外在相比，内在更是充满了情趣和喜悦。

　　**东北方位的别栋：** 位于表鬼门方位的别栋除了有储存、储备的含义外，还有亲戚、家属、继承人、变化等意义。该方位的别栋在建造之初确实会起到增多积蓄的作用，让家变得充裕、殷实。但由于屋主对手里的东

西看的太紧、占有欲太强，因此很容易给人贪得无厌的感觉，在易主等变化之际容易生出事端。同时，表鬼门还是象征变化的场所，即使是一直持续的好状态也会随着时间的流逝而逐渐恶化，家人和亲戚之间也会产生争执，因此这个方位最好不要新建别栋。如果表鬼门方位已经有了别栋建筑且使用年限已超过10年的话，也绝对不要拆除。一旦拆除了，整个家便会在5~10年的时间里发生变故，变得凋敝不堪。保持已有别栋的清洁并定期修护、保养，这才是最重要的。

**东方位的别栋：**这是个充满年轻活力、前途无量的方位，在这个方位建造别栋能带来生气和良好的发展势头。家中总是充满活力和勇于挑战新事物的能量，同时该方位也是年轻人乐于聚集的场所，能够充分吸收年轻之气，非常有利于年轻人的发育和成长，但要注意别栋不能建得过高。同时还需注意的是，为了不挡住照向正屋的东方位的阳光，还必须远离正屋建造。

**东南方位的别栋：**东南方位又称辰巳（巽）方位，有信用、交际、远方、下属和职员之意。能为那些守信用、值得信赖的人带来恩惠。从很早以前，开店和经商的人家就会在东南方位建造仓库和营业所，以求经营业绩的增长。但由于客流量大、人来人往，因此自己也会很忙。需要注意的是，这个方位的别栋在为我们带来利润和幸福的同时也要求我们要具备谦虚之心。

**南方位的别栋：**南方位的别栋整体状态较好，有喜悦之意，能为家中带来智慧和名誉。家族中不乏头脑精明之人，如果家中有立志成为政治家的人的话会取得较大成就，有机会接触上流人群，从而得到社会承认并提高知名度。但是如果南方位的别栋挡住正屋的话则会反过来使这种外界力量转变为压力，因此在建造的时候一定要和正屋保持一定距离。

**西南方位的别栋：**西南方位又称里鬼门，有大地之意，是个能受到土地恩惠的场所。在该方位建造别栋，对务农等靠土地为生的人家而言，代表能通过勤恳劳作收获成功和喜悦，对女性而言也尤其有利。农户自古以来就有在西南方位建造仓库的习俗，不过这个方位比较复杂，它有很多不

同的面，一般家庭最好还是不要轻易在此建别栋。

**西方位的别栋：**西方位为金气之所，在这里建别栋除了金钱缘较好之外，与刃物、刃伤的缘也比较深，整个家庭在收入和收获方面都颇丰，给外界的感觉也是非常富有、财大气粗，因此很容易成为坏人的目标。虽然赚钱的机会很多，但如果太过招摇的话则会遭人嫉妒。西方位的别栋是发财之相，但切记不能太显摆，树大招风。此外，该方位多玩乐和赌博方面的诱惑，所以家人一定要学会坚持原则、严于律己。

**西北方位的别栋：**西北为天象方位，具有很强的能量，该方位能使家人获得尊敬和依赖，成为别人的精神支柱。因为这个方位有获得强权、威慑四方、受人尊敬之意，所以昔日的世家通常都会在该方位建造仓房等别栋。西北方位别栋的这种能获得社会权利和地位的作用，使屋主人无论在任何社会组织中都能身居要职、受人敬仰。

## 关于车库

现代人的生活已经和汽车紧密地联系在一起，甚至有些家庭拥有两辆甚至更多的车辆，自家有车库的人算是非常幸运的了，绝大多数人都只能租借外面的停车场来停车。不过即使是家中有空间建车库的，在选址上也还是要颇费一番功夫的。

▲ 将车库建在家外是最好的方法。

从前因为没有汽车，所以在古代家相中也没有关于汽车停放场所的记载。作为近代生活方式变化衍生的新问题，它的研究空间还很大。

从性质上来说，汽车不但会发出噪音，还要燃烧汽油并排出废气。其中最严重的就是废气问题，废气不管是排在哪里都不合适。因此如何防止

这种危害健康的废气进入家中，就成了人们要面对的最重要课题。从这一点出发考虑的话，我们首先能做的就是保证车在放入车库中时车头朝向家的方向，车尾的排气口朝向外面。而且，车库和住宅之间的间隔要尽可能大，然后在车库和住宅之间种上植物，这样不仅能起到净化空气的作用，同时还能有效防灾。

## 1.从家相风水的角度看车库

建造车库时还要充分考虑是建在自己的家中（房屋基础轮廓以内），还是建在家外（基础轮廓以外），结论是，将车库建在家外是最好的选择。

如果因为地基的关系而只能将车库建在家中的话，在建车库的同时还需要建一面用来遮挡外气的墙或拉门。

由于车库是直接接触土壤，而不是地板，这在家相中看来是一种缺陷，车库在哪哪就有缺陷，在西北方位的话西北就有缺陷，在东北方位的话东北就有缺陷。

至于车库和方位的具体关系，大致如下：

①北方位的车库为小吉。不能只有屋顶，宜结构完整。

②东北方位的车库为凶。如果实在要建的话不要有屋顶。

③东方位的车库宜远离住宅。要有屋顶。

④东南方位的车库最好是屋顶和四周结构完整。

⑤南方位的车库为凶。

⑥西南方位的车库为凶。如果实在要建的话宜只有屋顶。

⑦西方位的车库最好不要建屋顶。

⑧西北方方位的车库要求四周墙壁和屋顶结构完整。

综上所述，拥有吉相风水的车库一定要具备以下八点条件：

①既有四周的外壁，又有屋顶。

②如果一定要建的话，不要建屋顶。

③要尽量远离正屋，并且要带屋顶。

④四周都有外壁，结构完整。

⑤最好不要在此建车库。

⑥如果实在要建的话宜只有屋顶。

⑦尽量不要带屋顶。

⑧四周外壁和屋顶都要有，结构要完整。

## 2.将住宅的一楼用作车库的注意事项

当家中有车但住宅地基又很窄时，在这种情况下建车库会对住宅整体的形状造成很大的影响。针对这种情况，家相中有一条相应对策，就是直接将车库建在家中，不过这里面也有很多条件制约。

例如，图2-35中所示的车库既没有库门，也没有墙壁、屋顶等其他结构，从家相上看的话，是一种缺陷。再来看住宅整体，这种结构看上去显得一楼比二楼要小很多。这种情况下就必须在缺陷部分立上柱子，筑上墙

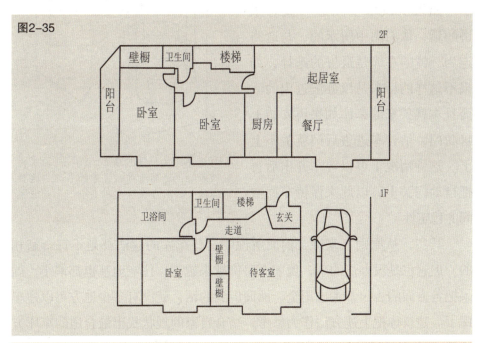

图2-35

▲ **不合理的车库示例**：外围虽然有两处地方有墙壁，但还不足以遮挡外气，整体上还是属于缺陷构造，容易导致家中运势下降。

壁，以增加那里的强度，这里所说的强度不是从建筑学角度讲，而是指家相学和气学上的强度，因为有缺陷的地方气相对较弱，会导致状态恶化。如果家中有缺陷，就一定要经常清扫，并保持温度稳定。这种保持温度稳定的行为在气学中非常重要，因为这种车库一直处于开放状态，很容易受到外气的影响，想要保持状况的稳定几乎是不可能的，因此才需要人为采取措施。

不过图2-35中的这种情况也是可以改善的。通常情况下，车库的地面往往只涂了一层混凝土，如果如图中所示将车库设在家中的话，可以在里面铺上地板，再安上玻璃拉门阻断外面的气，这样就能有效防止因车库自身缺陷所带来的恶性影响了。

如果从汽车空间这一概念来讲的话，像右图中所示的，与道路连为一体的车库是最好的选择，如果不这样的话车是没办法进出的。而且本就狭窄的车库如果再安装上自动门，估计车进去后门就关不上了。这种情况下可以等车开出后再把自动门关上，以此来保持车库空间的稳定性。

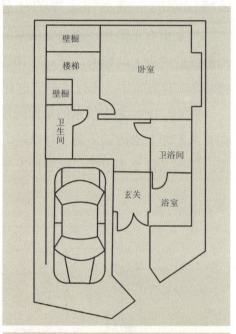

▲ 和道路连为一体的车库示例：从地基的形状来看，这属于建在家中的车库。这种车库最大的问题在于空间太小，车开进去后自动门就关不上了。

其实，从原则上来讲，前面所说的这些车库的建法都是不符合家相的。但这也是没办法的事，现如今房价越来越高，住宅地基也都偏小，如果把各方面的吉凶都考虑周全、面面俱到的话，就没有多少地方可以建车库了。建议你把上述方法作为参考，结合自家的现状找出最合适的车库方位就可以了。

## 关于庭院

从理论上来讲，最理想的庭院面积应该与房屋的建筑面积相同。这种大小的庭院能够充分地吸收阳光，不过在现代社会，能拥有这样广阔地基的人是少之又少。但有一点是相同的，那就是无论多小的庭院都能从土壤和植物那里吸取自然之气。一个打理精致、自然和谐的庭院，不仅能让人获得精神上的愉悦，而且还能让屋主从土壤中吸取生气，因此如果条件允许的话，家中最好能有一个小庭院。

▲ 布置庭院时尽量让庭院保持自然状态，以便更好地吸收大自然的气。

### 1.庭院植物的吉凶方位

在建造庭院时，最重要的是保持和建筑物及地形地貌的协调。当然，植物的挑选也尤为重要。关于庭院树木需要注意的事项主要有以下几点。

首先，开黄花的植物不能种在庭院的中心位置。还有藤蔓植物、低垂的植物、形状怪异的植物对一般家庭而言都是凶相，也不适合作为庭院植物栽种。此外，苏铁容易刮伤人并引发手足等疾病，最好也不要种。

其次，种植物的时候需要挖坑，当需要在地基内挖一米以上深的坑时，就一定要确认方位，保证该方位所属的星象是吉相星。另外，在土里挖坑时会有很强的吉凶作用，因此在挖之前最好事先咨询相关专家。

遮蔽住宅的参天大树会带来衰运：如果庭院中的树太大将住宅覆盖住的话，阳光照不进来，住宅就无法充分吸收太阳能量，久而久之，家势就会渐渐衰退。下属或后辈屡屡给自己添麻烦，子孙不断出事，家中总是不顺。另外，大门两侧有大树且形状如拱形门的也不好，它会突出树木所在方位的缺陷和负面影响。

柳树不适合一般家庭：像柳树这种枝条低垂的树属于阴树，门前有柳树的话，有休息、暗中偷欢之意。因此比较受花街柳巷等场所的欢迎，从古时候开始柳树就被广泛种植于饮食店、妓院等玩乐场所。另外，由于柳树容易滋生爱情方面的事端，因此不适合一般家庭栽种。

南方位有大松树的情况为吉：虽说是大树，但也不能太大，树高以不遮住阳光为宜。如果树枝一直延伸到屋顶檐前，反而会带来凶作用。东南方位有一颗高松，象征代代都有名人出。不过即使如此，在种的时候仍然还是要尽量远离正屋。

竹子能促进家庭的成长和发展：如果在住宅周围种植青竹、紫竹、观音竹等竹类植物的话，无论种在哪个方位都很吉利。因为竹的生长之气可以守护整个家庭。不过，竹拥有足以拱起柏油路面的发达根系，一旦竹子的根伸到住宅地基以下，反而会带来凶作用。这种情况下可以考虑将竹子放在大缸里种植。

柿子树种在任何方位都为吉：柿子树和竹子一样，无论种在哪个方位都为吉。

讲完了庭院植物，下面我们再来看一看方位和庭院植物之间的吉凶关系。

北方位庭院：家宅的北侧如果有大树就会赢得好名声和好口碑，因此北方位的大树为吉。树的高度要适中，不宜过高，能

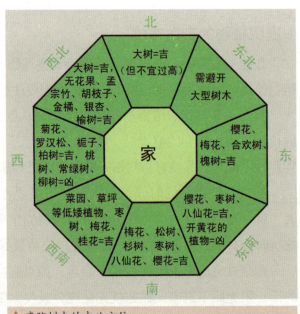

▲ 庭院树木的吉凶方位。

图中文字：

北：大树=吉，（但不宜过高）

西北：大树=吉，无花果、孟宗竹、胡枝子、金橘、银杏、榆树=吉

东北：需避开大型树木

西：菊花、罗汉松、栀子、柏树=吉，桃树、常绿树、柳树=凶

家

东：樱花、梅花、合欢树、槐树=吉

西南：菜园、草坪等低矮植物、枣树、梅花、桂花=吉

南：梅花、松树、杉树、枣树、八仙花、樱花=吉

东南：樱花、枣树、八仙花=吉，开黄花的植物=凶

挡住北风就可。

**东北方位庭院：** 东北方位不适合种植大型树木。因为大树会遮住阳光、形成背阴，从而加重湿气。

**东方位庭院：** 适合东方位种植的吉向植物为樱花、梅花、合欢树、槐树等。

**东南方位庭院：** 东南方位最适合种植樱花、枣树和八仙花，无花果和落叶树也可以。但是不宜种开黄花的植物。

**南方位庭院：** 南方位适合种松树、梅花、杉树、枣树、无花果和樱花树等，有利于家中兄弟姐妹成功与发迹。

**西南方位庭院：** 西南方位适合种植菜园、草坪等低矮的植物，以及枣树、梅花、桂花等树木。

**西方位庭院：** 西方位适合种植菊花、罗汉松、栀子、柏树等，桃树为凶，会使人丧失贞操观念，不宜种植。而且也不适宜种植常绿树木，会导致家中女子失去贞操。另外，此方位也不适合种植柳树，会引发精神方面的疾病。

**西北方位庭院：** 西北方位最适合种植大型树木，此外，无花果、孟宗竹、胡枝子、金橘、银杏、榆树也都是不错的选择。竹由于根系问题，种植的时候需谨慎。

## 2.假山的吉凶方位

假山可以美化环境，但如果庭院面积不够大的话也没办法放置。另外，即使是吉相方位，如果距离住宅非常近的话也会产生凶作用。因此假山至少要建在距离正屋5～6米开外的地方。

**北方位假山：** 只要远离正屋就为吉。

**东北方位假山：** 除中心的艮方位之外都为吉。尤以丑方位为最吉。

**东方位假山：** 会阻碍发展之气，应避开。

**东南方位假山：** 容易为信用问题所困。

**南方位假山：** 容易引发头部、血压、心脏等相关疾病，此外对个人名

誉也有负面影响。

**西南方位假山**：此方位为里鬼门，建在此处的假山容易导致家庭不和、婆媳问题、工作不顺、内脏疾病等，非常不吉。

**西方位假山**：刚开始为吉，后来转凶，是个吉凶参半的方位。西方位的假山会让金钱、财运时好时坏，极不稳定。

**西北方位假山**：只要远离正屋就为吉。

▲ 想在庭院内建假山，必须先考量家相上的方位吉凶。

## 3.水池的吉凶方位

有些人喜欢在自家庭院里挖个水池，养些金鱼和鲤鱼。有水池就会有水，由于水在自然界中具有非常重要的作用，因此水池的选址也变得至关重要，水池建造位置的不同会导致吉凶两个极端。如果水池中的水是活水，像清流一般生生不息，就会给人们的生活注入生气和活力，但如果是一汪死水的话则容易滋生腐坏之气，如果湿气侵入家中还会引发疾病和灾难等。

**北方位的水池**：北方位的水池被称为贫乏之神，又被称为致病池，为极凶之相。北方位本来就是寒冷之地，再加上日积月累的池水冷气和湿气，非常不利于事物的成长。这个方位的水池阴冷、腐坏之气尤为强烈，会引发内忧外患。其中对健康的危害尤为明显，要多加注意。此外还会让屋主受到孩子和下属的羁绊，导致夫妻关系变冷淡。

**东北方位的水池**：东北方位为表鬼门，此方位的水池为大凶之相，会引发肺部、腰部、脏器等相关疾病，严重时甚至会演变成癌症。即使不在此建水池、只是放置金鱼缸也会招致同样的恶果，因此绝对要避开。

**东方位的水池**：东方位的水池吉凶参半。这个方位的水池会让家中长

子遭遇金钱上的失败，甚至诱发生命危险，内脏功能也会恶化。如果将水池建在东方位中的甲方位，还有可能引发火灾。建在乙方位的话则容易导致家中女性在爱情方面遭遇挫折。

但是，东方位的水同时也充满生气和活力，有元气、发展、发明之意，对年轻人特别有利。不过东方位只喜流水，因此必须要保证该方位的水是流动的。如果是静止的死水则会招致灾祸，这一点在建水池的时候一定要多加注意。

**东南方位的水池：**东南方位也不能有滞积的死水，必须一直保持流动状态。用大缸或其他容器装的静止状态的水，以及已经长了青苔、浑浊不清的池水都会招来灾祸。不过，位于东南方位中的辰方位的水池为小吉，能使家庭和睦、生意昌隆，为家中带来发展和繁荣之气。而位于正中巽方位的水池则会导致屋主在异性问题上节外生枝。此外，巳方位的水池还会

▲在庭院内修建水池时同样需要慎重考虑方位的吉凶作用，以免招来厄运。

给屋主带来抓狂、上火等精神和肉体方面的灾祸。

**南方位的水池：**南方位的光照条件较好，很多人都会选择在这个方位建水池，其实正好相反，这个方位是绝对不宜建水池的。在此建水池不仅会引发眼、脑、心脏等相关疾病，使肉体遭罪，同时还会让家人卷入外界纷争，致使家人触犯法律，从而受到法律制裁。

**西南方位的水池：**西南方位是里鬼门，此处的水池为凶。会导致家庭不和、事业衰退，同时还会引发内脏疾病和流行性疾病等，危害身体健康。

**西方位的水池：**西方位有"金生水"一说，是个喜水的方位。不过任何事都有个度，虽说此方位喜水，但如果水池过大的话，即使刚开始会带来一时的繁荣昌盛，但慢慢地就会转化为遭人嫉恨、被人扯后腿的状态。屋主人可能还会卷入婚外情。除此之外，还会导致屋主在生活上太过大手大脚，容易脱离实际、飘飘然找不着北，因此一定不能建太大的水池。

**西北方位的水池：**西北方位的水池虽为吉相，但此处的水同样不能是死水，而要保持流动状态。需要注意的是，西北有戌、乾、亥方位，不管建在其中哪个方位都必须远离正屋。

**拆除水池时的注意事项：**修建水池时，浅挖并在池底铺上小石子、让水保持流动状态很重要。如果你要把已有的水池拆除掉时，则要选择从水池的吉方位开始拆。另外，水池底部通常都是由混凝土砌成的，在拆的时候，不管是将池底砸开还是彻底拆除，都必须保证水能流入地下土壤。在抽干水后先不要填土，待池底彻底干燥后再放入吉方位的砂石和土壤进行填埋。

# 第五章

## 租赁房屋时如何获得最佳家相风水

租赁房屋在家相风水的吉凶判断标准上与新建、改建房屋的标准大体相同，但是由于租赁房屋的格局在入住之前已经形成，要全盘调整几乎是不可能实现的事情，所以只有在充分利用现有格局的基础上做出适当调整。当然，如果在综合考量了租赁房屋的各种家相条件之后，仍旧发现无从调整，这时候你就应当考虑搬家了。

## 具备理想家相的住宅必备条件

　　让自己感觉安稳的住宅，就是具备理想家相的住宅。理想家相的判断准则往往是因人而异的，但有一点是相同的，即住宅环境要有益于身心健康且能保证家庭生活和睦，这是理想住宅应该具备的首要条件。除此之外，能增进家庭成员间的关系融合也是理想住宅的必备条件。

　　由于每个人的特质都不同，因此很难找到一个能让所有人的条件都满足的家相，这时候最好的办法就是取其中的最大公约数，大家在选择住宅的时候不妨以此为参考。下面我们来看具体事例。

▲ 想从已经建好的商品房中选择完全符合条件的住宅是件很困难的事情。

下图中的住宅，一层约为76平方米，二层约为40平方米，总面积约116平方米。东西稍长，西北和东南方位各有些微突出。其中，西北方位的突出部分配置了卫生间和浴室，将卫生间和浴室设置在此处正好使其本身的凶作用和突出部分的吉作用相互抵消。而东南方位的突出部分则是玄

## 典型的吉相之家一楼

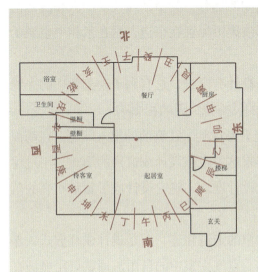

卫生间和浴室设置在西北方位的突出部分，很好地协调了整体平衡感。

厨房位于东北（表鬼门）方位，其中，火和水元素都集中在东部，避开了凶相方位。餐厅的窗户横跨癸方位和丑方位，并在北方的正中线上闭合。

位于里鬼门方位的待客室，避开了鬼门线，将窗户设在了靠西的一侧。

起居室和餐厅之间呈开放式，方便家人之间的相互交流。起居室面朝南面的前庭，两者之间通过开放式的落地窗相连。

玄关位于东南方位的突出部分，而且充分考虑到了和台阶之间的关系，将台阶设计成回旋上升样式。

## 典型的吉相之家二楼

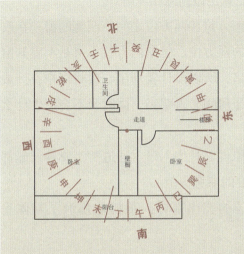

本来，二楼的卫生间是凶相，但由于此处在设计时避开了正中线，选择了比较吉利的方位，因此减轻了其原有的负面影响。

东北的表鬼门方位是收纳间，而且收纳间中的窗户同样也避开了正中线。

如果将屋主人的房间设在二楼的话，最适合的就是西南方位的这个房间。又因为西北也是象征屋主人的方位，因此将此处的储物间改造成书房也是不错的选择。

东南方位的房间适合用作孩子的卧室。如果二楼的空间能再拓宽一些的话，东南方位的这个房间可以用作女孩子的卧室，而东北到东方位的收纳间则可以改造成男孩子的卧室。

关所在地，已方位为玄关入口。另外，三合土部分也基本位于突出处，这在家相中也是一种吉相。

进入玄关后就是台阶。因为从玄关处透过台阶就能直接看见屋内的话不太好，所以此处的台阶没有正对屋内，而是设计成向东回旋而上的样式。

厨房位于东方位和东北方位之间的部分，其中，煤气炉的火和洗碗池的水这两大需要谨慎处理的要素都被集中配置在东边，这在家相中也属于吉相配置。

东北表鬼门方位中的丑方位处设计有窗户，这有利于改善餐厅的光线条件，而且窗户的位置避开了正中的艮方位，无凶相影响。

起居室的空间比较大，而且充分考虑到了往庭前的出入问题，在南面的午、丙、丁方位开了出入口。本来这里应该设计成窗户的形式，不过建筑方紧随潮流，在其中融入了现代设计理念，将它设计成了宽敞明亮的落地开窗。

起居室和餐厅之间不是通过狭窄的走道相连，而是设计成开放式，保证了出入的自由和空气的顺畅流通。空气在家中的自由流通就好比血液在人体内的顺畅循环，只有在这种状态下，家人的健康才能得到保障，不满情绪才能被消除，家庭成员之间才能真正做到互相理解。

一楼的待客室位于里鬼门的西南方位和西方位之间，西侧的窗户在改善了房间光线的同时还避开了正中的酉方位。里鬼门方位本来是不宜开窗户的，但没有窗户的话屋里又会很暗，所以设计者别出心裁将窗户设计成了时下流行的凸窗形式，这样既能让房间显得明亮、同时又不会产生什么负面影响。

住宅整体构造基本符合家相学原理，且出入口、通道和走廊等设施都较少，不失为一个符合现代建筑标准的参考典范。

卫生间和浴室设置在西北方位的突出部分，很好地协调了整体平衡感。

厨房位于东北（表鬼门）方位，其中，火和水元素都集中在东部，

避开了凶相方位。餐厅的窗户横跨癸方位和丑方位，并在北方的正中线上闭合。

位于里鬼门方位的待客室，避开了鬼门线，将窗户设在了靠西的一侧。

起居室和餐厅之间呈开放式，方便家人之间的相互交流。起居室面朝南面的前庭，两者之间通过开放式的落地窗相连。

玄关位于东南方位的突出部分，而且充分考虑到了和台阶之间的关系，将台阶设计成回旋上升样式。

下面，再来看下页图的二楼部分。二楼大体上由两个卧室以及收纳间、卫生间和盥洗室构成。本来，屋主人的房间应该是设在一楼的，不过由于一楼冷气较重，现代社会更倾向于将它设计在相对比较温暖的二楼。这种格局同时还会受到家庭成员构成情况的限制，通过图示可以推断出这可能是一个由父母和一个孩子组成的三口之家，也有可能是一个两口之家。从家相上来说，父母的卧室适宜设在西北方位或西南方位，而图中位于西北方位的房间正好是最适合的场所。

如果把二楼的空间再拓宽一些的话，从东南到南方位的那个房间可以给女孩住，然后将东北方位原来的收纳间改成卧室给男孩住。

此外，按一般的常理来说，二楼本来是不适合建卫生间的，不过现如今，人们为了方便起见越来越倾向于在二楼也配置卫生间和盥洗室。但这种情况下一定要将卫生间建在问题最少、最适合的场所。图示格局充分考虑到了这一点，将卫生间设计在了壬方位，避开了北方正中的子方位，然后将盥洗室设计在癸方位，两者都成功避开了正中的凶相方位。东北的丑寅方位被设计成收纳间，也是一种吉相家相。

本来，二楼的卫生间是凶相，但由于此处在设计时避开了正中线，选择了比较吉利的方位，因此减轻了其原有的负面影响。

东北的表鬼门方位是收纳间，而且收纳间中的窗户同样也避开了正中线。

如果将屋主人的房间设在二楼的话，最适合的就是西南方位的这个房

间。又因为西北也是象征屋主人的方位，因此将此处的储物间改造成书房也是不错的选择。

以上就是这栋住宅的整体家相，关于它的特色，首先就是一楼的各房间没有各个隔开，而是采用的开放式格局。其次是二楼部分的格局很好地保护了个人隐私。整体风格都极具现代感，符合当下流行的生活方式。虽说谈不上是百分之百理想的住宅，但绝对是一个值得参考的典型吉相家相。

另外，有一些独门独户的单栋建筑只有一间正房，只够屋主人居住，没有其他多余的房间，这种住宅从家相角度来讲稍微有些不足。作为改善方法，可以在住宅旁边再盖一间别栋建筑，用作仓库或储物间。总之尽量不要只有一间孤零零的正房。顺便说一下，这种情况下别栋最适合的建造位置是右图东方位中的甲和乙处，还有北方位中的壬和亥处，将别栋建在此处能够最大限度地弥补原单栋建筑的不足。之所以建别栋，主要就是为了能帮助正

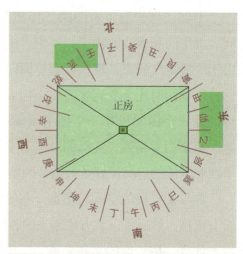

▲ 别栋的吉相配置示例。

房取长补短，因此一定要选择最吉方位，否则根本起不到什么效果。这点很关键，务必谨记。

家是我们日常生活的场所，不能随随便便瞎凑合，一定要认真对待，要住起来舒适、用起来方便。但是也不能一味只求方便，还要注重家相，对不适合的部分加以改善。只有做到使用方便和符合自然规律两者协调统一的家才称得上是吉相之家。选择商品房的时候不要忘了从这两方面综合考虑。

## 租住的单间和公寓要怎样选择吉祥家相

　　一般来说，租住的单间和公寓都是无法自由改装的。因此即使家相再坏也没办法改善，只能让它就这么一直坏下去。家是自己的城堡，让人变好变坏的所有的气都来自于家里。其中有些家相极恶的单间和公寓，要避免最简单的做法就是搬家，找一个更适合自己的地方租住，这是最好的方法。但想要找到一个对家庭所有成员的运势都好的吉相租住房却不是那么简单的，即使运气好碰上了，大多数情况下也会因为高额的租金而望洋兴叹。其实，如果情况不是非常坏的话，最好的办法当然还是在维持现状的前提下多了解一些避灾的方法。下面的方法通过十二地支来选择合适的租赁房，大家不妨参考一下。

▲ 租住的房屋无法改装，家相再坏也只能用装饰物来改善。

　　每个人都是独一无二的个体，拥有各自不同的性格和容貌。而公寓和宿舍等集体住宅通常都是按照统一的规格建造的。不同的个体住在这种格局完全相同的房子里，不仅个性会遭到抹杀，甚至连对问题的看法和见解也会在不知不觉间被同化。自身的才华也不会得到充分伸展，人也会变得越来越消极。

　　如果租住者本身的性格就和租赁房的家相相符，那就没什么问题，但如果是性格不合的话，租住者本来的性格便会遭到扼杀，从而陷入不幸的状态。因此生活在这种出租房中的一个重要的开运方法就是如何让自己的个性得到充分发挥。首先根据自己出生年份的十二地支推算出对自己重要的场所和方位。然后以玄关、卫生间、向阳台为基准进行判断，如果自己的干支方位处对应的只是房间的玄关和卫生间，那这样的房屋不会给自己带来任何好运气。如果是住在这种房子里，最好还是趁早搬家吧。

**子年出生的人**：北方位是最重要的场所。如果这个方位很脏或是有卫生间等有水处的话，就需要经常打扫、去除湿气并摆放植物，以便充分吸收新鲜空气。除北方位外，东南方位和西南方位也非常重要。子年出生的人要时刻保持这三个方位的清洁和整理，这是提高运势的关键。

**丑年出生的人**：东北方位是最重要的场所。东北方位虽被称为表鬼门，但没必要因为这个就对它一味逃避。只要经常保持清洁、通风换气就可以了。此外，东北方位还和西方位及东南方位有着密切的关系，如果东北方位有厨房或浴室等设施，那在保证该方位清洁的同时还要保持西方位和东南方位的清洁。这样可以弥补东北方位本身的负面作用，带来好运。

**寅年出生的人**：和丑年出生的人一样，东北方位也是最重要的场所。这个方位不宜有浴室、卫生间、厨房等设施，否则容易产生负面影响。由于这种租住的房屋不能随意进行改造，因此当该方位有这些设施时最好的办法就是经常通风换气，保持室内空气的新鲜，不要让湿气和臭气滞积。除了东北方位外，西方位和东南方位也非常重要，这三个方位一定要时刻保持清洁状态。

**卯年出生的人**：东方位是最重要的场所。如果该方位有不干净的东西或是湿气、凹陷的话会受到强烈的负面影响。因此，保持此处的清洁就成了关键所在。除此之外，西南方位和西北方位也非常重要，当东方位的状态无法改变时，也可以通过改善西南方位和西北方位来弥补。

**辰年出生的人**：东南方位是最重要的场所。该方位对居住者的影响非常大，因此绝对不能放置不好的东西。此外，北方位和西南方位的影响也比较大，因此保持这两个方位的清洁也同样重要。

**巳年出生的人**：和辰年出生的人一样，东南方位也是最重要的场所。此方位处不宜有卫生间和浴室等设施。此外，西方位和东北方位也很重要，如果东南方位不太吉利的话，可以通过改善这两个方位来进行弥补。

**午年出生的人**：南方位是最重要的场所。该方位如果没有窗户，会导

致居住者精神方面的不稳定以及判断力的丧失。让居住者变得阴郁、挑三拣四、难以相处。因此一定要保持南方位的明朗和清爽状态。其次，西北方位和东北方位也很重要。这三个方位问题很多，都需要谨慎对待。

**未年出生的人：**西南方位是最重要的场所。西南又被称为里鬼门，该方位如果有浴室、厨房或不干净的东西，很容易导致身体的疲劳和事业上的不顺。除此之外，东方位和西北方位也同样重要，把这两个方位的清洁工作做好了，即使西南方位有点问题也影响不大。

**申年出生的人：**和未年出生的人一样，西南方位也是最重要的场所。该方位不宜有卫生间、凹陷及其他不干净的东西。在保持清洁状态的同时还必须注意除湿。除此之外还有北方位和东南方位。这三个方位相互影响、相互作用，要想提升运势，保持这三个方位的干净整洁必不可少。

**酉年出生的人：**西方位是最重要的场所。这里一旦有问题，健康方面就会受到影响，甚至会带来动手术的危险，人也容易不务正业，常痴迷于吃喝玩乐。解决的方法就是常保该方位的干净整洁。此外，东北方位和东南方位也非常重要。只要这两个方位的状态良好，即使西方位是凶相，也不会产生太大的灾害。

**戌年出生的人：**西北方位是最重要的场所。西北是象征上级和交通的场所，这里如果有凹陷或不干净的东西，容易引发交通事故，招致上司反感，陷入不利处境，也会导致自己的能力得不到社会承认。其次是南方位和东北方位，这三个方位相互作用，对房屋的整体吉凶起着决定性的作用，一定要慎重对待并保持这三个方位的清洁状态。

**亥年出生的人：**和戌年出生的人一样，西北方位也是最重要的场所。这里如果有凹陷的话，容易引发头部和心脏的相关疾病，以及精神上的不稳定。另外，自身防御力也会逐渐衰落，即使受到别人的侵犯后也没有招架之力。除此之外，东方位和西南方位也非常重要。保持这两个方位的良好状态能有助于提升自身运势。

以上就是对从子到亥这十二地支依次影响最深的方位。所谓家相，并不是说一个方位不好，其他所有的一切就都不好，任何事情都不是孤立存

在的，而是相互联系相互制约的，有不好的一面，也必然会有好的一面。某一方面不好了，就要想办法从其他方面弥补，只要有缺点就一定会有相应的补救方法，因此当家中的某些方位不够好时不要灰心丧气，可以试着通过其他方位进行弥补。

## 租赁房屋可以通过室内装饰来开运

### 1.玄关开运方法

首先还是来说说不吉方位的玄关会引发的问题以及对应的防治方法。如果你的情况正好属于以下列举的一种，不妨以此为参考进行改善。

**北方位的玄关**：位于北方位的玄关不是一种吉相家相。对健康方面不利，同时还会引发夫妻之间及亲子之间的隔阂，给家里带来灾祸。要想有效防止这种灾祸的话，首先要做的就是挡住从玄关吹进来的冷风。可以立屏风、挂长门帘，堵住玄关门和地板之间的缝隙等，防止外面的冷气直接进入家中。

**东北方位的玄关**：东北方位又称表鬼门，是个忌讳的方位，位于此方位的玄关容易使家里显得阴暗，而阴暗的环境中又常常隐藏邪气。要想防止这种邪气可以从道观或寺庙中求驱鬼门的符咒贴在家中，或在家中装饰图片和照片营造明朗的氛围，例如那些自然风景画和洋溢笑容的照片等，都很有效果。此外还要经常清扫以保持玄关的清洁，亦可以利用照明设施提高室内亮度。

**东方位的玄关**：东方位的玄关

▲ 租赁房屋的不吉方位的玄关可以通过室内装饰来改良。

本身是吉相，但如果该处正好对应凹陷部位的话则会给家中带来灾祸。这时候可以在家中摆放松、梅等盆栽，利用植物的精气来补充东方位的活力和能量。此外也可以在家中装饰八音盒或乐器等能奏出美妙声音的物品，为家中增添明朗之气。这样不仅能减轻凹陷带来的灾祸，而且还能促使非凹陷场所发挥更多的正面作用。

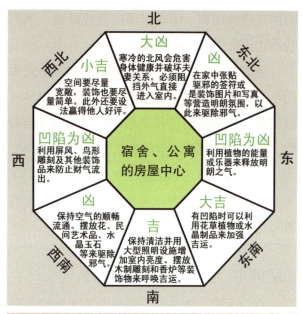

▲ 租赁房屋各方位玄关的吉凶与改善方法。

**东南方位的玄关**：东南方位的玄关可以称得上是吉相中的吉相，但这种方位的玄关在宿舍和公寓等集体住宅中却并不多见。即使有也大多位于凹陷部位，这就使它的吉相大打折扣，甚至会产生负面影响。想要弥补这种不足，可以在家中摆放花草、水晶材质的物品或是龙形装饰品，并经常清洁、保持它们的良好状态。

**南方位的玄关**：南方位的玄关应该保持明亮、清爽的状态。但由于这个方位的玄关通常光线都比较暗，因此最好安装一些大型照明设施来增加空间亮度，另外再摆放上木制雕刻和香炉等装饰品。南方位同时还是主司名誉和头脑的方位，保持这里的明亮、洁净的状态能够为自己赢得更多的关注和更好的评价。

**西南方位的玄关**：西南方位又被称为里鬼门，是个很容易积聚邪气的地方。必须经常通风换气，保持空气顺畅流通，防止湿气滞积。同时，这里还是象征女性的位置，因此摆放些花、民间艺术品、水晶玉石等装饰品也能起到更好的避免邪气入侵的作用。

**西方位的玄关**：西方位的玄关对金钱和收获方面的影响比较大。有凹

陷的话就为凶相。但可以通过摆放屏风、鸟形雕刻、黄金制品、银制品等装饰物来防止财气的外流。

**西北方位的玄关：**西北方位的玄关不宜太窄。最好不要放置太多零碎的小东西，把玄关弄得紧紧巴巴的，而要尽可能营造宽敞舒适的氛围。可以简单装饰一些陶器和花瓶，或是质地高档的绒缎和地毯来赢得他人的赞赏，同时这样做也让空间看起来更显宽敞。

以上就是宿舍和公寓玄关的大体情况，了解了这些以后，玄关方位好的家庭要继续发挥方位优势，方位不好的家庭可以参考上面的方法进行改善和弥补。

## 2.房间中心处有水的改善方法

当卫生间、盥洗室、浴室等有水的地方位于房间的中心处时，千万不能让它处于封闭状态，一定要勤换气，保证空气的顺畅流通。另外，在房间内摆放植物、引入自然之气也是一个不错的方法。

## 3.各方位房间的开运方法

接下来我们来讲各方位房间具体的开运方法。不用大规模的改建，只要一点点改变就能轻松拥有幸运。

**北方位的房间：**北方位的房间，窗户宜小不宜大，如果有大窗户，就需要用厚窗帘遮住一半或是用木箱和家具等挡住，防止北方位的外气进入。但这样一来的话光照就不充分了，这时候可以利用照明器具来保证室内亮度。另外供暖设备最好也用电热毯或电暖器来代替传统的地暖。

**东北方位的房间：**东北（表鬼门）方位的房间最好使用齐腰高的高窗，并用窗帘遮挡住外面的寒气。大窗户会增强外气的凶作用，如果家中的窗户比较大，可以用家具来调节窗的大小。然后用粉色、红色、黄色等暖色调的照明器具营造明亮温暖的氛围。

**东方位的房间：**东方位的房间适合比较大的窗户，比如那种从地板到

▲在租赁房屋中的房间内运用一点开运方法，就能轻松拥有幸运。

天花板的超大型落地开窗。因为从东边升起的朝阳能为家中带来极为丰富的能量，让家充满活力，为了更充分地吸收这种能量，还要记得多开窗、勤换气。此外，窗帘最好使用质地较薄的材料。

**东南方位的房间：**东南方位的房间适合开放型的大窗，它能促进人与人之间的交流和交际。这样的房间最适合用作全家人聚集、沟通的场所。与用作个人房间相比，将它作为客厅，供全家人共同使用更具开运效果。

**南方位的房间：**南方位的房间空间一般都比较宽敞，窗户也以大窗为宜，以便能充分吸收太阳能量。不过直射的阳光却具有反作用，它容易使人变得兴奋、争强好斗，这时候可以用质地较薄的窗帘来调节过于强烈的阳光，让它回复自然柔和的状态。房间的内部装饰最好使用茶色系或蓝色

系等稳重的颜色，这样可以帮助你增强表现力，赢得周围的关注。

**西南方位的房间：**西南（里鬼门）方位的房间不适合大窗，窗越大凶意就越强。因为西南方位是代表努力和坚持的方位，太大的窗户会导致人们丧失这种努力和坚持。如果家中正好是这种开放型大窗的话，最好用家具等物品遮挡一下。但用来遮挡

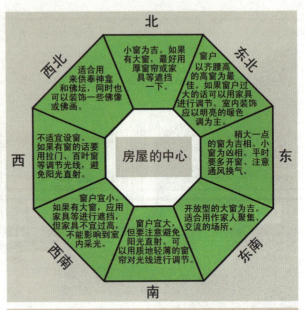

▲租赁房屋的吉凶方位和开运方法。

的物品也不能太高，太高的话把窗户完全遮住就没办法采光了，因此那种60厘米左右、正好能遮住窗户下侧的低矮家具最合适。

**西方位的房间：**西方位的房间由于会受到午后阳光的强烈照射，因此不宜有窗。直接接触午后阳光容易让人产生倦怠感，失去活力，无法专心做事。而且这种阳光还具有强烈的腐蚀作用，能加速物体的腐坏，因此最好避开。但没有窗的话采光又是个问题，这里最好的解决办法就是开个窗，然后用纸质拉门、百叶窗或遮光窗帘等来调节过于强烈的光线，让它回复自然柔和的状态。如果不想用这种方法也可以进行小规模的改造，将窗户封死，然后安装间接照明器具来调节室内亮度。

**西北方位的房间：**西北方位是个神圣的方位，这一方位的房间也是个异常尊贵的场所，适合用来摆放神龛和佛坛等。如果在此基础上再装饰些佛像或佛画的话则能进一步受到上天的恩惠和眷顾，变得更加幸运。此外，将自己珍视的东西以及从别人那里收到的纪念品也放在此处保管的话，还能提升自己的社会名誉和地位，收到更多来自外界的喜悦。

### 4.阳台和露台的开运方法

正如家庭这两个字所表达的那样，一个完整的家中，象征自然的"庭"是必不可少的。但是在宿舍和公寓这样的集体住宅中连一楼的住户都很难拥有庭院，更别说住上层的人了，这也是家相中面临的一大难题。

▲ 可以在阳台上摆放些花草植物以吸入自然之气。

为了解决这一难题，可以在阳台和露台上多做文章，最大限度地利用这部分空间。例如在这里摆放植物等，尽可能营造出一种接近自然的状态。如果阳台或露台的排水条件够好，甚至可以在地面上铺土种植植物。植物的格局排列也很讲究，要能愉悦身心。

### 5.单身公寓的开运方法

像单身公寓这样只有一个房间的住宅在家相上不是很好。因为自然界中的万事万物都是由阴阳两方面构成的，就像表和里、男和女一样，而这种单间只有阳的部分，没有阴的部分，缺少孕育新事物的能力，容易让人变得孤独、封闭、滞后。想要改变这种状况就必须利用门帘、屏风、家具等将空间隔开，做出阴的部分。只有阴阳共同存在相互作用，才能产生能量，提升运势。因此当你租住的是单身公寓时一定要想办法尽量把空间隔成两部分。可以利用门帘或屏风等将一间房隔成两部分、营造出阴阳两个空间。

### 6.将自家房屋的一部分租给别人时的开运方法

将自家房屋的一部分租给别人时，租出的这一部分在家相中就成为了凹陷。尤其是当租房者想把租来的房间用作店铺时，肯定会希望租临街的

房间。

如果那个房间恰巧对应家相中的吉方位，比如是能使生意兴旺的东南方位时会怎么样呢？结果很明显，那个方位具有的吉相能量都被租房人吸走了，别人赚的盆满钵满，而自己的运势却一落千丈。

因此，在出租自家房屋之前，一定要仔细确认家中的突出、凹陷以及吉方位，弄清楚租出部分对自己有什么样的作用、会产生什么样的影响，谨慎行事。

## 租赁房屋时利用摆设家具和物品来使运势好转

接下来为大家介绍几种通过摆设家具和物品的来使租赁房屋时的运势好转的方法。与日常生活密切相关的物品中都蕴含有自己独特的精气。例如家具，正确的家具摆放方法应该是先仔细研究它的用途和性质，然后把它摆放在最能突出自身优势的地方。物品只有在适合自己的环境中才能生出正面的能量。

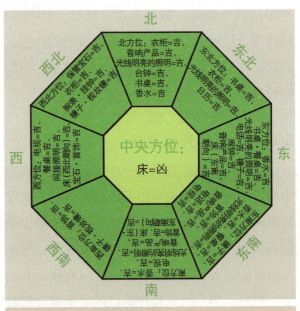

▲ 物品的放置场所和方位一览。

## 1.床

床在我们的日常生活中扮演着非常重要的角色，它陪伴我们度过一天中三分之一的漫长时光，虽然在方位上没有太显著的吉凶区分，但最好还是能根据居住环境摆放在最合适的位置。不过有一个位置是要避开的，那就是房间的中央。因为中央是掌管一切的场所，把床放在这里会对它构成侵犯。床的摆放位置还是沿着使用者的生活轨迹选择比较好。

▲ 床在我们日常生活中扮演重要的角色应摆放在最合适的位置。

需要早起上班或上学的人适合把床摆在东侧，头朝东南方向入睡。这样可以更好地吸收早晨的朝气，使自己充满活力。

而夜猫子型的人适合把床摆在西方位，头朝西北方向入睡。这样可以提高睡眠质量。

如果把床摆在南方位，则最好能头朝东或东南方向入睡。

头朝北被认为是死人的睡法，为很多人所忌讳，但当你兴奋得难以入睡的时候，换个头朝北的姿势却能让你安然入睡。因为北方位是象征黑夜和冷静的场所，它能为你兴奋燥热的大脑注入冷静之气，降低兴奋度。

不推荐一直这样睡，但出现上述症状的时候不妨一试。

## 2.衣柜

北方位、东北方位、西北方位为吉，不管是从住宅整体来看还是从单个房间来看，这几个方位都是吉相方位，可以用来摆放装衣服的衣柜等。

## 3.书桌和餐桌

这里主要讲一下学习用的书桌和吃饭用的餐桌。孩子学习用的书桌适合摆放在东方位和北方位之间，朝向南方。这个方位能让孩子静下心来认真思考。而吃饭用的餐桌则最好摆放在东方位、东南方位和西方位，一家人经常团聚在此用餐，能够营造出和乐融融的气氛。

## 4.照明器具

　　对家相而言，照明器具是一个非常重要的因素。使用的场所不同，对亮度的要求也各不相同。首先是北方位和东北方位，这两个方位容易显得昏暗，因此适合使用光线较为明亮温暖的照明器具。东方位、东南方位和南方位都是喜亮的方位，光线越亮越吉利，因此夜晚最好也使用明亮的照明器具。而西方位是个喜静的场所，所以不适合太明亮的灯具，应该选择间接的照明方式，营造出柔和感。浴室等场所的照明通常都比较暗，其实这并不好。因为昏暗的光线容易导致阴气滞积，最好还是让光线亮一些，这样才能更好地活化空间内的气。卫生间空间狭小，和浴室一样也是个容易滞积阴气的地方，因此也要避免使用光线昏暗的照明。

　　卫生间和浴室适合选用光线较亮的照明器具，防止阴气滞积。

▲卫生间和浴室适合选用光线较亮的照明器具，防止阴气滞积。

### 5.地毯

出于保暖目的在寒冷场所铺设地毯时应选择柔和的暖色系。花样也以可爱梦幻的款式为宜。

### 6.电视

现在越来越多的家庭除了客厅外，在自己的卧室也都摆放上电视机，但客厅的电视作为全家团聚消磨时光的载体，仍然有着不可替代的重要作用。这种情况下的电视的最佳摆放场所是东南方位、南方位和西方位。因为这三个方位散发着和乐之气，能让人与人之间的关系变得融洽，有利于强化家人之间的感情。

▲ 电视作为全家不可替代的休闲娱乐工具，宜摆放在客厅内的东南、南、西三个方位。

## 7.电话

现今无绳电话和手机逐渐成为主流，人类开始进入无地点限制的自由通话时代。在方位方面，东方位、东南方位、北方位能最大限度发挥电话功能。将电话放在东方位或东南方位的话，所有的信息会自然而然地聚集于此，帮助你扩大交际面。而将电话放在北方位则会提升你的社会信用度。不管是在客厅中还是各自的房间里，将电话放在上述方位都能发挥同样的效果。

## 8.钟表

每个家庭都会有五六个钟表，光是挂钟、台钟、闹钟、腕表就占了其中四个，而这些钟表根据功能的不同，其摆放位置也各不相同。

挂钟宜摆放在西北方位，因为这个方位在刻画时间的同时还能使运势得到相应发展。台钟适宜摆放在北方位，有利于促进睡眠、保证稳定的精神状态。提示新的一天开始的闹钟适合摆放在东方位，这样不仅能让你尽快清醒，而且还能提高一天的运势。而晚上睡觉前取下的腕表则和挂钟一样，也适宜摆放在西北方位。

## 9.日历

显示季节和日期变迁的日历最适合摆放在象征变化的东北方位。这个方位能带来崭新的活力，并提升生命力。

## 10.音响产品

声音可以让人们产生各种感情上的变化，即使不同场合听到的声音类型各不相同，但它对心灵产生的影响都是一样的。音响产品和方位之间有着密切的关系，摆放的方位不同，其功能和效果也各不相同，要想更好地提升自身运势，一定要尽量将音响产品摆放在对应的最佳方位。

首先是北方位，将音响摆放在北方位能够让心情保持平静，北方位是适合冥想及进行创作的场合。

其次是东方位，将音响摆放在东方位能够产生充沛的活力，让人充满元气和勇气，积极向前。

还有东南方位，将音响摆放在东南方位不仅能帮助人获取知识、提高人际交往能力，同时还能平复兴奋情绪，带来安全感。

最后是南方位，将音响摆放在南方位不仅能让人产生幸福感，还有助于提高艺术及学术方面的修养和造诣。

无论是客厅还是各自的房间，将音响产品放在上述方位都能产生同样的效果。因此在听音乐时一定要根据需要选择适合的场所摆放音响，这样才能收到最好的效果。

## 11.香水

香水象征着一个人的品味，优雅的香味有着令人着迷的神奇效果，而被自己喜欢的味道吸引也是动物的一种本能习性，因此，香味的好坏以及是否适合自己在一定程度上左右着一个人的运势。将香水放在东方位、东南方位、南方位和北方位保管，并在那里化妆能够使香水的作用得到更有效的发挥。同时，梳妆台的位置也要选择合适的场所，其标准和香水相同。

## 12.宝石和首饰

对女性来说，宝石和首饰都是不可或缺的必需品。尤其是宝石，价格昂贵，不仅自身存在气，而且还包含了持有者的喜怒哀乐和意念。因此，如果买到不好的宝石很有可能会导致自己的运势下降。经常会有人因为以低价买到品质上乘的宝石而沾沾自喜，殊不知这样的宝石很多时候都是由于前持有者陷入财政危机才低价出售的，他们的痛苦和悲伤都凝结在宝石里，买到这样的宝石不仅对自己无益，反而还会降低自己的运势。而且越是高价的宝石这种倾向就越强烈，因此在购买的时候一定要尽量选择新的或是来路清楚的产品。

宝石最好放在西北方位进行保管。因为西北是神圣的场所，具有召集新伙伴的能量，这种能量能让你的运势一点点地得到提升。

至于平时佩戴的普通首饰就没必要像对待宝石那么费心了，放在东南方位、南方位或西南方位中的任何一个都可以，将首饰放在这些方位都能帮你抓住身边的幸运。另外，想求新的姻缘或恋情的话可以放在西方位，想结婚的话可以放在东南方位，都能为你带来好运。

好的宝石和首饰能为自己的美丽锦上添花，让你获得别人更多的赞赏。如果再把它们放在能让这种功能得到最大发挥的场所，则会产生强大的能量，让自身的运势得到提升。

## 13.镜子和梳妆镜

镜子和梳妆镜大多数情况下都摆放在卧室，而卧室中能散发良性之气的活跃场所是西北方位和西南方位。除此以外，东方位和东南方位也是不错的选择。

▲ 镜子和梳妆镜宜摆放在卧室内散发良性之气的活跃场所，西北和西南方位是最佳选择。

# 第六章

## 通过实例看家相格局的完美设计

前面的几个章节我们分别从不同方面讲述了家相的各个要点。最后这一章我们将在家相判断的基础上，通过实例来进一步讲述需要改善的方面以及具体的改善方法。

# 与健康运有关的家相格局

住在有益身体健康的房子里是幸福的家庭生活中最重要的条件。除此之外，能加深家人间的感情、促进与他人的交流、让自己感受到欢乐和满足感也是家必须具备的重要因素。而能够提升事业、学习以及物质上的充实感则是第三大重要的条件。

▲ 危害健康的原因很多都是由家相引起的。

人类有包括食欲在内的五大欲求，这五大欲求都能得到满足的生活无疑是幸福的。然而这种幸福在某种意义上却也是一种不幸，因为人类本身就不是一种完美的生物，正因为有了这种不完美，人类才拥有各自的希望、梦想和理想并为了理想的实现而努力奋斗。与不需要任何努力的完美状态相比，这种为了追求梦想而充分发挥自身能力、积极向前的状态才是真正的幸福。

家相的意义在于如何将自然的能力和作用融入自己的生活，让这种能力得到百分之百的发挥。因此，那种拥有能让健康、爱情、名誉、物质等各方面都与自然完美协调的家相的住宅就是所谓的最好的住宅。

## 1.对主妇有危害的住宅

这是一个由夫妻二人和一儿一女组成的普通四口之家，家中的女主人因为胃癌已经过世。

### （1）凶相部分在哪里

看了住宅的格局图我们会发现，主妇对应的西南里鬼门方位处是个很大的凹陷。家中的女主人由于是专职主妇，一天的大部分时间都待在家里，因此这个家中肯定存在对主妇不利的地方。此外，女主人是二黑土星生人，对应的所属方位正好是里鬼门，而这个家中恰恰缺少这一部分，在家相中这种情况就意味着失去了生存场所，健康得不到保障，因此她才会在年纪轻轻的时候就撒手人寰。如果家人能早一点知道家相知识，也许就能避免悲剧的发生了。

### （2）怎样进行改善

首先要做的就是修正西南方位的凹陷。可以对在西到西南的这一区域增建，补齐里鬼门处的凹陷。拆掉原来的停车场，把车停在外面，在西南

## 危害主妇健康的家相示例及其改善方法

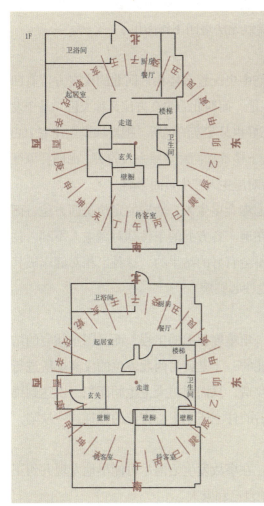

**改建前：**

西南方位没有房间，是个很大的凹陷，而西南方位正好是象征家中主妇的场所，同时也是二黑土星的定位所在，是个非常重要的方位。

东南方位供奉有佛坛，紧挨着卫生间，这在家相中非常不吉利。

**改建前：**

二楼部分基本没问题，不需要进行改建。

**改建后：**

玄关往西挪，缩小了凹陷部位的面积，而且比改建前更具稳定感。

拆掉了停车场，在西南方位增建了待客室。补齐了原先的凹陷，改善了凶相部分。佛坛也挪到了西边，防止灾祸发生。

原先的佛坛所在地被改造成了收纳间，缓和了原先的凶意。

方位建一间十五平方米大小的待客室，然后把玄关往西挪，改善原先不好的家相。这样一来，原来的凹陷就被补齐了，住宅也变得更加稳定。

另外，在原来的格局里，佛坛是设在卫生间旁边的，这也是一大问题，因为在家相中神佛是必须供奉在洁净场所的。对住宅进行改造后，将佛坛挪到了西边，朝南放置。这样不仅对神佛表达了尊敬之意，同时还改善了家相。

## 2.对一家之主有危害的住宅

这是一个三口之家的示例，男主人罹患了蛛网膜下出血症，虽然保住了性命，但留下了严重的后遗症导致无法重回工作岗位。

### （1）凶相部分在哪里

通过观察格局图可以发现住宅中央配置有楼梯，西北的戌亥方位有凹陷。住宅的中心是一家之主的所在地，而西北的戌亥方位又称天位，是个发号施令的场所，在家庭中对应的正好也是父亲的场所。把楼梯设在住宅中心这个一家之主的所在地，每次上楼下楼都如同踩着屋主人的头，而同样象征一家之主的西北方位处的凹陷也会对屋主人产生负面影响。

此外，这家的男主人是酉年七赤金星生人，对应的定位是西方位，而这个方位恰好是家中卫生间的所在地。各方面的条件都对屋主人不利，住在这种家相极恶的住宅里是肯定不会有好的结果的。这种家相对健康极其不利，很容易引发头部疾病及突发性心脏病。

### （2）怎样进行改善

对住宅中的楼梯进行改造是一项难度很大的工程，而且图示住宅的结构复杂，想移动楼梯几乎是不可能的，于是就对西北方位的戌亥场所进行了增建。二楼部分不需要太大的改造，只需要扩大卫生间面积，以达到维持屋主人力量的目的。虽然改造后的住宅还剩中心方位的楼梯这一缺陷，但家相比改造前已经好了很多。

有个谚语叫"防患于未然"，在事故发生之前尽可能早地发现并纠正问题，消除隐患，才能更好地守护自己和家人。

# 对一家之主而言是凶相的家相示例及其改善方法

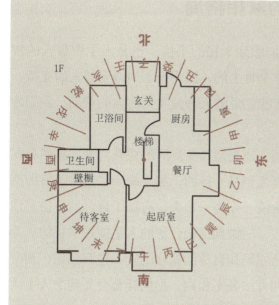

改建前：
　象征一家之主的西北戌亥方位有凹陷。

　七赤金星对应的西方位正好是家中卫生间所在地，这种家相会对屋主人的健康产生恶性影响。

　楼梯位于住宅中央，每次上楼下楼都如同踩着屋主人的头。

改建后：
　对西北方位进行增建，填补了原来的凹陷。

改建后：
　二楼的卫生间同样也把位置往西挪，补齐了西北方位的凹陷。

改建前：

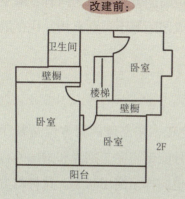

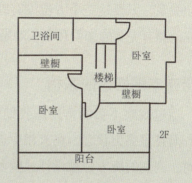

# 关系恋爱与婚姻成败的家相格局

　　爱人和被人爱是最能让我们感到幸福的事情，也是人生中最大的快乐。每个人都不是孤立存在于这个世上的，因为有了周围无数人的支持，我们才能得以生存，也因为有了我们爱的人和爱我们的人的帮助，我们才能够幸福地生活。

　　无论青春年少时的青涩爱情，还是适婚年龄时的成熟恋爱，虽然存在年龄上的差异，但是关于爱的喜悦都是一样的，如果缺少了这种美好的感情，人类便失去了一半的生存价值。作为一个人，有属于自己的一份感情并能不动摇不放弃地坚持爱下去，能做到这些，他的人生便是幸福的。爱的形式有很多种，既有固守自己立场和自尊的保守的爱，也有忘记一切全心投入的忘我的爱，虽然形式和方法各不相同，但同样都会受到个人生活环境和家相的影响。

　　在家相中有三个中心方位是与恋爱和结婚密切相关的。首先，从结婚象征着一个人的长大成熟这一观点来说，东南方位是寓意结婚的方位。其次，从结婚是人生一大喜事的观点来说，西方位是寓意能顺利恋爱结婚的方位。再次，从恋爱和结婚是阴阳间的相互结合这一观点来说，作为阴阳接点的北方位应该是最适合的方位。

　　在家相中，东南、西、北这三个方位与恋爱和结婚之间有着解不开的密切关系。只要这三个方位没有脏东西或凹陷等不吉利家相，住在里面的人就能拥有完美的恋爱和幸福的婚姻。

## 1.带来幸福姻缘的家相

　　通过观察下页的格局图我们可以发现，东南侧的巽方位是餐厅所在地，而且呈突出状态，在家相中这是一种能带来完美姻缘和婚姻的吉相。同时，西侧的庚方位被设计成壁橱而且也同样呈突出状态。这种与方位相得益彰的突出对方位本身的优点具有强化作用，因此此处的突出在家相中

# 能带来幸福姻缘的家相示例

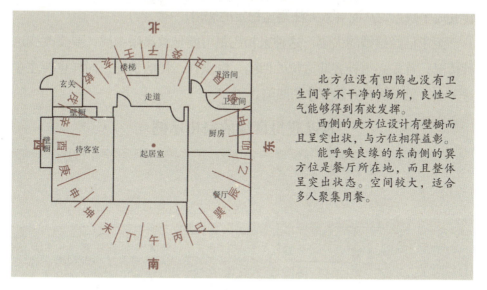

北方位没有凹陷也没有卫生间等不干净的场所，良性之气能够得到有效发挥。

西侧的庚方位设计有壁橱而且呈突出状，与方位相得益彰。

能呼唤良缘的东南侧的巽方位是餐厅所在地，而且整体呈突出状态。空间较大，适合多人聚集用餐。

也是一种能带来幸福恋爱和婚姻的吉相。接下来再来看北方位，这里没有任何凹陷以及不干净的东西，象征阴阳平衡，即男女之间能有正确的交往，包括精神上和肉体上的。这对恋爱和结婚来说是非常重要的。了解了这几点并能灵活加以运用的话就自然能收获恋爱和结婚的喜悦了。

## 2.难以获得良缘的家相

很多时候，我们渴望拥有幸福的婚姻和美好的姻缘，但却总是天不遂人愿，遇不到合适的人选。其实这样的结果不一定是由自己造成的，也有可能是受到了难以获得良缘的家相的影响。

这一点通过看图就可以很容易理解。在下页的住宅格局图中，东南侧的巽方位有个很大的凹陷。这会导致屋主在信赖、信用及交际方面的不稳定状态。而人一旦没有了信用，就不会有人想要接近你，即使接近了也不会真正把你当朋友，因此从这一点上来说这是一种对姻缘极为不利的家相。

其次，西方位是餐厅且呈明显的突出状态。突出部分具有强化方位影响的作用，本来是象征在恋爱、玩乐等方面能采取较为积极的行动，但由于这里的突出面积过大，反而形成了一种凹陷，使方位原本所具备的优点转变成了缺点，从而导致无法邂逅稳定的恋情。

至于已经结婚的夫妻，这种家相还很可能导致离婚结局，要想改变这种情况，首先必须补齐巽方位的凹陷。卧室在二楼的情况，同样也要注意这一点，想办法补齐巽方位的凹陷。

## 难以获得良缘的家相示例

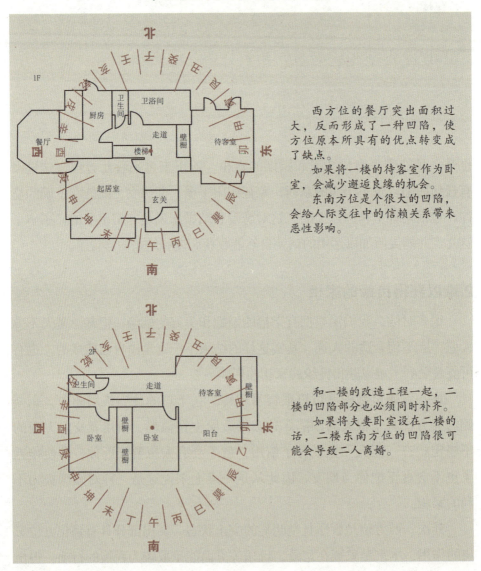

西方位的餐厅突出面积过大，反而形成了一种凹陷，使方位原本所具有的优点转变成了缺点。

如果将一楼的待客室作为卧室，会减少邂逅良缘的机会。

东南方位是个很大的凹陷，会给人际交往中的信赖关系带来恶性影响。

和一楼的改造工程一起，二楼的凹陷部分也必须同时补齐。

如果将夫妻卧室设在二楼的话，二楼东南方位的凹陷很可能会导致二人离婚。

# 与家庭幸福相关的家相格局

## 1.会引起夫妻纠纷的家相

　　结婚意味着男女双方要一起生活直到生命的最后一刻，在如此漫长的婚姻生活中谁都难免会有犯糊涂的时候。不同的是，有的人只是在脑中想想，而有些人却采取了实际行动，如果只是单纯地想想是不会有什么危害的，但一旦付诸实行的话就势必会引发家庭风波，打破平静的生活。

　　下图就是一个很典型的容易引发夫妻纠纷的家相，通过看图可以发现住宅北方位和东北方位之间的丑寅部分是一个巨大的斜向凹陷，这个凹陷会阻碍夫妻关系的和谐发展。同时，西方位也有凹陷，而且还分布有卫生间，象征男主人会沉迷于玩乐、生活放荡、不务正业。如果这样的家里住的是年轻夫妇，那一定会麻烦不断。北方位代表的是夫妻间的交流和正确的交往方式，若此处没有凹陷和其他不干净的东西，则夫妻关系可协调发展。

### 会引起夫妻纠纷的家相示例

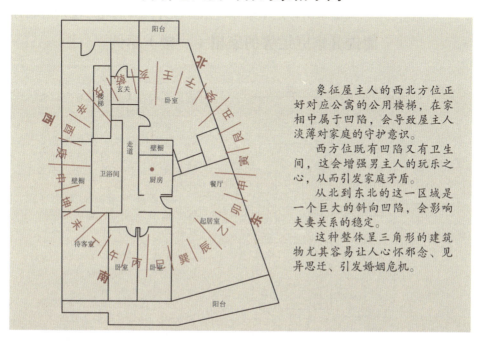

　　象征屋主人的西北方位正好对应公寓的公用楼梯，在家相中属于凹陷，会导致屋主人淡薄对家庭的守护意识。

　　西方位既有凹陷又有卫生间，这会增强男主人的玩乐之心，从而引发家庭矛盾。

　　从北到东北的这一区域是一个巨大的斜向凹陷，会影响夫妻关系的稳定。

　　这种整体呈三角形的建筑物尤其容易让人心怀邪念、见异思迁、引发婚姻危机。

另外，住宅的西北方位正好是公寓的公用楼梯，在家相上属于凹陷，而且此处还是玄关的所在地。西北方位是担负着守护家庭重任的屋主人所属的场所，这里有凹陷的话会使屋主人淡薄对家庭的爱和守护之情，容易犯糊涂、沉迷于外出玩乐，这样一来，夫妻间自然就会产生矛盾了。尤其是图示这种三角形的建筑形状更容易让人心怀邪念，引发婚姻危机。住在这样的家里要想不受影响不变心几乎是不可能的。而且由于这是集体公寓没办法自由改造，因此要想守住稳定的婚姻和家庭生活，只有一个办法，那就是尽早搬家，以退为进，摆脱家相的影响。

## 2.能提升家庭运势的家相

下面来看一个能让家人之间相互理解、家庭运势得到提升的吉相家相。

通过看图可以发现这是一个略成长方形的普通住宅，没有任何奇特之处。除了东方位的后门部分稍微突出外，没有任何凹陷。其实在家相中住宅的标准形状是正方形，从住宅中心往四周取正方形后，其余多出的部分都被认为是突出，也就是说长方形的住宅本身就已经是一种突出的建筑物了。所以从这个意义上来讲，这个家除了东方位外，其他北方位、西北方

## 能提升家庭运势的家相（一楼）示例

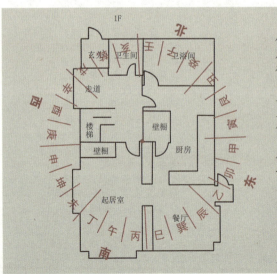

玄关位于西北的乾方位，使屋主人在考虑问题时能从大局出发，同时在社会上也能赢得稳定的社会地位。

北方位的浴室原本是吉凶参半的家相，但因为它避开了正中线，从而巧妙地躲开了凶作用。

厨房位于东北表鬼门方位，但因为火气和有水处都没设在此处，所以不会给家人带来什么灾祸。

象征主妇的西南方位只有凸窗没有门，使主妇能够一心守护家庭。

餐厅设在充满活力的东南巽方位，能给家人带来好运。

位、南方位和东南方位也都属于突出部分。

首先，西北的乾方位处有玄关，这意味着家中有盛大之气，家人在处理事情时也能从大局考虑。屋主人作为一家之主能受到全家人的尊重，在社会上也能表现积极，并保持稳定的社会地位。

其次是对家庭和睦至关重要的东北、西南和北方位部分。东北方位虽有厨房，但火炉和水池都巧妙地避开了表鬼门方位。表鬼门处既没有湿气也没有火气，因此家人能得以踏实地思考和生活，不会有不安和焦躁情绪。

西南的里鬼门方位是家中主妇所属场所。此处虽设有窗户，但并没有出入口，从而使主妇能一心向内守护家庭并尽心尽力照顾丈夫和家人。

北方位是浴室所在地。这是一种吉凶参半的家相，但好在浴缸避开了作为北方位中心的子方位的正中位置而设在癸方位处，再加上北方位本身就属于突出部分，因此不会有什么大问题。同时，北方位的突出还意味着从夫妻关系到亲子关系，以致与外界的人际交往关系都能和谐、顺利发展。

最后是东南方位，作为一家人生活中心的餐厅就位于这里的巽方位处。巽方位是个充满活力的场所，有在社会上积极表现、赢得社会信用之

## 能提升家庭运势的家相（二楼）示例

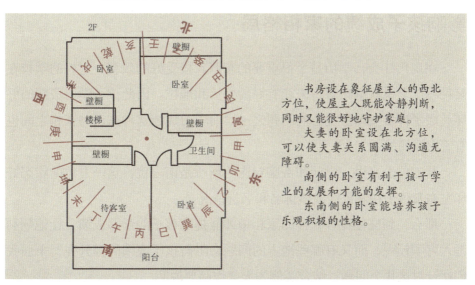

书房设在象征屋主人的西北方位，使屋主人既能冷静判断，同时又能很好地守护家庭。

夫妻的卧室设在北方位，可以使夫妻关系圆满、沟通无障碍。

南侧的卧室有利于孩子学业的发展和才能的发挥。

东南侧的卧室能培养孩子乐观积极的性格。

意。意味着家中女儿很受欢迎，或是儿子能积极参与社会生活并颇具领导风范，是一种吉相家相。

综上所述，作为全家生活主体的一楼空间整体比较开放，格局设计合理，使气能够自由流通、家人之间也能够更顺畅地交流。而二楼部分则更多地考虑了个人隐私问题，将各个房间隔开，让每个人都有属于自己的私密空间。其中，北方位的房间用作夫妻卧室，虽然西北是最佳方位，但北方位的卧室同样也有促进夫妻关系和睦的功用。西北方位的房间用作男主人的书房，在这里他可以专心思考、正确决断、更好地守护整个家庭。东南方位和南方位的房间分别用作两个孩子的卧室。因为南侧的房间阳光充足、光线明亮，有利于孩子学业的发展和自身才能的发挥。这样的设计格局充分考虑了自然因素，使居住在里面的人能最大限度地享受大自然的恩惠。

家庭、健康、社会，不管从哪方面看，这都是一个非常好的家相。当然，每个人所属的星象也会或多或少地引起吉凶变化，但不会影响它作为一个结构平衡、稳定性和柔韧性俱佳的吉相之家的整体趋势。住在这样的房子里不仅能享受融洽的家庭关系，而且还能得到社会和周围人的认可。

## 影响孩子成绩的家相格局

在现代社会，学历是个很重要的东西。接受好的教育、上好的学校在某种程度上也就意味着将来能有好的生活和地位。因此孩子学习成绩的好坏就成了许多父母最关心的问题之一。而学习成绩这种东西与家相之间也有着很深的关系。

从方位上来讲，学问和头脑对应的场所是南方位，这一方位的状态好坏左右着孩子在学校的成绩排名和名誉情况。

那么，到底住在什么样的家相中才能提高孩子的学习成绩，让他顺利考入好学校呢，而又有哪些地方的问题会阻碍孩子成绩的提升呢？下面我们就针对这几个问题，结合实例为大家作简要说明。

## 1.能提高孩子学习成绩的家相

图示住宅的东西南北各方位的平衡性都比较好，没有什么大的凹陷，仅在南侧的丙方位有些微突出。

带阳台的餐厅位于南方位，空间宽敞又没有遮光的东西，因此采光比较充足。这意味着孩子的头脑比较灵活。

### 能提高孩子学习成绩的家相示例

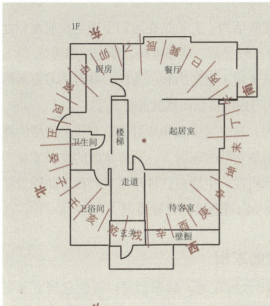

住宅东西南北各方位的平衡性都比较好。使孩子在成长过程中自身能力也能得到相应的增长。

一楼是家庭成员的共同活动空间。家人在这样的格局环境里可以顺畅地交流和沟通。

南方位的餐厅采光很好，东南方位的窗户能为家中吸入新鲜之气。

西方位的待客室中没有多余的窗户，能够让孩子沉下心来判断和思考。

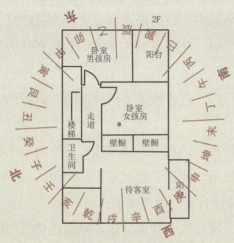

二楼是各个独立的卧室，男孩子的房间位于东侧，女孩子的房间位于南侧，是最理想的房间分配格局。

位于南方位的房间可以使女孩子富于思索力和创造力。

从东方位到东南方位之间设有窗户，有利于新鲜之气的吸入和孩子创造性的发挥。

西方位部分配置有待客室、壁龛和壁橱，但是没有窗户，象征孩子能够正确地判断和思考，不会沉迷于其他与学习无关的爱好和游戏。

这个家由父母和两个孩子组成。一楼部分是家庭成员的共同活动空间，二楼有3个独立的房间。其中，男孩子的卧室在东边，女孩子的卧室在南边，是一种最理想的方位布局。

东方位的房间能让男孩子充满活力，无论是在运动中还是在朋友相处中都能保持积极的态度，头脑也比较灵活，能够准确、缜密地思考。

而南方位的房间则能使女孩子富于思索力和创造性，并对学习充满热情。有了这样的环境，孩子的学习成绩自然而然就能提高了。

以上这些都还不是最主要的，这个家中家相最好的、对孩子成绩的提高影响最大的地方应该数一楼南侧宽敞的起居室。这片宽敞的空间才是为孩子的头脑注入充足活力的根源所在。生活在这种环境里的孩子能随着年龄的增长而渐渐积聚实力，并成功向着更高的目标迈进。

## 2.会让孩子的学习成绩变差的家相

下页图示住宅的南方位是阳台所在地，从阳台可以通往起居室和餐厅，这本是一种吉相，但遗憾的是西南方位的未申部分突出太过明显，使原本是吉相的南方位也受到负面影响，从而导致孩子的头脑和判断力变得迟钝，经常因判断失误而犯错。

同时，东方位的甲部分处有后门，这也形成了一种凹陷。这种凹陷意味着创造性和创新能量不足。

而且西方位还有玄关，这会导致孩子在家里呆不住，总想跑出去玩。而此处的穿堂更助长了这一负面作用，使孩子更沉不下心学习，只一味沉迷于其他爱好，这样一来，学习成绩肯定一落千丈了。

和上面所讲的家庭一样，这个家庭的一楼部分也是家庭成员的共同活动空间，二楼是各个独立的卧室。不过二楼的房间分配却不太合理，屋主把东侧的房间作为父母的卧室，而把南方位和西侧庚方位的房间分别用作孩子的卧室。按照家相的说法，东方位的房间对应的是年轻人，西方位的房间才适合成年人、中年人和老年人居住。其实房子本身没什么问题，只是在父母和孩子的房间分配上出了差错。

另外，一楼和二楼西北方位的凹陷也有一定的负面影响，意味着屋

## 会让孩子的学习成绩变差的家相示例

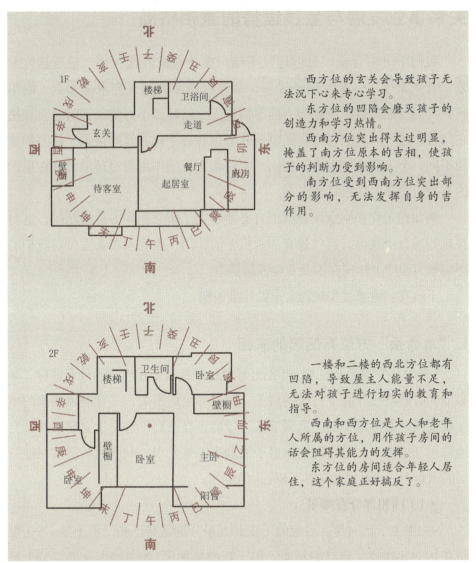

西方位的玄关会导致孩子无法沉下心来专心学习。

东方位的凹陷会磨灭孩子的创造力和学习热情。

西南方位突出得太过明显，掩盖了南方位原本的吉相，使孩子的判断力受到影响。

南方位受到西南方位突出部分的影响，无法发挥自身的吉作用。

一楼和二楼的西北方位都有凹陷，导致屋主人能量不足，无法对孩子进行切实的教育和指导。

西南和西方位是大人和老年人所属的方位，用作孩子房间的话会阻碍其能力的发挥。

东方位的房间适合年轻人居住，这个家庭正好搞反了。

主人的能量不足。父亲缺少应有的威严，无法对孩子进行切实的教育和指导，导致孩子任性妄为、不受管制。

从以上几点可以看出，这个家没有足够的适合学习的环境。因此随着时间的推移，孩子的学习成绩会越来越差。如果孩子本身有很好的潜力，那这将会对他以后的发展造成巨大的损失。

## 关系事业发展与金钱运势的家相格局

我们平时常会说"最近运气不错，想什么成什么"、"最近运气太差，背到家了"，总拿运气说事，那这种所谓的运气究竟是怎么一回事呢？我们在面对自己无能为力的事情或怎么做都做不好的事情时总喜欢把它归咎于运气。其实运气这回事与住宅也有着千丝万缕的关系。住宅的家相不同，个人的运气也大不相同。家相和方位的作用会对环境及住在里面的人的运势产生强烈的影响。

例如在工作和生意场合就很有必要事先了解家相和方位的功能，这对在这些场合中获得好运气具有非常重要的作用，因为家相和方位对我们的影响很大程度上体现在事业及金钱运势上。

下面我们就通过实例为大家做详细说明。

### 1."本命杀"方位有凹陷的家相

S先生是个很能干的人，年纪轻轻就已经拥有了相当高的社会地位。30多岁的时候就已经有了自己的房子，但是那之后不久，一直顺风顺水的事业就慢慢开始停滞不前，急剧下跌。最后连自己好不容易建立起来的社会地位也开始失守。通过对他的房子的勘测不难发现，问题的关键就在他新居的家相上，正是家相破坏了S先生的运气。

#### （1）凶相部分在哪里

S先生生于1954年，对应的干支和九星分别是癸巳和二黑土星。S先生是在1989年建造了自己的新家。但不巧的是那年S先生的本命星二黑土星

正好转到了东南方位。房子的方位正好犯了本命杀，从而使他的健康状态和生活环境都变得不顺，并让情况逐渐恶化。而S先生本人由于对家相一无所知，所以才会在本命杀方位建造房屋并搬迁入住，亲手毁了自己的运势。

更严重的是，S先生的新家东南、南、西、西北这四个方位都呈凹陷状态。

首先是东南方位，东南方位是主司与人交际和信用的场所，这里有凹陷就意味着不管自己多有自信多努力都难以得到外界的承认。自己那么拼命，但到头来非但得不到对方的认可，反而还会招致反感。凹陷带来的负面影响和本命杀方位的负面影响共同作用，使这种凶意变得愈加强烈。

南方位有玄关，本来这是个光线明亮、能提升判断力和灵感的地方，但由于呈凹陷状态，因此刚好适得其反。这个方位的凹陷会导致S先生明明有合乎逻辑和经验的正确想法，但却怎么也成功不了，总是事与愿违，原本该注意到的地方没有注意到，该记住的没有记住，莫名其妙地犯一些严重的低级错误。

西北的乾方位同样也有些微凹陷。这里的凹陷意味着S先生从上司处得到的庇护比较少。上司无法帮自己掩盖过失，从而导致自己的运势越来越差。

最后，西方位的辛部分，也就是象征成果和收获的场所，也存在凹陷。这会导致收入时好时坏，波动非常大。在这种不稳定状态的反复循环中，坏的方面渐渐占了上风，金钱运势自然也就跟着下降了。

所以综合以上家相的表现，S先生现在的境况变得如此不稳定也就很容易理解了。

综上所述，东南方位的凹陷会导致人信用缺失、交际范围变窄、生意越来越不顺。不光在职场中如此，在自己的家庭生活中也问题多多，会引发自己与家人的不和，在朋友圈的人气也会慢慢跌落。东南方位有情报、风声、远方等含义，而工作需要的就是确切的情报和正确的传达，如果自己得不到相关的情报，就没有相关的判断基准，肯定也就不知道该如何行

动了。这应该就是他在职场中的立场变弱的主要原因吧。

不过幸运的是，S先生是二黑土星生人，而二黑土星对应的未方位和申方位都呈突出状态，结构非常紧凑。也没有卫生间、厨房等不干净的东西，自身能量还是非常大的，但由于其他方位的家相太坏，从而使这里的吉作用受到极大的影响而无法正常发挥。

## "本命杀"方位有凹陷的家相示例及其改善方法

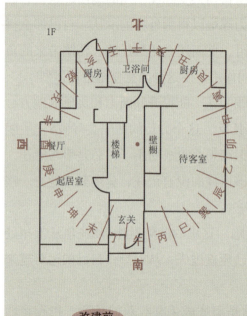

**改建前：**

西北方位有些微凹陷，意味着无法从上司处得到提拔和照顾。

象征成果和收获的西侧辛方位有凹陷，会导致收入的不稳定及业绩的滑落。

西南方位呈突出状态，为吉相，但凹陷部分的凶作用过于强烈，影响了此处吉作用的发挥。

本来是吉相的南方位的玄关，也因为凹陷而使原本的吉作用适得其反。

对生意至关重要的东南方位恰好是屋主人的本命杀方位，同时又是凹陷，在这两重凶意的共同作用下，屋主人的信用和价值逐渐流失。

**改建后：**

为了恢复在事业中至关重要的信用问题，对东南和南方位进行了改建，增建了阳光房。除阳光房外，对待客室进行扩建或是增建其他的房间也都是不错的选择。

**改建前：**

二楼和一楼一样，也是东南方位和南方位有凹陷。

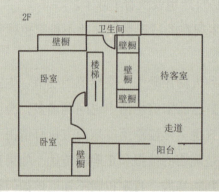

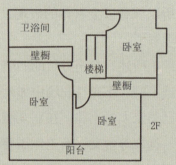

**（2）怎样进行改善**

S先生由于冲犯了本命杀，因此首先要做的就是"除杀防灾"。除此之外还有很多小的细节问题，例如个人信用的恢复，而想要恢复个人信用最重要的还是要补齐凹陷。

首先是东南方位和南方位，可以在这里增建房间或阳光房以补齐凹陷。这样一来既可以恢复正常的信用和交际，同时还能挽回已经失去的信用。

## 2.会在派系斗争中失败的家相

每个人都不是孤立地生活在这个世界上的，都要和别人有着千丝万缕的联系，维持着一种依赖与被依赖的关系。可当有一天踏入社会后突然发现集团的人增多了，派系也出现了。俗话说"大树底下好乘凉"，待在大树下面不但安全，而且还能从那获得很多恩惠和好处。只是当这棵被当成避风港的大树从根部开始摇晃枯萎时，那些在大树下栖身的人们也失去了可以投奔的地方，只能跟枯萎的大树一起"枯损"。但现实情况是你根本就不知道这棵大树是不是真的像它表面看上去的那样根系发达、安全可靠。那些你认为强大可靠的人可能突然间就变得不堪一击，而那些看起来没什么能力的人却渐渐地出人头地，世事总是很难料的。

而且，那些气焰嚣张、张牙舞爪的人肯定会树敌，正所谓树大招风。如果能与对手巧妙周旋，顺利打败对方，使自己的势力得到扩张，那他就是最后的胜者，但这样的人在一个社会里或是一个职场里又有几个呢？现实生活中的大部分人都是在派系斗争中失败而不得不转投他人门下。下页图所示的正是这种无法在派系和集团斗争中取胜的凶相家相。

通过看图我们可以发现，首先映入眼帘的是西北方位的巨大凹陷，西北方位是象征天的场所，也是一个充满强大力量的场所。在职场中就相当于主管或总经理的位置，处于发号施令的立场、是权力的象征。这里有凹陷的话意味着力量的缺失，而且容易受到来自外界的的侵略和压力。屋主在职场中往往表现的不是向外扩张势力，而是被外界势力压迫而渐渐失守。现代社会，男女平等，男性和女性都一样出入职场，拥有自己的事业。因此这个方位对女性也有着相同的影响。例如在一个大型公司或团体中供职的女性，其家中的西北方位若有凹陷，那她在工作中就没有足够的力量去支配和命令其他男性。由此可见这种凹陷对男女而言都是很不利的。

其次，西北方位同一侧的东北表鬼门方位同样也呈凹陷状态。东北方

## 会在派系斗争中失败的家相示例及其改善方法

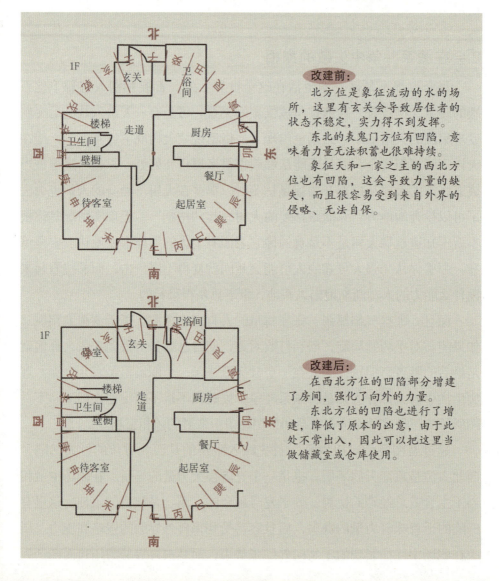

**改建前：**

北方位是象征流动的水的场所，这里有玄关会导致居住者的状态不稳定，实力得不到发挥。

东北的表鬼门方位有凹陷，意味着力量无法积蓄也很难持续。

象征天和一家之主的西北方位也有凹陷，这会导致力量的缺失，而且很容易受到来自外界的侵略、无法自保。

**改建后：**

在西北方位的凹陷部分增建了房间，强化了向外的力量。

东北方位的凹陷也进行了增建，降低了原本的凶意，由于此处不常出入，因此可以把这里当做储藏室或仓库使用。

位是象征储蓄的场所，同时也是抓住机遇的场所。这里有凹陷的话意味着方位的力量无法被人所用，好运也无法持续。

光是以上的两点就可以清楚地明白这是一个会导致居住者在争斗的力量关系中总处于弱势的家相。

另外，这栋住宅的北方位还有玄关。北方位是属水的场所，水具有无法静止、向着低处流动的特点，因此很不稳定。不管是多有能力和才华的人住在这样的房子里都会陷入非常无奈和事与愿违的状态。

无论哪个社会都存在派系，在派系中取得最后的胜利并继续生存在现代社会中具有非常重要的意义。但是图示的这种家相却只能导致居住者被主流社会抛弃。即使待在总公司中也永远翻不了身，很可能会被下派到子公司甚至孙公司等下级机构中去。因此一定要及时加以改善，弥补不足之处。幸运的是图示住宅的改造难度并不大，只要对乾部分和丑寅部分两处进行增建就可以了。这样增补以后自己的力量就能成功地向外伸展扩张，将来在组织中也能赢得相应的地位和权力了。改造工程也许会是一笔不小的开支，但与10年、20年后的远大目标相比，眼下的这点投资就显得微不足道了。

## 能让公司及业务发展壮大的家相格局

想让公司业务及买卖兴隆，只要靠个人的聪明才智和努力就可以，但如果想要扩大规模，让公司发展壮大的话，仅凭自己的力量显然就不够了，需要靠的是全体职员和工作人员的共同努力。这种人力和财力的完美结合才是成功的关键要素。但在商海驰骋，现实永远都比想象中残酷，事业顺利的时候，即使有些小风小浪也能平稳过渡，但不顺的时候，任何一点风吹草动都能将你打倒，甚至破产。

那么，怎样才能让公司业务顺利发展呢？其实公司不管是发展还是倒闭都能从老板的房子、公司及店铺的家相上反映出来。下面我们就来看一看问题都出在哪里。

## 1.会招致破产的家相

B先生是个很能干的实业家，有很多新奇的创意并能将其付诸实践。但他的这些成果并没有给自己带来成功，总是半路就夭折了，为此B先生非常苦恼。B先生年纪轻轻就已经有了一栋属于自己的气派住宅，看过他的住宅的格局图后我们便能很快发现问题的根源所在。

### （1）凶相部分在哪里

B先生是五黄土星生人，定位在住宅中央，但不巧的是他家从西南的未申方位、也就是里鬼门方位一直到中央部位正好是中庭。这样一来，土星所属的西南方位就有了凹陷，而且这种凹陷还一直延伸到了B先生的本命星五黄土星的正中央。土星主司土气，而土拥有孕育世间万物的力量，西南里鬼门方位则有工作、事业、职业等含义。也就是说西南方位的凹陷会导致屋主人的事业无法顺利发展。

## 会招致破产的家相示例

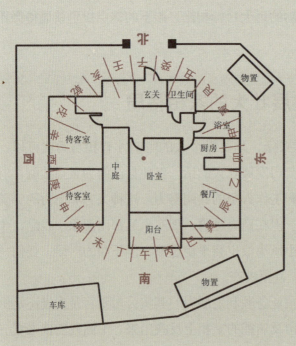

改建前：

中庭横跨西南到西北的大片空间，一直延伸到屋主人所属的中央部位，大大地削弱了屋主人的力量。

东北方位的储物间会导致屋主与客户之间的关系恶化，甚至遭遇空头支票的骗局等。

表鬼门的凹陷意味着不仅无法拥有完整的地盘，反而还会受到外界的侵略。同时该方位的后门也会助长财产的流失。

西南里鬼门的凹陷会导致事业及工作无法顺利发展，即使能让公司业务和生意取得暂时的兴隆最后也还是会遭遇挫折、半路夭折。

斜在东南方位的储物间会招致工作人员的背叛。

斜在西南方位的车库会削弱员工的工作热情和积极性，使工作氛围恶化。

此外，东北的寅丑方位也就是表鬼门处也有凹陷。寅丑方位是象征储备、储蓄的场所，有凹陷的话就意味着不仅无法拥有完整的地盘或根基，反而还会受到外界的侵略。而且此处还有个后门，代表好不容易攒下的积蓄会不断地向外流失，进来的只有负债。

由此我们可以看出，这个家中八白土星所对应的表鬼门、五黄土星所对应的中央部位、以及二黑土星所对应的里鬼门，这些与土相关的、土的作用比较强烈的场所全部都是凹陷。土既有孕育的能量，同时也有腐坏的能量，当象征土的场所呈凹陷状态的时候，腐坏的能量就会压过孕育的能量，导致事物即使有生长最后还是会腐坏，或是在还没来得及生长发育之前就已经先腐坏掉了。所以B先生才会这样无论有多好的创意都无法顺利转化为成果，即使能让公司业务和生意取得短暂的发展最后也还是会半路夭折。

除了凹陷外，这个家里还有两个储物间和一个车库，这几个别栋都建在正房的斜向位置。别栋代表的是别人的力量，如果像这样不与正房平行而建的话就无法发挥正常的功能，只会导致手下的得力干将生出异心，甚至背叛自己。

### （2）怎样进行改善

首先要改建的就是东南方位斜向而立的储物间。现在的这种斜向状态会导致公司的员工背叛自己。而位于东北表鬼门方位的储物间则意味着无法与客户维持长期的合作关系，积蓄的力量得不到正常发挥，常常得到别人开的空头支票等。另外，西南里鬼门方位的车库也需要修改，因为西南是象征工作能手和女性的场所，如果方向倾斜的话公司内的员工就不会认真听话，工作热情和积极性低落，公司内的氛围也会恶化。总之这种家相不管是对客户还是员工都很不利。

B先生如果想要成功，要么对这些有问题的场所进行改善，要么拆掉重建，要么只能搬家，只能从这三者中任选其一。

## 破产家相的改善示例

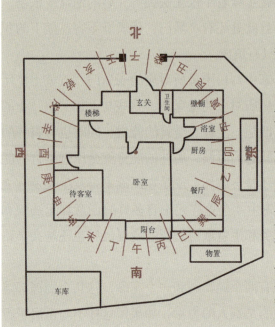

北

玄关　卫生间　壁橱

楼梯　　　　　浴室

　　　厨房　　物置

卧室

待客室　　　餐厅

阳台

物置

南

车库

**改建后：**

由于有楼梯，所以没办法对构造进行太大的改动，改造后的西北方位还是会有一点点的凹陷。

将中庭改造成宽敞的起居室。这样消除了中央部位的凹陷后，主人的本命场所就能得到很好的保护。

西南方位的车库本来是凶相，但是这里将它改造成只有屋顶没有围墙的建筑，且与正房平行，就可以在一定程度上缓解凶意。

对表鬼门方位的凹陷和后门进行改造。可以改建成储藏室也可以作其他用途，浴室的窗户也要一起移动。

如果外面的储物间一定要留的话，就不要在储物间外建围墙，跟正房隔开一定距离后与正房平行而建。高度以不遮住阳光为宜。

在西南方位增建房间、补齐凹陷，从而提升事业运。

## 2.有助事业成功的家相

所谓的能使生意和事业一帆风顺的吉相究竟是怎样一种家相呢？如下页图所示，首先是东南的巳方位和巽方位区域呈突出状态，且有玄关。辰巳方位相当于自然界中风所在的场所，风可以自由出入任何地方，无论距离多远都可以到达。因此自古以来从商的人就喜欢把玄关开在辰巳方位。同时，这里的突出还能强化屋主"外向"的性格。

其次，正房的西北方位对应的是屋主人的场所，在公司中就相当于老板所在的场所，这里也设计成突出状态，以便老板的命令能传达到各个角落。

再次，东北方位有储藏室。因为丑寅方位跟蓄财有关，在这里建储藏室非常有利。同时，储藏室中还有窗户，方便空气的自由流通。有窗户这一点很重要，因为如果没窗户，封闭得太严实的话里面的空气就会停滞不畅、细菌繁殖，会腐蚀储存的东西。房子都是喜风的，风在精神方面相当于心灵的交流，在肉体方面相当于血液的流动，任何让它静止在一处或阻挡它自由流动的行为都是不合适的，都会产生不利影响。

这个房子外面的东方位和东南方位之间还有一间很大的别栋。别栋越大其作用越强，但大到超过正房的话就会适得其反、转吉为凶了，因此还是要以正房为主、别栋为从。位于东南的辰方位和巽方位之间的别栋象征支配者，如果建得正确就表示部下对主人忠诚，任何事情都能完成得很好。而且东方位还是象征年轻人的场所，因此在此方位设置有吉相的别栋还能使公司内气氛活跃，非常有利于在营业等领域发展。除此之外，北方位也有一间别栋，北是象征部下的方位，也是阴阳交汇的地方，同时还是能带来心灵交流的场所。因在此方位设置有吉相的别栋不但能使老板和职员之间顺畅沟通，而且还能让人精神愉悦、状态充实。

具备了以上这些条件，就不用担心生意和事业不成功了。当然，老板所属的干支和九星不同，其结果也多少会有些差异，这里所举的吉相只是作为一个典型示例供大家参考。

## 能使生意和事业一帆风顺的家相示例

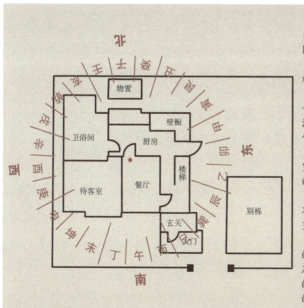

象征老板的西北方位呈突出状态，能够起到强化老板权限的作用。

北方位的储物间有利于老板和部下职员之间的交流。

东北方位的储藏室有蓄财的含义，带窗的设计使空气能自由流通，能进一步强化了方位的吉作用。

住宅整体呈长方形，两处突出部分正好能起到强化吉相的效果。

东南方位有较大突出且设有玄关，意味着在生意及人际交往方面能取得成功。

位于东方位和东南方位之间的别栋象征着可信赖的忠实部下及充满活力的年轻人。和正房间的平衡性也比较好，维持了适度的主从关系。

# 第三篇

# 生活中的开运风水术

　　风水是一门通过重新认识衣、食、住、行来吸收幸运的环境心理学。也许有人会认为它跟占卜一样，但实际上风水是一门通过自身努力来开运的学问，跟占卜有着本质的区别。人们利用风水来改变思考方法、行动以及环境，从而达到转运的效果。本篇分别从色彩风水、花草风水、方位风水、装饰风水、饮食风水方面做了相关介绍，每一种方法都非常简单，能够即刻付诸实践。同时为了符合生活与时局的变化，我们特别增加了手机与办公环境一章，希望能真正对你的生活起到帮助。

# 第一章

## 利用风水提升运势的成功法则

风水是一种利用无形中的气来吸收能量、提升运势的开运术。想要成功运用风水术就必须要记住阴阳、五行、本命卦等这些风水基础知识。牢记这些基础知识后就可以在日常生活中灵活运用了。

## 成功法则1：环境和心理改变了，运气自然就上升了

风水是一种通过改变环境来提升运势的开运方法。

接受自然之气心情愉悦地生活，人就会变得幸福。这听起来似乎很简单，但实际上却并非易事。

另外，无论你怎样努力调整环境，如果你的心理不随着改变，那也是无法达到开运目的的。在那些抱怨实践了风水术但却总不见运气好转的人当中，绝大多数都是因为只改变环境而没有改变至关重要的心理。

一定要记住，只有环境和心理二者兼具时，风水才能够真正发挥其能量。

## 成功法则2：不过度追求完美，是风水术成功的关键

刚开始实践风水时，会觉得生活中到处都有问题，到处都需要改善。实际上，如果仅仅以风水为唯一基准来考虑的话，无论什么样的家庭都一定会有问题。

▲ 坏的：黑暗、脏污、臭气是导致恶气积聚的最大原因。在这种环境里生活的话会不知不觉受到影响而使思想变得消极，运势也会跟着下降。

▲ 好的：明亮、整洁、通风好的房间里充满着良性的气。生活在这里的人心情也自然会变得开朗而积极。

但是，如果因为这样就把家中所有的东西都按照风水要求来改变的话也是毫无意义的。因为风水本来就是源于古代，有很多东西不适用于现代。另外，光顾着风水而使生活中的很多便利性都丧失的话，这样生活起来也不会舒适。因此与其过分追求完美不如以满分的60％~70％为目标，让自己轻松惬意地生活。

## 成功法则3：将阴阳运用于日常生活中

风水学说最基本的原理是阴阳五行说，它是由阴阳论和五行二部分构成的。

"阴阳论"是一种来自于易学的思维方法，它认为自然界中的万事万物都是由"阴"和"阳"组成的。例如天、太阳、男性、左、昼、明亮、正面等属阳，对应的地、月、女性、右、夜、黑暗、反面等属阴。

参考右图中的阴阳一览表就会发现，其实人类一直都是生活在阴阳平衡当中的。甚至于家中流动的"气"也是分为阴气和阳气的。

▲ 阴阳一览表：颜色、形状、材质等世界上的万事万物都可以归于阴阳。依据目的运用相应的阴阳术是风水实践成功的关键。

## 成功法则4：保持阴阳平衡很重要

在风水书中频繁出现的太极图就是将阴阳用图表示出来的一种手法。

阴（黑色部分）和阳（白色部分）就好比有光就有影一样，是相互影响相互支撑而成的。因此不存在完全的阴和完全的阳，保持阴阳平衡才是最重要的。

## 成功法则5：了解自身的五行以保持平衡

和自然界的万事万物都归于五行一样，人也是有五行的，只是人的五行不是单一的，而是复数。一般来说，人的五行都可以通过本命卦算出来。本命卦是由出生的年岁决定的，除此之外出生的月份和日期等也都有相对应的五行。

不只是环境，了解自己体内的五行情况并及时补充不足、保持平衡，这也是风水成功的一大要素。

## 成功法则6：弄清生活中事物的五行，以此指导自己的行为

所谓五行是将自然界中的所有事物都归类于金、木、水、火、土这五气的一种思维方法。

对照下文中的《五行一览表》我们可以发现，方位、季节、颜色、形状、气候、材质、味觉等等生活中的一切都可以按五行进行分类。

　　而五行中的金和水属阴，木和土属阳，分别通过土这一媒介不断地变化循环。阴阳五行说是所有风水术的基本，所以我们务必要准确理解。

## 五行一览表

将生活中的事物按五行分类是风水的基本法则，必须要正确理解五行的特征。

| 五行 | 木 | 火 | 土 | 金 | 水 |
|---|---|---|---|---|---|
| 圣兽 | 青龙 | 朱雀 | 黄龙 | 白虎 | 玄武 |
| 方位 | 东 | 南 | 中央 | 西 | 北 |
| 季节 | 春 | 夏 | 暑伏 | 秋 | 冬 |
| 颜色 | 蓝色 | 红色 | 黄色 | 白色 | 黑色 |
| 八卦 | 巽·震 | 离 | 艮·坤 | 乾·兑 | 坎 |
| 十干 | 甲·乙 | 丙·丁 | 戊·己 | 庚·辛 | 壬·癸 |
| 十二支 | 寅·卯 | 巳·午 | 丑·辰·未·戌 | 申·酉 | 子·亥 |
| 人体 | 肝脏 | 心脏 | 脾脏 | 肺脏 | 肾脏 |
| 味觉 | 酸味 | 苦味 | 甜味 | 辣味 | 咸味 |
| 素材 | 木 | 塑料 | 陶器 | 金属 | 玻璃 |
| 石 | 土耳其石 | 红水晶 | 虎眼石 | 月长石 | 赤铁矿石 |
| 形状 | 圆柱形 | 三角形、圆锥形 | 梯形、平面物 | 圆形、圆状物 | 波浪形 |

## 成功法则7：在风水中活用相生相克法则

在活用风水五行的基础上，还有一点必须牢记，那就是相生相克法则。

五行中既有相生的关系，也有相克的关系。

例如，木得水成长，遇火则成为火燃烧的燃料，遇金被切断，遇土则被夺取养分……诸如此类的，既有让自己的气变得旺盛的五行，相反的也有使自身的气变得衰退的五行。

如果能有效利用这种相生相克的法则，就可以使家中的气变得活跃，而且还能使人精力充沛。

## 成功法则8：通过本命卦找出自身的幸运方法，并加以运用

人的幸运方位从一出生时就已经注定了，而且这种由本命卦所决定的方位的吉凶是无法改变的。

所谓本命卦是指由出生年月日决定的乾、兑、离、震、巽、坤、艮、坎这八卦（象征自然界和人类社会各种现象的卦）。

八卦分别与九星相对应，乾为六白金星、兑为七赤金星、离为九紫火星、震为三碧木星、巽为四绿木星、坤为二黑土星、艮为八白土星、坎为一白水星，但有两点不同的是，即使同一年出生的男女其本命卦也各不相同，还有一点就是八卦中没有五黄土星。

如果说九星显示的是随年月日而变的动方位，那么本命卦显示的就是人所潜在具有的静方位。在家或公司等固定场所观察方位时要以本命卦的静方位为准，搬家或旅行时则要以九星的动方位为准。

例如：1971年5月24日出生的女性，本命卦为巽，九星为二黑土星；1973年3月16日出生的男性，本命卦为离，九星为九紫火星。

# 本命卦·九星一览表

1月6日前出生的人算前一年的本命卦，立春前一天出生的人算前一年的九星。

| 出生年月 | 九星 | 本命卦 | | 出生年月 | 九星 | 本命卦 | |
|---|---|---|---|---|---|---|---|
| | | 男 | 女 | | | 男 | 女 |
| 1947年 | 八白土星 | 艮 | 兑 | 1982年 | 九紫火星 | 离 | 乾 |
| 1948年 | 七赤金星 | 兑 | 艮 | 1983年 | 八白土星 | 艮 | 兑 |
| 1949年 | 六白金星 | 乾 | 离 | 1984年 | 七赤金星 | 兑 | 艮 |
| 1950年 | 五黄土星 | 坤 | 坎 | 1985年 | 六白金星 | 乾 | 离 |
| 1951年 | 四绿木星 | 巽 | 坤 | 1986年 | 五黄土星 | 坤 | 坎 |
| 1952年 | 三碧木星 | 震 | 震 | 1987年 | 四绿木星 | 巽 | 坤 |
| 1953年 | 二黑土星 | 坤 | 巽 | 1988年 | 三碧木星 | 震 | 震 |
| 1954年 | 一白水星 | 坎 | 艮 | 1989年 | 二黑土星 | 坤 | 巽 |
| 1955年 | 九紫火星 | 离 | 乾 | 1990年 | 一白水星 | 坎 | 艮 |
| 1956年 | 八白土星 | 艮 | 兑 | 1991年 | 九紫火星 | 离 | 乾 |
| 1957年 | 七赤金星 | 兑 | 艮 | 1992年 | 八白土星 | 艮 | 兑 |
| 1958年 | 六白金星 | 乾 | 离 | 1993年 | 七赤金星 | 兑 | 艮 |
| 1959年 | 五黄土星 | 坤 | 坎 | 1994年 | 六白金星 | 乾 | 离 |
| 1960年 | 四绿木星 | 巽 | 坤 | 1995年 | 五黄土星 | 坤 | 坎 |
| 1961年 | 三碧木星 | 震 | 震 | 1996年 | 四绿木星 | 巽 | 坤 |
| 1962年 | 二黑土星 | 坤 | 巽 | 1997年 | 三碧木星 | 震 | 震 |
| 1963年 | 一白水星 | 坎 | 艮 | 1998年 | 二黑土星 | 坤 | 巽 |

接上页

| 出生年月 | 九星 | 本命卦 | | 出生年月 | 九星 | 本命卦 | |
| --- | --- | --- | --- | --- | --- | --- | --- |
| | | 男 | 女 | | | 男 | 女 |
| 1964年 | 九紫火星 | 离 | 乾 | 1999年 | 一白水星 | 坎 | 艮 |
| 1965年 | 八白土星 | 艮 | 兑 | 2000年 | 九紫火星 | 离 | 乾 |
| 1966年 | 七赤金星 | 兑 | 艮 | 2001年 | 八白土星 | 艮 | 兑 |
| 1967年 | 六白金星 | 乾 | 离 | 2002年 | 七赤金星 | 兑 | 艮 |
| 1968年 | 五黄土星 | 坤 | 坎 | 2003年 | 六白金星 | 乾 | 离 |
| 1969年 | 四绿木星 | 巽 | 坤 | 2004年 | 五黄土星 | 坤 | 坎 |
| 1970年 | 三碧木星 | 震 | 震 | 2005年 | 四绿木星 | 巽 | 坤 |
| 1971年 | 二黑土星 | 坤 | 巽 | 2006年 | 三碧木星 | 震 | 震 |
| 1972年 | 一白水星 | 坎 | 艮 | 2007年 | 二黑土星 | 坤 | 巽 |
| 1973年 | 九紫火星 | 离 | 乾 | 2008年 | 一白水星 | 坎 | 艮 |
| 1974年 | 八白土星 | 艮 | 兑 | 2009年 | 九紫火星 | 离 | 乾 |
| 1975年 | 七赤金星 | 兑 | 艮 | 2010年 | 八白土星 | 艮 | 兑 |
| 1976年 | 六白金星 | 乾 | 离 | 2011年 | 七赤金星 | 兑 | 艮 |
| 1977年 | 五黄土星 | 坤 | 坎 | 2012年 | 六白金星 | 乾 | 离 |
| 1978年 | 四绿木星 | 巽 | 坤 | 2013年 | 五黄土星 | 坤 | 坎 |
| 1979年 | 三碧木星 | 震 | 震 | 2014年 | 四绿木星 | 巽 | 坤 |
| 1980年 | 二黑土星 | 坤 | 巽 | 2015年 | 三碧木星 | 震 | 震 |
| 1981年 | 一白水星 | 坎 | 艮 | 2016年 | 二黑土星 | 坤 | 巽 |

## 成功法则9：结合自己的目的活用表相生和里相生

即使同是相生关系，也分为两种，即表相生和里相生。

所谓表相生就是能给自己带来能量的关系，而里相生则是从自己处索取能量的关系。二者在五行中的对应关系如下。

表相生：水对于木，木对于火，火对于土，土对于金，金对于水。

里相生：火对于木，土对于火，金对于土。水对于金，木对于水。

▲ 五行相生

▲ 五行相克

## 成功法则10：在自己专属的幸运方位抓住机遇

本命卦所示的方位分为4个吉方位和4个凶方位，且吉凶程度各不相同。

即使同是吉方位（凶方位），其意义和效果也各不相同。正确理解各方位的能量并灵活运用才是风水成功的秘诀。

通常情况下，人的普遍心理都是避开所有凶方位，只利用吉方位，其实这个观念是错误的。凶方位有凶方位的活用方法。不能因为

它是凶方位就一味恐慌，在凶方位摆放合适的物品避凶化吉才是最重要的。

植物和插花在吉方位和凶方位都适合摆放。

| 适合摆放在吉方位的物品 | 适合摆放在凶方位的物品 |
|---|---|
| 电视、音响类、电脑、床、桌子 | 柜子、置物柜、书橱、垃圾箱 |

## 本命卦所决定的吉方位和凶方位

| | |
|---|---|
| **四吉方位** | 生气（最大吉）：能量方位。能充实气力和体力，机遇较多，各种运势都能得到好转。 |
| | 天医（大吉）：治愈方位。对疾病和伤痛的恢复以及压力的消除都具有很好效果。 |
| | 延年（中吉）：继续方位。能有效维持事业运和金钱运。 |
| | 伏医（小吉）：稳定方位。这是各本命卦的定方位，适合补充能量时使用。 |
| **四凶方位** | 绝命（最大凶）：死亡方位。具有断绝万物生命线的大凶作用。 |
| | 五鬼（大凶）：灵魂方位。容易聚集死者亡灵的场所，适合用于已故的人。 |
| | 六杀（中凶）：停滞方位。容易焦躁不安，积压不满，后悔的事会增多。 |
| | 祸害（小凶）：不安方位。容易惹麻烦，要注意防止疾病和受伤。 |

# 各本命卦对应的吉凶方位盘

本命卦分为东四命（坎·离·震·巽）和西四命（乾·兑·坤·艮）两部分。

东四命主要以东侧（北、东、东南、南）为吉方位，西四命主要以西侧（西北、西、西南、东北）为吉方位。

另外，本命卦中还有分别象征各卦的五行、方位、季节及颜色等，这些构成了本命卦的开运诱因。

## 【东四命】

▲ 五行……木，方位……东，季节……春天，色彩……青色，数字……3、8，场所……绿地、公园、花房，时间……上午5点～上午7点。

▲ 五行……木，方位……北，季节……冬季，色彩……黑色，数字……1、6，场所……河流、湖泊，时间……下午11点～凌晨1点。

▲ 五行……木，方位……东南，季节……晚春～初夏，色彩……绿色，数字……3、8，场所……田地、草原、海边，时间……上午7点～上午11点。

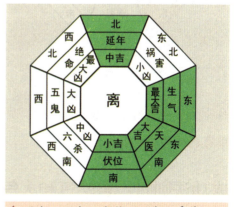

▲ 五行……火，方位……南，季节……夏天，色彩……红色，数字……2、7，场所……美术馆、旅游景点，时间……上午11点～下午1点。

# 西四命

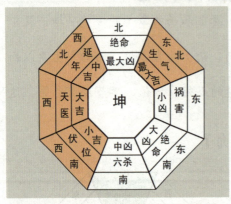

▲ 五行……土，方位……西南，季节……晚夏～初秋，色彩……黄色，数字……5、10，场所……农田、公园，时间……下午1点～下午5点。

▲ 五行……金，方位……西北，季节……晚秋～初冬，色彩……白色，数字……4、9，场所……都市、海边，时间……下午7点～晚上11点。

▲ 五行……土，方位……东北，季节……晚冬～初春，色彩……黄色，数字……5、10，场所……高原、山、高台，时间……凌晨1点～上午5点。

▲ 五行……金，方位……西，季节……中秋，颜色……白，数字……4、9，场所……游乐园、湿地、峡谷，时间……下午5点～下午7点。

※有色的部分代表吉方位。

## 成功法则11：自然气和人气相结合很重要

风水的基本是气，气虽然不可见，但却对人的生活产生各种各样的影响。

气可以大致分为自然气和人气两大类。自然气来自于天地，而人气则是产生于人际交往中。

利用风水调整环境和心情的行为实际上就是一种阻止来自自然和人类的恶气，吸收好气的行为。

此外，气还分为阳气和阴气。这里不存在哪个好哪个坏，结合场所和目的正确运用才是最重要的。

## 成功法则12：调整光、风、水、音、香，营造舒适生活空间

吸收良性气的5个关键词是光、风、水、音、香。这些也都是人类生活中所不可或缺的。

采光和通风良好、水质清洁、没有噪音、没有异味的场所才是产生良性气的必要条件。

为此首先要做的就是扫除和整理、整顿，做到了这一点就可以在很大程度上改善家中流动的气。

另外，光线、声音、香气等这些都是可以人为改变的。还可以使用一些风水小饰物来帮助吸收良性的气。

## 成功法则13：独门独户和集体住宅的风水是不同的

运用风水调整生活环境时，一个重要问题是居住的环境是独门独户还是集体住宅。

独门独户的住宅能够直接接收天地之气，如果是新建住房还可以在建造时融入风水术，或是按照风水进行翻新。

然而如果是集体住宅的话，只能间接接收天地之气，而且房间格局等的选择空间也有限。即使风水条件不好，也是没办法的事情。

但是也不能因为这样就放弃，应该在充分认识集体住宅弊端的基础上运用风水加以改善。

## 成功法则14：玄关和有水处优先实践风水

在集体住宅中实践风水时，确定优先顺序很重要。其中最关键的场所是玄关和有水处（卫生间、厨房）。

因为玄关是气进入家中的入口，而有水处对金钱运、健康运和家庭运有着重要影响。

在挑选房子时首先要检查的就是玄关和有水处是不是位于吉方位。

▲ 玄关和有水处位于凶方位的房子可以使用一些风水小饰物进行改善。

## 成功法则15：家庭运势在很大程度上受周围环境的影响

房子的方位和格局都很好，但不知为什么运势总是不好，采用了很多风水学所介绍的开运方法也不见任何效果……这时候就要重新审视一下房子周围的环境了。

家庭运势在很多情况下都会受到周围环境的左右，包括周围的土地及建筑物等，都有必要重新检查一下。

以下各项是针对土地和建筑物等的风水吉凶判断。符合凶的项目越多说明受到周围的恶性影响越大。

周围的环境我们无法凭一己之力改变，但是可以通过使用一些风水小饰物来防止受到恶性影响。

## 房子周围环境的吉凶一览表

| 吉 | 凶 | 吉凶混合 |
|---|---|---|
| ★房子的东边或南边有路<br>★房子的东边和南边两面都有路<br>★房子建在道路转弯处的内侧<br>★房子附近绿意盎然<br>★房子附近有学校<br>★房子附近有热闹的商店街<br>★房子的西边或西北边有银行<br>★房子附近有圆形建筑物 | ★房子周围被道路环绕<br>★房子建在道路转弯处的外侧<br>★房子建在"T"字路口或死胡同处<br>★房子附近有高速路或停车场<br>★房子被高层建筑夹在中间<br>★房子附近有电线或变电所<br>★房子附近有医院或警察局<br>★房子正冲邻居家房子的尖角 | ★房子附近有寺庙<br>正常祭祀用的场所没有问题，但当地势比自家房子低时就要多加注意了。<br>★房子附近有墓地<br>对心理上会有不好的影响，但比较适合做小本生意的人。<br>★房子附近有地藏菩萨或五谷神<br>如果正对玄关方向则为凶。此外，和神社、寺庙一样地势不能比房子低，也不能对着卫生间的窗子。<br>★房子附近有河流<br>环境优美的河流有吉作用，但是淤塞脏污的河流则要多加注意。另外，水池和沼泽等死水为凶。 |

## 成功法则16：以房子的中心为基准测方位吉凶

　　测方位吉凶时应该以房子的中心为基准。因此准确的房间格局图和方位磁石是必不可少的。

　　如果房子呈正方形、长方形或梯形，则直接在格局图上引对角线，对角线的交点就是房子的中心。如果是二层以上的建筑则必须每层分别测量。阳台和楼厅不包括在内。

　　如果房子有突出或凹陷，则根据突出及凹陷程度改变对角线的引法。

　　找到了房子的中心后，利用方位磁石确定正确方位，然后在格局图上标明。

　　可以将一般常用的风水罗盘重叠在格局图上，就能测出各房间的正确方位。

　　房子的整体方位原则上是以一家之主为中心基准进行测量。而当测量本命卦的方位吉凶时，则要以各人的房间为单位，从房间中心开始测量。

## 房子中心的找法

①没有突出和凹陷：

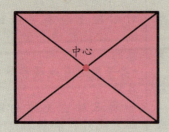

中心

●当整体为正方形、长方形或梯形时，正常引对角线。

②突出部分在1/3以下：

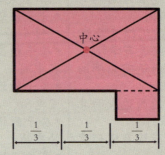

中心

| $\frac{1}{3}$ | $\frac{1}{3}$ | $\frac{1}{3}$ |

●当突出部分在边长的1/3以下时可以无视这部分，正常引对角线。

③凹陷在1/3以下：

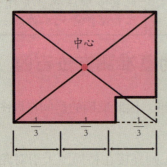

中心

| $\frac{1}{3}$ | $\frac{1}{3}$ | $\frac{1}{3}$ |

●当凹陷部分在边长1/3以下时可以看做没有凹陷，正常引对角线。

④突出或凹陷在1/3以上：

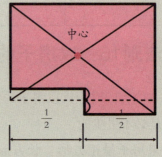

中心

| $\frac{1}{2}$ | $\frac{1}{2}$ |

●如果突出或凹陷部分在边长的1/3以上，则将突出部分和凹陷部分的面积均分，做一个新的四边形，然后在新四边形上引对角线。

# 第二章
## 利用色彩风水抓住幸运

色彩具有提升各种运势的能量。穿在身上或随身携带都能够很好发挥它的功效。我们在日常生活中可以结合自己的愿望选用合适的颜色来获取期望的运气。

# 色彩风水的成功要点

## 1.灵活运用相生相克法则

不同的颜色对人有着不同的影响，有的颜色能使气旺盛，有的颜色则能使气衰退。这是由本命卦的五行相生相克法则所决定的。

例如，当我们想要补充能量时可以多选用能使气旺盛的颜色，而当感觉能量过剩时则可以使用能使能量衰退的颜色。

除此之外，当我们想要击退难缠的对手时，也可以使用对对方来说能使气衰退的颜色。而对于那些能使气衰退的颜色我们不应该一味回避，而是要结合目的灵活运用，这才是最重要的。

## 2.选择与自己愿望相符的颜色

色彩包含着各种不同的含义和能量。例如，想恋爱成功时可以选择粉色，想事业有成时可以选择蓝色，这样有效活用与自己愿望相符的颜色才是色彩风水的关键。

另外，我们在不同的时间段会有不同的喜欢的颜色，有时候会突然爱上某个颜色，这其实是你的潜意识在向你传送信号，可以作为了解自己身体和心理的有效参考。

当你喜欢上以前从没有喜欢过的颜色时，也就是你的运势将要发生改变时。自己要意识到这一点并采取相应行动。

## 3.生活中要注意色彩的平衡

在实践色彩风水的过程中，有很多人的方法都过于偏激。

例如，知道自己的幸运色是红色后就只使用红色，听说黄色对提升金钱运好就把家整个装成黄色的……这其实大错特错了。

选用颜色时最重要的是保持平衡。不管是什么幸运色，过度使用都会产生反面作用而使运势下降。颜色不仅有风水含义，还会对人的心理产生影响。

　　能让情绪平和稳定是颜色使用上的一个重要因素。无论是什么样的幸运色，如果只使用这一种颜色的话都会造成家中气流的紊乱。

　　要考虑到整体的平衡，把幸运色作为关键色使用，再搭配上其他颜色保持平衡，这才是色彩风水的正确实践方法。

　　在这里我们将向大家介绍各方位颜色所具有的能量和含义。选用符合自己愿望和方位的颜色是正确运用色彩风水的关键所在。

## 风水色彩方位盘

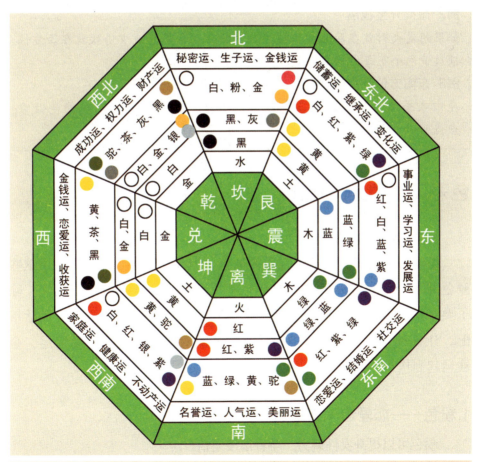

▲ 从风水盘的内侧向外依次为：本命卦→五行→五行的象征色→各方位的基本色→各方位的幸运色。

各方位的颜色主要分为3种：①象征方位五行的颜色。②方位的基本色。③方位的幸运色。

可以说，做到了根据目的灵活运用3种颜色也就掌握了色彩风水成功的关键。

除此之外，还可以根据自己的本命卦选用合适的颜色。

五行中关系相克的颜色，在组合使用时也要多加注意。

---

**例1 想提升事业运**

可以选用掌管事业的东方位所对应的幸运色蓝色或红色。

**例2 想提升金钱运**

如果想发大财就在西北方位摆放黄金物品。如果想减少借款就在西方位摆放黄色小花或小物品。

**例3 东南方位卧室的装修**

应以东南方位的基本色蓝色或绿色为主，以幸运色红色或紫色做重点点缀。

---

## 色彩风水的具体运用

利用色彩的力量提升运气！

虽然每个人都有自己所喜爱的颜色，但在生活中一味的只使用这些颜色并不能带来好运气。如果你想利用色彩来提升自己的好运气，除了要了解各色彩所对应的开运含义之外，更重要的是还要学会灵活搭配，让各种色彩保持一种平衡，这样才能对提升事业运、爱情运、金钱运起到作用。

### 1.粉色——恋爱运·结婚运

粉色可以提升女性魅力，孕育浪漫爱情！

**（1）推荐使用场合**

●期望新的约会时；

●想加深与恋人的感情时；

●想结婚时；

●想提升魅力时。

粉色是能够提升恋爱运和结婚运的颜色。当期望新的约会或是希望与恋人的关系保持顺利进展时，不妨积极地选用粉色。

另外，粉色还能给人温柔可爱的感觉，可以提升女性的特有魅力。

▲ 粉色具有调整荷尔蒙平衡的功效。从这一点来说，粉色也是女性生活中不可或缺的颜色。

### （2）成功贴士

为了能更好提升恋爱运和结婚运，可以每日随身携带粉色的小物或在自己的房间中使用粉色装饰物。

但要注意不要所有的东西都是清一色的粉色，重点选用就可以了。

想提升女性魅力时，把内衣、睡衣、床单等这些贴身的衣物都换成粉色会更有效果。

### （3）服装

将粉色穿在身上能更好地发挥效果。

想提升恋爱运时可以穿着带蕾丝或饰边的粉色内衣。手帕等随身携带的物品也最好能选择粉色。

另外，想让自己变得温柔可爱的话可以在睡觉时穿粉色的睡衣。这样可以在睡眠中唤醒自身潜在的女人味。

### （4）妆容

想通过联谊或介绍获得良缘时，最适合选用粉色底妆。用棕色眼线搭配粉色眼影突出眼部神韵，能够增加对异性的吸引力。

与恋人吵架后，涂上粉色的口红有助于两人和好。

另外，想向暗恋的对象告白时，涂上较深的粉色口红可以帮助告白成功。

### （5）装饰物·小物品

当感觉和恋人或丈夫的关系进入倦怠期时，可以使用粉色的床单或窗

帘。如果是粉色圆点图案则效果更佳。

另外，想改变自己好胜和任性的性格时，推荐使用粉色的靠垫。这样既可以留住原本好的气，又可以让自己变得直率和温柔。

使用粉色的装饰物时要尽量避免使用原色系，宜选择浅色系。

## 2.红色——事业运·胜负运

红色能让身心变强，让你充满能量！

### （1）推荐使用场合

●想提高自身能力，获得认可时；

●想在比赛中获胜时；

●想让身心变强时；

●想求子时。

红色具有火一般的能量。想在事业、恋爱或赌博中一举获胜时可以使用红色。由于红色还象征知识和权力，因此它还有助于展现自身实力。

除此之外，红色还具有增强性能力的效果，因此比较适合求子心切的父母。

▲ 红色具有增强代谢的效果，因此比较适合减肥中的人使用。

### （2）成功贴士

由于红色拥有非常强烈的气，因此在使用时一定要注意保持平衡。想在恋爱和工作中取胜时可以选择显眼的红色服装或小物。

另外，想增强身心能量时可以穿着红色的内衣或睡衣。

但是过多使用红色的话会给人争强好胜的感觉，因此在使用时一定要控制好量。

### （3）服装

想充满能量时最好选择红色的内衣。这样可以增强内在能量。除此之外它还可以让人精力旺盛，因此想求子时可以试一试。

想疾病和伤痛早日康复时，选择红色的睡衣比较有效果。

想事业、交易成功时可以在西装、裙子等的可见部位使用红色点缀。

### （4）妆容

想提高自身的干劲时最好涂红色的指甲油。指尖是视线集中处，因此在指尖处使用红色能够通过眼睛吸收到强大的能量。这在赌博等场合也同样适用。

红色的口红可以提升性感魅力，但是只适合在胜负关键时刻使用，平常频繁使用的话会使红色的能量降低。

### （5）装饰物·小物品

带有强烈阳气的红色如果在生活空间中过度使用，会影响气的休息。因此用于装修时最好只作重点点缀。

埋头于工作时点上红色的蜡烛或台灯有助于灵感的迸发。

另外，红色的靠垫和地垫还能让人的心情变得开朗积极。因此在失落消沉时不妨一试。

## 3.橙色——人际交往运·人气运

橙色能提升他人对你的好感度，让你的人际关系变得更圆满！

### （1）推荐使用场合

● 想消除人际关系困扰时；

● 想有新的际遇时；

● 想给对方好印象时；

● 想变得开朗充满活力时。

橙色是具有柔和火气的颜色。能给人留下开朗温顺的印象，适合想改善人际关系的人使用。

另外，在失落消极时使用的话能够恢复元气，让人变得积极向上。

▲ 虽然同属火，但橙色远没有红色那么强烈，因此即使每天穿橙色的衣服也没关系，它能够拓展人与人之间的缘分。

**（2）成功贴士**

橙色根据浓淡不同，其火气的强度也不同。想提升人际交往运时最好使用浅橙色的衣服和小物。

想恢复元气或振奋精神时适合使用较深的橙色。

如果是性格消极的人，在房间装饰中使用橙色物品做点缀，能够让自己变得更加积极。

**（3）服装**

在人际交往中有困扰时适合穿着浅橙色的衣服。与内穿相比，穿在外面更容易吸收能量。

另外，将橙色运用于恋爱中时，柔软材质的衣服最合适。

想增加自己的自信时可以穿橙色的内衣。这样心情就会变得积极向上，对任何事情都能全力以赴。

**（4）妆容**

想坚持自己的主张，但又不想招致周围人的反感时，就选择橙色系的口红吧。它能帮助你自然而然地获得周围人的支持。

同时，橙色系的眼影还有提升社交运的效果。当你在人际交往中有困扰时就让它来帮助你吧。

而当你处于消极状态时，橙色的指甲油则能帮助你恢复元气。

**（5）装饰物·小物品**

橙色的床单能够帮助改善人际交往运势。格纹图案的橙色床单能使效果加倍。

另外，在餐具和桌布中加入橙色的话，能使餐桌上的谈话更加融洽，还能加深家人之间的感情。

而橙色系的文具（手册、笔等）有提升情报运的效果。在工作和恋爱中使用，会收到意想不到的好消息。

## 4.黄色——金钱运·社交运

黄色能让你变得更加善于交际，也会让金钱运变得越来越好！

**（1）推荐使用场合**

●想让人际交往更加顺利时；

●感觉日常生活烦闷无聊时；

●想存钱时；

●想减少不必要的支出时。

黄色有提升社交运和金钱运的力量。接近土黄色的黄色能够使人胸襟豁达，增强社交能力。

▲常吃黄色系的冰淇林，对于提升金钱运很有效果。

而明快系列的黄色则有提升金钱运的效果。由于它是象征富裕的颜色，因此还有利于储蓄。

**（2）成功贴士**

黄色所具有的能量会因为其使用方法不当而产生相反的效果，因此一定要多加注意。

黄色如果用得太多会给人轻薄的印象，而且过多的黄色会刺激人的享受欲望，从而增加不必要的花费。

将黄色用于装饰或服装时只能作为关键色使用。另外，与白色或棕色搭配使用能够使黄色的功效加倍。

**（3）服装**

想改善与难缠对象的关系时可以穿黄色的服装。与浅色系相比，接近芥末色的稳重感黄色效果更佳。

黄色的睡衣具有提升金钱运的效果。尤其适合有借钱癖好的人及攒不下钱的人。

此外，当感觉到每天的生活都很无聊烦闷时，可以穿着黄色的内衣，就能增加很多生活乐趣。

**（4）妆容**

想提高自己的社交能力时，可以选择黄色的指甲油。注意，不要用单色，而要与其他颜色组合做指甲彩绘，这样可以使效果大大提升。

而黄色的眼影能坚定人的金钱观，因此在外出游玩时选择黄色系的眼

影能够避免许多不必要的支出。搭配黑色的眼线则效果加倍。

### （5）装饰物·小物品

如果想提升家庭整体的金钱运，可以使用黄色的沐浴用品及厨房用具。因为浴室和厨房是充满金运之气的地方。尤其是每天使用的牙刷、毛巾和餐具垫更宜使用黄色。

除此之外，位于西侧的房间最好选择黄色的窗帘。它能防止漏财，提高储蓄运势。其中以柔和的黄色系为最佳。

## 5.棕色——家庭运·稳定运

棕色能维持家庭的和谐和稳定！

### （1）推荐使用场合

● 想消除家庭内部矛盾时；

● 想改善夫妻·亲子关系时；

● 想让自己的努力有所回报时；

● 想追求安稳和放心时。

棕色是象征大地的颜色。具有能让万物安定的能量，能保持人与人之间的和谐。在家庭以及职场中运用棕色，能够使气变得稳定。

▲ 想给人值得信赖的第一印象时，棕色是最好的选择。

另外，它还能表达认真和坚定，因此还适合在面试、商务贸易、相亲等场合使用。

### （2）成功贴士

棕色和驼色及奶油色等搭配用于室内装饰，能够使家中充满安定感。

但是穿在身上时要多加注意，虽然能让人看起来很稳重，却也容易给人单调的印象。

棕色和橙色、黄色等暖色系搭配能够增加适度的华丽感。

### （3）服装

想得到恋人的求婚时最适合选棕色系的服装。与橙色搭配还能够提高结婚的气。

另外，在就职面试等场合也适合穿棕色的西装，容易赢得对方的信赖。

但是，深棕色过于稳重老成，不适合年轻人，要尽量避免使用，或者选用驼色系代替。

### （4）妆容

当夫妻关系或婆媳关系不融洽时，最好选择棕色系或驼色系的自然妆容。它能使原本不安定的气变得稳定，使关系好转。等状态有所改善了，再搭配淡粉色或橙色系的口红。

另外，驼色系的指甲油具有稳定自身情绪的作用。当情绪不稳定时可以尝试使用。

### （5）装饰物·小物品

棕色和驼色是比较适合室内装饰的基础色。例如，与地毯相比，木地板更能稳定家中的气。尤其是处于叛逆期的孩子的房间更适合使用棕色。不过，在用于孩子的房间时应该只作为重点色使用，然后再搭配粉色或绿色。

另外，当内心郁结找不到出口时，使用棕色的文具能够使气的流动变得和缓、平稳。

## 6.蓝色——事业运·才能运

蓝色能够激发潜能，提升事业运!

### （1）推荐使用场合

●想集中精神时;

●想提升职场地位时;

●想赢得周围人的信赖和威望时;

●想在学习或考试中发挥自身实力时。

蓝色是象征希望和成长的颜色，穿着或使用蓝色能够提高自身的干劲，给周围的人安定感和信赖

▲蓝色具有稳定情绪的效果。当感觉压力较大时可以在房间内摆放大海或天空的图片。

感，是比较适合在办公场所使用的颜色。

此外，蓝色还具有激发学习欲望的效果，因此将它应用于孩子的房间有助于提高学习成绩。

**（2）成功贴士**

如果想获得事业成功，可以在披肩、领带、衬衫等衣物中加入蓝色。能够给人精明干练的印象。

但由于蓝色是冷色系，会给人冷冰冰的感觉，因此需要和暖色系搭配使用。特别是女性，应尽量避免使用深蓝色，而应以柔和的蓝色代替。

此外，想营造稳重、冷静的氛围时，可以在室内装修中加入蓝色。

**（3）服装**

具有提升事业运能量的蓝色最适合男性使用。穿着蓝色系的领带和衬衫能够受到更多机会的眷顾。蓝色的睡衣也能在睡眠中提升事业运。

女性在使用蓝色时最好的选择是浅蓝色的外套和裙子。另外，蓝色的内衣也很有效果。但是由于蓝色是冷色系，体寒的女性要慎重使用。

**（4）妆容**

想赢得周围人的信赖时蓝色是非常适合的颜色。画上蓝色系的眼影能够给人冷静和知性的印象。这时搭配浅粉色或橙色系的口红和腮红，能适度增加女性魅力。

蓝色系的指甲油也能让人保持冷静和稳重，眼高手低以及容易粗心犯错的人不妨一试。

**（5）装饰物·小物品**

想提升成功运势时可以使用蓝色系的文具，而将之置于桌子的右侧则吸收运气的能力更强。

另外，想提高孩子的学习热情时，可以选择蓝色系的窗帘和床单。条纹和格纹图案最好。但是如果是女孩子，则要以浅蓝色为主，然后搭配粉色或橙色等较暖的颜色。

### 7.绿色——健康运·家庭运

绿色对人的身心健康非常有益，能让你活力充沛！

**（1）推荐使用场合**

● 想充满活力健康地生活时；

● 想拥有快乐幸福的家庭时；

● 想改善家中气的流动时；

● 想提升自我时。

绿色是拥有大自然能量的神秘色彩。它能稳定家中的气，治愈心灵和身体的创伤。想提升健康运和家庭运时不妨积极选用。

此外，绿色还是象征发展的颜色，因此还有利于提升事业运。

▲ 在家中有恶气的场所放置绿色小物品能够使气得到净化。而绿色的餐具则有提升健康运的效果。

**（2）成功贴士**

为了提升健康运和家庭运，可以将绿色运用于家中。摆放叶类植物也是不错的选择。

浅绿色小物品对提升健康运、苔绿色小物品对提升家庭运都具有不错的效果。领带和手帕中也可以适量运用。

而且带有木气的绿色还能调和火气和水气，因此在使用水火的厨房和浴室中绿色也是不可或缺的。

**（3）服装**

想保持身心健康时可以穿着绿色的睡衣睡觉。在睡眠中吸收绿色带有的新鲜之气。而当情绪低落时则适合穿绿色的内衣，它能使你恢复良好的精神状态。

在提升健康运方面，男性可以佩戴绿色系的领带，女性可以选择绿色系的外套或下装。注意一定要选择色调明快的绿色。

**（4）妆容**

绿色有吸收新鲜运气的效果。当想要告别过去迎接新的开始时，可以选择绿色系的眼影给自己打气。想要离婚时也可以画个绿色的妆容更好地

和过去告别。

另外，能从手部吸收能量的绿色指甲油在提升健康运的同时还能够提升美丽运势，很适合减肥的美眉使用。

**（5）装饰物·小物品**

厨房、起居室、餐厅等家人聚集的场所适合摆放绿色系的装饰物。厨房垫、靠垫、餐具垫等也选择绿色的话还可以稳定家中的"气"，保证全家人的幸福生活。

另外，使用绿色的卫浴用品也能够提升健康运，但使用的时候不要单色用，与白色组合使用才是提升运势的关键。

## 8.黑色——储蓄运·秘密运

黑色具有留住一切的力量！

**（1）推荐使用场合**

●想存钱时；

●想保持当下的状态时；

●想给人稳重的印象时；

●想隐藏秘密时。

黑色具有留住一切的能量。在机会来临时使用能够留住好运气。但是它也能够留住坏运气，因此把握好使用的时机非常重要。

由于它还是象征秘密的颜色，因此想要隐藏或掩盖某些事情时也可以使用。

▲ 过度使用黑色会使人内心的秘密增多，另外还要避免单调的全黑的室内装饰。

**（2）成功贴士**

黑色具有强烈的阴气，过度使用会导致丧失原本的开朗性格，因此要谨慎。

当身体状况欠佳或情绪低落的时候要避免使用黑色。

另外，黑色还会让人看起来显老，因此要避免穿一身黑。和其他颜色灵活搭配更有利于其效果的发挥。

### （3）服装

黑色具有留住金运等各种运势的能量，在运气上升时穿着黑色的衣服可以一直保持这种良好的状态。

但有一点要注意，黑色的衣服会让你看起来比实际年龄显老，因此对美丽运有一定的负面影响。

穿黑色衣服时最好能搭配粉色或橙色等明亮色系的内衣和小饰物，以此来调节气的平衡。

### （4）妆容

黑色是眼妆的必备颜色。眼睛是身体中气大量集中的能量部位之一。眼睛有神的人能够更好地吸收自己想要的运势。总是把握不住机会的人可以尝试画黑色的眼线增加眼部能量。想要提升恋爱能量就一定要认真地把睫毛夹翘涂上黑色的睫毛膏。

### （5）装饰物·小物品

想保守秘密时可以选择黑色的桌子和颜料盒。如果是关于恋爱的秘密则要把黑色的物品摆放在北方位。

而使用黑色的电脑或手机则可以在事业上为你赢得更多的机遇。

想改善日常的经济状况时最好是使用黑色的钱包，有助于生财。

## 9.紫色——名誉运·援助运

紫色能给人高贵的感觉，能让你从人群中脱颖而出！

### （1）推荐使用场合

● 想提升品格时；

● 想赢得地位和名誉时；

● 想受人关注时；

● 想击退欺负你的人时。

▲ 紫色的颜色越浓，其气越强大。日常使用时选择浅色系的就好。

紫色是高贵的颜色，能够有效提升自身档次。当自身的档次和品位都提高了，自然就能赢得周围人的尊敬了。

紫色还有很强烈的气场，能给周围带来震慑力，因此在想要击退不怀好意的人时使用非常有效。

**（2）成功贴士**

紫色虽然能提升自身档次，但如果过度使用的话反而会适得其反，给人不可接近的印象。

紫色不仅在日常生活中使用会带来好运，在胜负关键时刻使用会更有效果。

经常随身携带紫色的小物品，对于对付那些不怀好意想要欺负你的人非常有效，这时候适合选择深紫色系。

**（3）服装**

紫色是能提高自身档次的颜色。但是只适合在外套或下装中点缀使用，一身紫的装扮却往往会适得其反。而本身就没什么气场的人如果穿深紫色，反而会更加削弱自己的能量，因此在日常生活中最好是选择浅紫色。

**（4）妆容**

想嫁入豪门或平步青云时可以借助紫色系眼影或口红的力量，但颜色不宜过深，太深的颜色会显得自我主张太强而使别人敬而远之，自然的妆容最好。

而容易被人欺负、受人利用的人则适合涂淡紫色的指甲油，能于无形中对周围产生威慑力，赢得别人的敬重。

**（5）装饰物·小物品**

想在工作中赢得地位及名誉时可以使用紫色系的文具，特别是手册、名片夹等曝光率高的文具。如果是女性的话则可以选择紫色的化妆包。

除此之外，淡紫色的床单也有提升自身气的效果。尤其是位于凶方位的洗手间，通过使用紫色的毛巾和座便套可以帮助你转运。

## 10.白色——开端运·净化运

白色意味着抹去一切，重新开始！

### （1）推荐使用场合

● 想重新开始时；

● 想转换心情时；

● 想改变印象时；

● 想重归于好时。

白色是象征新生的颜色。想将过去格式化重新出发时，或是想换个心情时，白色都是最好的选择。

如果和其他颜色搭配，还能使搭配色的能量倍增，因此使用频率颇高。

▲ 白色是很容易显脏的颜色，保持干净的状态是发挥白色能量的关键。

### （2）成功贴士

想有足够的能量重新出发时，可以选择白色的内衣或是白色的寝具。

想跟争吵的对方重归于好时最好穿白色的衣服。

另外，白色跟不同的颜色搭配可以提升不同的运势，例如想提升恋爱运时可以跟粉色搭配，想提升事业运时可以跟蓝色搭配，想提升金钱运时可以跟黄色搭配，想提升健康运时可以跟绿色搭配。

### （3）服装

想重新开始或改变居住和工作环境时，适宜穿白色的内衣。这样可以为自己指引光明的未来。例如，初次约会时穿白色的内衣能使恋情有个顺利的开始。

再者，麻烦缠身或有烦心事时可以穿着白色的睡衣睡觉，有助于除去恶气。

### （4）妆容

如果想给人留下很好的第一印象，可以在画完妆后扑上一层白色散粉，能够使你自身的气和对方的气完美融合。适合在工作、联谊等初次见

面的场合灵活使用。

如果想赢得男性的好感可以涂白色指甲油，与粉色和橙色搭配做指甲彩绘则效果加倍。

### （5）装饰物·小物品

工作室、书房和小孩子房间的墙壁最好用白色或象牙色统一。这样能集中注意力，提高工作和学习的效率。

另外，随身携带一条白色手帕也有利于提升运气，它能够使你当天服装颜色的能量倍增。

在提升美丽运方面，白色的化妆包非常有效果。

## Tips 小贴士

### ※ 家居色彩运用的四大注意事项

色彩对人体生理机能是很有影响的，合理的色彩调配可以使人身心愉悦、生活美满，工作高效。判断一套住宅是否兴旺，首先要从它的主色调以及色调搭配来看，看是否顺应五行相生之理；顺之则吉，不顺则不旺。有以下四点是居家风水色彩中必须注意的。

**天清地浊：**天花板的颜色尽量使用浅色的，地板的颜色则要比天花板深。

**最好不用太多的红色和黑色做室内的主色：**红色太多，使人眼睛负担过重，而且容易让人心情暴躁，所以，红色可作为搭配色调，而不适宜作为主题色调。黑色太重，容易使人产生压抑之感，久而久之，对主人的情绪、精神状态都有不利影响。

**慎用橘红色：**橘红色太多，会使人心生厌烦，还可能会对人的神经系统产生压力。

**慎用粉红色：**新婚夫妇，为了调节闺中气氛，经常把屋子变成了粉红色的天地，这在人们眼中看来是极富罗曼蒂克气氛的。但时间久了，两人会产生莫名其妙的心火，容易为芝麻小事争吵，有的甚至大打出手，浪漫气息荡然无存，所以建议家居中不要大量使用粉红色。

# 第三章
## 利用花草风水 呼唤幸福

花和叶类植物都具有调节气的作用。装饰在房间里不仅赏心悦目，还能提升自身的运气。另外，花的能量随颜色和形状各有不同，因此在使用时一定要选择适合自己的花。

## 花草风水的成功要点

### 1.根据五行选择花和花器

　　花和其他叶类植物都带有基本的木气。但从花叶的形状和颜色等方面还可以将它们按照五行进行归类。

　　结合自己的目的选择适合自己的五行之花是花草风水成功的关键。

　　此外，装花的花器依据其材质不同，五行也各不相同。你可以选择与花的五行相同的材质，也可以选择对花的五行有增强作用的材质。还可以根据花草摆放方位的五行选择合适的花器材质。

▲ 用鲜花开运的成功关键是结合自身的五行来选择花与装花的花器。

　　从现在开始，就参考下文表格中的指示，将花草风水运用于生活中吧。

<h2 style="text-align:center">花和花器的五行一览表</h2>

| 五行 | 木<br>事业运<br>发展运 | 火<br>人气运<br>美丽运 | 土<br>家庭运<br>结婚运 | 金<br>金钱运<br>独立运 | 水<br>恋爱运<br>性运 |
|---|---|---|---|---|---|
| 方位 | 东<br>东南 | 南 | 东北<br>西南 | 西<br>西北 | 北 |
| 花色 | 绿色<br>蓝色 | 红色<br>粉色 | 黄色<br>橙色 | 白色 | 奶油色<br>黑色 |
| 花的种类 | 蓝星<br>雏菊 | 玫瑰<br>郁金香<br>菊花 | 小苍兰<br>向日葵 | 百合<br>兰花<br>海芋 | 毛茛花<br>水仙 |
| 花器素材 | 木制 | 塑料材质 | 陶制 | 金属材质 | 玻璃材质 |

### 2.使用带有新鲜之气的插花

　　花草风水成功的另一基础是使用新鲜的插花，千万不要为了省事而选择不用照料的人造花。人造花所具有的是死气，鲜花之所以较人造花旺运就是因为它所具有的生命力。

　　需要注意的是，种在花盆里的花也不适合摆在室内，最好是摆在室外。但是叶类植物除外，将叶类植物摆在室内能够改善气的流动。

## 花草风水的具体运用

### 1.恋爱和结婚

#### （1）将花摆放在桃花位召唤恋情

　　想谈恋爱但桃花不旺的人宜利用风水来提升恋爱运势。这时候就要用到桃花位了。桃花位又名恋爱方位，顾名思义就是能提高恋爱运的方位。

在桃花位摆放红色、粉色或橙色的花能够自然而然增加与异性的缘分，提升恋爱运。桃花位的找法有很多，可以根据自家的格局将花摆在合适的方位。其摆放的优先顺序为本命卦、玄关、干支。

◆ **成功贴士**：摆放的花以菊花、郁金香、豌豆花等为佳，想求约会时可以摆放粉色的花，想跟单恋对象告白成功时可以摆放橙色的花，想打败情敌时可以摆放红色的花。

▲ 粉色的菊花能够增强约会运势，适合正在寻找恋人的人使用。

## 本命卦对应的桃花位

自己的本命卦所对应的延年方位就是桃花位。

| 本命卦 | 坎 | 离 | 震 | 巽 | 乾 | 兑 | 艮 | 坤 |
|---|---|---|---|---|---|---|---|---|
| 桃花位 | 南 | 北 | 东南 | 东 | 西南 | 东北 | 西 | 西北 |

## 玄关对应的桃花位

知道自家玄关的方位就知道桃花位在哪了。这是全家人共同的桃花位。

| 玄关的方位 | 寅（东东北）午（南）戌（西北西） | 申（西西南）子（北）辰（东东南） | 巳（南东南）酉（西）丑（北东北） | 亥（西北北）卯（东）未（南西南） |
|---|---|---|---|---|
| 桃花位 | 东 | 西 | 南 | 北 |

## 干支对应的桃花位

这个桃花位是由出生年的干支所决定的。

| 干支 | 午·戌·寅 | 子·辰·申 | 酉·丑·巳 | 卯·未·亥 |
|---|---|---|---|---|
| 桃花位 | 东 | 西 | 南 | 北 |

### （2）卧室的玫瑰可以带来幸福的婚姻

象征爱情的玫瑰在提升恋爱运和结婚运中是不可或缺的。特别是现在正考虑和恋人结婚的女性，更应该在卧室内摆放玫瑰。

人在睡眠期间会吸收各种各样的气，将玫瑰摆放在卧室床头或桃花位，能够在睡眠中吸收玫瑰的爱情能量。

这时候的玫瑰一定要是剪下来的鲜花，这一点是关键。最好用白色圆润的玻璃材质的花瓶。

还有一点，玫瑰的颜色不同其具有的爱情能量也不同，因此想求幸福婚姻的人应该选择粉色的玫瑰。

▲ 在卧室的桃花位摆放玫瑰能增强屋主人的爱情能量。

◆**成功贴士**：玫瑰的刺具有驱除邪气的作用，但用在恋爱缘分方面则会产生反作用。所以摆放的时候一定要记得将刺拔掉。

## 不同颜色的玫瑰所具有的能量

| 粉色 | 通往幸福的婚姻 |
|---|---|
| 橙色 | 带来新的约会 |
| 红色 | 享受热烈的恋情 |
| 黄色 | 异性缘极佳 |
| 白色 | 会有金玉良缘降临 |
| 紫色 | 嫁入豪门 |

## 2.事业

### （1）小仙人球能帮助预防工作中的困扰

公司是各种人气聚集的场所。这些气中有好也有坏，随之而来也就会有或好或坏的影响。当你发现自己付出很多努力但却麻烦不断时，这时候你很可能是受到了恶气的影响，你可以利用小仙人球来化解。方法很简单，将小仙人球放在自己的办公桌上即可。

带刺的仙人球具有阻断恶气的能量，能够反射人群聚集场所里的恶气，防止麻烦上门。另外还有击退难缠对手的效果。

◆**成功贴士**：仙人球不只反射恶气，良性的气也反射，因此当职场中的气不是很糟糕时，只用小仙球来改善气的流动即可。

### （2）玄关处的花能使工作机遇倍增

玄关既是家的脸面，也是所有气的入口。玄关处的风水对于家庭整体气的提升起着关键性的作用。

特别是当你想提升事业运时，在玄关处摆放花非常有效。新鲜的花气能刺激周围的环境，令机遇不期而至。

玄关处适合摆放阳气充足的明亮色系的花。向日葵、玛格丽特、大波斯菊、大丁草等圆形的花都是不错的选择。此外，摆放当季的鲜花也不错，能够吸收每个季节最好的运势。

▲ 向日葵拥有太阳的能量，摆在家中能使家中明亮，充满活力。

◆**成功贴士**：装花的花瓶应该选择与玄关方位的五行相符的。另外，只有新鲜的花才有花气，因此每天都要给花换水，细心照料。

## 3.金钱

### （1）西方位的向日葵能防止浪费

对于有冲动购物和赌博的嗜好、喜欢无端花费的人来说，借助向日葵的力量能大大改善浪费的毛病。向日葵是一种象征太阳的带有强烈"气"的花，适合摆放在西方位。

西在主司金钱运的同时还是象征着游戏和享乐的方位。如果西方位的气停滞，就很容易产生浪费倾向。尤其是玄关位于西方位的房子更要注意。

在西方位摆放向日葵就能够在一定程度上调整西方位的气，没有向日葵的季节可以利用黄色的菊花或郁金香等来代替。

◆**成功贴士：**向日葵也适合放在采光不好的玄关处。它可以代替太阳为玄关带来阳气，除了真花外，向日葵的写真图片也能起到相同效果。

### （2）叶类植物调整金气

风水学中认为有水处即是"有金处"。因此家中有水的地方是提升金钱运的关键场所。

尤其是既有水又有火的厨房，气很容易被打乱，这时摆放一些叶类植物可以起到很好的调节作用。因为叶类植物在五行中属木，具有调和水、火的能量。

但是切忌摆放盆栽的叶类植物，因为盆栽植物带有土气，而土会使水变得浑浊，因此放在厨房或浴室里时可以用无土栽培的叶类植物代替。

▲叶类植物能很好地调节厨房内紊乱的气。

◆**成功贴士**：如果放在厨房或浴室里的叶类植物很快就枯萎了，说明那里的恶气太重。这时候需要认真检查一下通风、采光和装修等方面是不是有问题。

## 4.家庭

带有土气的花能消除家庭内部矛盾，当夫妻关系或亲子关系出现问题时，在家中摆放带有土气的花能够改善这一状况。

五行中的土主家庭运，因此在家中摆放带有土气的花能够提升家庭运。小苍兰、秋牡丹、豌豆花等都是不错的选择，可以将这些花摆在餐厅、起居室等家人经常聚集的场所。

另外，在起居室中除了花之外还可以摆放叶类植物，它能够改善家庭整体的气的流动，例如橡皮树、黄金葛等。

▲ 尖叶的叶类植物具有阻止邪气的效果，适合摆放在凶方位。

◆**成功贴士**：丝兰、龙血树等尖叶的叶类植物对良性的气也有反射作用，因此为了保险还是不要将其放在餐厅和起居室。但是放在凶方位却可以起到驱邪避凶的作用。

## 5.健康&美容

花有着各种各样调养身心的能量。要想在生活中灵活运用，了解各种花具有的含义和能量很重要。

尤其在用于提升健康运时，正确利用并且发挥花的自身功效是保证这种提升功效的前提。可以参照下文中的鲜花能量一览表，对照不同时期的自身情况正确取用。

除此之外，用于提升健康运的花草风水摆放的场所很关键。其中最易吸收花气的地方是卧室，将花草摆放在卧室中能够使家人在睡眠中吸收花的能量。

◆**成功贴士**：浴室、洗手间和餐厅也会对健康运产生很大的影响，想求得家人健康，可以在这些场所摆放玛格丽特、紫罗兰和小苍兰等。

▲ 紫色的花能冲淡恶气，适合在身体状况欠佳时使用。

## 鲜花能量一览表

| 症状 | 有治愈效果的花 |
| --- | --- |
| 紧张压力 | 豌豆花、铃兰、红瞿麦、丁香 |
| 情绪稳定 | 鸢尾花、满天星、小苍兰、薰衣草 |
| 精力充沛 | 卡特来兰、紫云英、三色堇、木槿花 |
| 疲劳 | 藏红花、紫罗兰、紫阳花、薰衣草 |
| 减肥 | 百合、龙胆、洋桔梗、菊花 |
| 失眠 | 鸢尾花、满天星、向日葵、薰衣草 |
| 食欲不振 | 大丁草、樱花、蒲公英 |
| 感冒 | 桔梗、金盏花、南非百合、鸭跖草 |
| 寒症 | 红色秋牡丹、木槿花、福寿草 |
| 头痛·头晕 | 秋牡丹、紫罗兰、勿忘我、白菊 |
| 眼睛疲劳 | 康乃馨、玫瑰、圣保罗堇 |
| 肩酸 | 紫罗兰、蜂鸟花、福寿草 |

## Tips 小贴士

## ※ 家居空间摆放鲜花的原则

在家中添置一瓶鲜花，会使心情更加美好，房间也会充满生机，摆放鲜花要注意什么事项呢，我们从以下八点来论述。

**客厅摆放鲜花原则：** 客厅是亲朋好友聚会的地方，可以选择一些鲜艳的花瓶，给客厅带来热烈的气息。花束可适当大些，让人一进客厅视线便马上为之吸引。

**卧室摆放鲜花原则：** 卧室不仅仅提供给我们舒适的睡眠，更是我们思考和抚慰心灵的地方。因此，用鲜花布置卧室时，应根据房间内墙壁、天花板吊顶、地板以及家具和其他摆放物的色彩来选定。

**餐厅摆放鲜花原则：** 餐桌是大家用餐与交流的地方，花瓶的高度不宜太高，否则会影响到大家交流的视线。

**书房摆放鲜花原则：** 即便不插花，花瓶本身也能用来装点书房，不过要根据房间和家具的形状、大小来选择花瓶的形状。如书房较狭窄，就不宜选体积过大的品种，以免产生拥挤压抑的感觉。

**厨房摆放鲜花原则：** 厨房环境首先应考虑清洁卫生，植物也应以清洁、无病虫害、无异味的品种为主。

**卫浴间摆放鲜花原则：** 卫生间在适当位置做几个花架，摆几盆鲜花或盆景，会增加居家生活的情趣。

**玄关摆放鲜花原则：** 玄关放置鲜花要选择清洁的花束，另外在玄关处放置粉红色花卉有利于人际关系融洽。

**财位摆放鲜花原则：** 客厅的最重要方位在风水中被称为财位，财位的最佳位置是客厅进门的对角线顶端上，在财位方向摆放鲜花，会大大增加财运。

# 第四章 利用方位风水 吸收运气

方位在风水的实践过程中起着关键性的作用。方位的能量虽然是无形的，但却有着巨大的影响力。从现在开始，学习运用自己的幸运方位吧。

## 方位风水的成功要点

### 1.风水以八方位为中心

左右风水成功的重要关键是方位的运用方法。方位分为八方位和二十四方位。

在风水的实践过程中首先要确认的就是八方位。最大限度地活用北、东北、东、东南、南、西南、西、西北这八个方位的能量，才有可能吸收到强大的运气。

而二十四方位则是关系到房子本身运气的关键方位，这种方位的判断方法比较难，最好是请风水专家看。

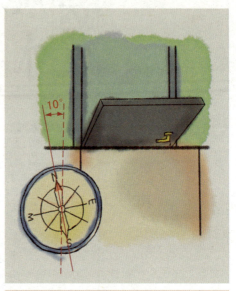

▲ 方位的运用关系到住宅的运气。

### 2.结合自己的愿望活用方位的力量

八方位各自主司不同的运气，在了解的基础上加以活用才是最重要的。例如，即使同是金钱运，各个方位的能量也不同，西方位是主掌防止浪费的，东北方位是主掌储蓄的，要根据各方位的不同能量有针对性地运用。

### 3.找到自己专属的幸运方位

想成功实践风水术就要灵活运用取决于本命卦的幸运方位。尤其是在装修自己的房间时，最好能结合八方位的能量加以活用。

# Tips 小贴士

## ※ 明确方位的含义和能量

下面的方位盘从外到内依次为二十四方位、九星、方位运势、家庭的定方位、本命卦、八方位，可以在考察家人和自身运气，以及实践风水时作为参考用。

**例1：想跳槽成功时**

可以改变主司事业运的东方位的装修，利用实践方位风水的开运方法来获得成功。

**例2：想使长女的状况好转时**

重新审视象征长女的东南方位，找到解决线索。

**例3：想改善金钱运时**

想储蓄的话就找北方位和东北方位，想防止浪费的话就找西方位，根据不同目的有针对性活用。

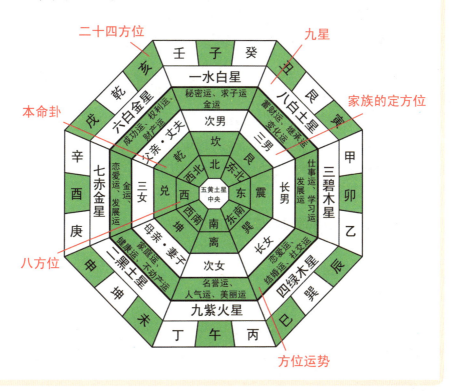

# 方位风水的具体运用

## 1.恋爱&结婚

### （1）东南——连接结婚运程的方位

结婚愿望强烈的人最适合的方位是东南。东南是象征爱情和信任的方位。一般来说，运用东南方位的能量所获得的姻缘通常都能成功走向结婚。

具体的运用方法，例如，和朋友外出游玩或开始新的学习时，最好是选择位于自家东南方位的区域。在这里碰到结婚对象的几率会比较高。联谊、相亲等场合也同样如此，东南方位的店是最好的选择。

▲ 平常随身携带指南针能随时随地意识到自己的行动方位。

此外，也可以请朋友或媒人帮忙介绍本命卦属巽的对象，因为巽是带有东南方位之气的八卦，很可能会带来一段可靠、稳定的姻缘。

◆ **成功贴士**：想要认真稳定的感情时应避开西方位，因为西是游戏性质较强的方位，即使能带来恋情，也很难顺利走向婚姻。

### （2）北——帮你渡过厌倦期的能量方位

当恋人或夫妻间开始产生厌倦感时，可以利用北方位的能量重新找回心跳的感觉。产生厌倦的最大原因是彼此之间失去了异性间互相吸引的感觉。

这时候就轮到主司性感的北方位出马了。无论你是要去约会还是去旅行都要优先选择位于北方的场所，北方位的鲜活能量能够帮助找回两人之间心跳的感觉。

除此之外，保持房间北侧的整洁干净也很重要。那里如果脏了就会使恋人及夫妻之间产生间隔，还会影响性生活的和谐。尤其是位于北方位的卧室，一定不能杂乱。

◆成功贴士：北方位对求子也有一定效果。但是不适合单身的人。另外，北方位还意味着秘密，容易招致不伦恋和三角恋。

### （3）南——治愈失恋痛苦的方位

失恋的痛苦是任何人都难以承受的，很多人会因此丧失自信、变得消极。这时就可以灵活运用南方位的力量。南是带有强烈阳气的方位，能为在失恋中变得阴气密布的心灵疗伤，使之尽快恢复。

失恋后如果能积极去南方位活动，心中自然就会充满阳气，自然也就会重新振作。

例如去南方的小岛旅行，这是最有效的方法。可以在短时间内恢复精神。之后再去东南方位的话还会有新的因缘际遇。

当对现在的恋人关系或婚姻生活感到迷惘时，也可以借助南方的力量，有助于重新客观地认识对方和自己的心情，做出最好的选择。

而当想要了断没有结果的恋情或不伦恋时，选择去南方旅行也能够让自己好好整理心情，做出决定。

◆成功贴士：家中南方位的气如果乱了，容易使自己变得优柔寡断，做出错误选择。因此一定要做好通风和整理。

### （4）伏位——防止见异思迁的方位

拥有一个万人迷的恋人或老公确实是件值得夸耀的事情，但同时也需要时时担心他会见异思迁。这时候可以借助伏位的能量预防这种情况的发生。

具体做法就是将床放在恋人或丈夫的本命卦所对应的伏位，条件不允许时，把枕头放在伏位也好。

伏位是能够抑制性能量的方位，在这个方位睡觉，自然就会老老实实的不会有其他冲动了。如果再穿上冷色调的睡衣，效果更佳。

伏方位的找法可以参照前文中的各本命卦对应的吉凶方位盘。

◆**成功贴士**：与伏位相反，生气方位能够提高性能力，因此想要孩子的人可以穿上能使精力旺盛的红色睡衣在生气方位睡觉。

## 2.事业

### （1）东——成功发迹的方位

如果希望在工作中得到晋升，首先要活用的就是东方位，因为东在风水中是象征成功的方位。

如果家的东侧有凹陷，或是采光、通风条件不好，很容易在工作中陷入困扰。为了防止这种情况，调整东方位之气很重要。要经常清扫，做好整理工作，保持良好的通风换气条件。如果家中的东方位有凹陷，可以摆放主司东方位的圣兽龙的吉祥物，这样就能有效防止凹陷带来的负面影响。而当采光不好时，可以在家中摆放太阳的图片以补充阳气。

▲ 将手机、电话等放在桌子下颚右侧能够提升情报运。

◆**成功贴士**：不光是家里，保持办公桌右侧的整洁也很重要。因为在风水中，右就象征东。而左正如词语"左迁"所示的一样，有降职的意思。

### （2）西北——防止被裁员的方位

在经济持续不景气的时代，裁员已经不是什么稀奇事了。为了避免哪一天突然丢了工作，生活没了着落，必须在日常就采取预防措施。

在这里为大家推荐西北方位的开运风水术。西北是象征提拔运的方位，想要保住饭碗，上司的重视和提携必不可少，而西北方位正有这种能量。

具体来说就是在下班后或休息日时去位于西北方位的区域活动。尤其是晚上七点到十一点这一时间段，是西北方位气最充足的时间段。而下午下班后和上司一起去西北方位的店喝酒则效果加倍。

◆**成功贴士**：辞去工作独立创业也是一种不错的选择，但即使如此，西北也仍然是一个很有效的方位，因为西北方位能够提升你的事业运。

### （3）东北——左右跳槽成功的关键方位

当感觉现在的工作没什么价值，或对职场环境、待遇等不满考虑跳槽时，可以借助东北方位的能量。

东北是对环境变化有强烈影响的方位，想跳槽成功的话不妨好好利用此方位。

首先，在准备跳槽前，先在纸上写下自己对新工作的期望（工作类型、待遇等），然后将纸贴在房间东北方位的墙壁上。这样，自己期望的机遇就会来敲门了。

另外，在去新公司面试的时候，男性最好穿藏蓝色系的西装，女性最好穿茶色系的套装，这样能够给人留下很好的第一印象。

而当东北方位正好是自己的吉方位时，最好的方法是去那个方位旅行，可以更充分地吸收东北方位的气。每个人的吉方位由九星来决定的。

◆**成功贴士**：如果东北方位的气乱了，工作便不会长久，这时候，频繁跳槽的人就需要多加注意了。

如果你希望在一个工作岗位上长期效力，可以睡在自己本命卦所对应的延年方位，这样就能够使自己持续充满精力。

### （4）北——击退性骚扰的方位

虽说性骚扰是违法行为，但如果对方是自己的客户或上司的话，反抗可能会使自己陷入不利的境地。但如果因此就忍气吞声、吃哑巴亏的话就大错特错了。这时候应该运用风水术来解决。

容易受到性骚扰的人首先要检查自己家里的北方位，因为北方位是与性有密切关系的方位。

如果北方位有问题，那性骚扰的困扰肯定也会增多。做好北方位的整理整顿，保证气的顺利流动非常重要，而如果采光条件不好的话，则需要使用照明器材增加房间的明亮度。

◆**成功贴士**：调整好北方位的气后，接下来就是去南方位活动了，经常吸收南方强烈的阳气就能让性骚扰远离你了。

## 3.金钱

### （1）西——防止不必要支出的能量方位

明明很努力地工作攒钱，但不知为什么花销却越来越大，这样的人就要好好检查一下自家的西方位了。西是主司金钱运的方位，同时也代表玩乐的方位。如果西方位有问题的话就会使屋主沾上赌博等恶习而增加许多无端的花费。

那么，具体要怎样做呢？最简单的方法是在西方位摆放黄色的装饰物。这样就能把西方位具有的金钱能量往有利的方向引导。

▲ 一室的单身公寓通常都是打开门就能看到窗，因此找房子的时候一定要注意，尽量避免这种格局。

特别是玄关位于西方位的家庭更要注意，为了避免不必要的开支，应该尽可能在玄关入口处摆放黄色的鲜花。

◆**成功贴士**：从玄关处能看到房间窗户的房子叫漏财之宅，这种格局很不吉利，在窗边摆放叶类植物或在玄关处悬挂帘子，可以有效防止漏财。

### （2）东北——能增加储蓄的能量方位

想踏实存钱的人可以借助东北方位的力量。因为东北是象征山的方位，有聚积金钱与物质的能量。

存折、股票、钱包等跟钱有关的物品最好都放在东北方位保管，除此之外，这一方位还适合存私房钱，如果外面再用黑色的布或箱子包住则效果会加倍。另外，把钱存在位于自家东北方位的银行等金融机构里也是不错的选择。

当然，最重要的还是保持家中东北方位的干净整洁，注意时常打扫、保持良好的通风，让东北方位的气流动得更活跃。

◆**成功贴士**：本命卦对应的伏位对增加储蓄也很有效果，如果将金钱放在自己房间的伏位保管也能够让财富顺利增值。

### （3）西南——帮助节约的方位

想要妥善安排日常开销，最明智的选择是借助西南方位的能量。西南方位不适合操作大额资金，但却是对日常琐碎开支影响最大的方位，这对那些勤俭节约的家庭主妇尤其重要。

具体做法就是调整家中西南方位的气。如果西南方位是厨房、浴室、洗手间等有水的地方，一定要经常清扫、通风换气。另外，保持浴缸干净无积水也很重要。因为在风水中水就代表金，而积水则会破坏金钱的流动。

此外，去西南方位的店里购物也对提升金钱运有一定效果。如果西南方位没有合适的商店，和家人一起去那里吃饭也可以。

等西南方位发挥功效了，你就可以再借用东北方位的能量将节约下来的部分转变为积蓄。

◆**成功贴士**：在西南方位摆放小苍兰、向日葵等带土气的花也能够提升节约效果。另外，要想让金钱运变好还必须适当地用钱，不能一味节约。

## 4.家庭

### （1）东南——消除邻里关系烦恼的方位

经营邻里关系是件很费心劳神的事情。因为人际关系需要双方的互动，仅凭一己之力很难改善。这时候可以利用东南方位的能量来解除烦恼。东南是能提升社交运的方位，兼具东方位的信赖和南方位的开放，能自然而然改善对外交往的运势。

具体做法是：首先，要保持家中东南方位的采光和通风；其次，不要摆放多余的装饰物，可以放一些叶类植物或水晶等来改善气的流动，从而加速对东南方位能量的吸收。

◆**成功贴士**：如果本命卦对应的祸害（参考P257各本命卦对应的吉凶方位盘）方位有问题，那邻里之间的矛盾就会随之增多。尤其是东南为祸害方位的属乾的人更要注意。

▲叶类植物和水晶能在困难时刻助你一臂之力，可以摆放在需要的场所。

### （2）东和西南——能兼顾事业和家庭的方位

对于职业女性来说，要兼顾事业和家庭是个很大的难题。这时候可以利用东方位的能量来吸收事业运，并可以利用西南方位的能量来支撑家庭运。

例如，外出购物、休闲、旅行时尽量选择东和西南方位，如果你去的那个方位正好又是自己的吉方位，则效果加倍。

此外，在家中的东方位和西南方位摆放花及叶类植物也很重要。因为在培育植物的过程中，自己的内心会变得更加丰富，对待家人也能够更加用心和体贴，从而使家庭整体的气都得到改善。

◆**成功贴士**：如果在东或西南方位摆花，最好选择塑料材质的花器或红色的花器，它能够调整偶尔冲突的东方位和西南方位的气的平衡。

### （3）北——提高孩子学习成绩的方位

孩子的学习成绩对家长来说是个非常头痛的问题，不过孩子的"气"其实很柔软，很好掌控，想让调皮的孩子变得爱学习并不难。

只要好好利用方位的力量，就能让孩子的学习成绩得到改善。想提高孩子学习成绩的话，可以选择北方位的房间作为孩子的房间，因为北是能够提升注意力的方位。如果将桌子也朝北放置则更有效果。

一般来说，男孩子适合东方位的房间，女孩子适合东南方位的房间。但不管是东方位还是东南方位的房间，将桌子朝北摆放都有助于提高孩子学习时的注意力。

◆ **成功贴士**：孩子房间的装饰应该按照本命卦选择能旺气的颜色。本命卦的确定方法可以参考前文的内容。

### 各本命卦及对应的能旺气的颜色

| 孩子的本命卦 | 旺气的颜色 |
| --- | --- |
| 震·巽 | 浅绿色、浅蓝色 |
| 离 | 橙色、浅绿色 |
| 坤·艮 | 黄色、橙色 |
| 乾·兑 | 白色、黄色 |
| 坎 | 浅蓝色、白色 |

### （4）西和北——培养夫妻感情的方位

夫妻恩爱、和睦相处是提升家庭运的基本条件。如果感觉最近夫妻关系不那么如人意，不妨检查一下家中的西方位和北方位是否出现了问题。

西是象征快乐的方位，如果这个方位的能量充实，夫妻间共同的乐趣也会随之增多。

而北方位具有增进夫妻感情的功效，充分利用这两个方位的能量有助于构筑快乐幸福的家庭。

夫妻二人外出时按照先西后北的方位顺序活动能够巩固彼此之间的爱情。

◆ **成功贴士**：想冷静思考彼此之间的关系时可以活用南方位的力量，

尤其是面临离婚危机时更适合去南方位认真思考。

## 5.健康&美容

伤痛和疾病最好不要有，但如果不幸碰上了，可以借助天医方位的力量来治愈，让自己早日康复。

天医和字面意思一样是个拥有神奇"医治"能量的方位。养伤或养病期间可以将床放在天医方位，没法放床的时候把枕头摆在天医方位也能起到一定效果。

此外，穿着红色或绿色的睡衣睡觉也能促使伤痛和疾病早日康复。

▲ 使用对"气"具有稳定效果的格纹图案当被罩也是不错的选择。

◆**成功贴士**：天医方位还有消除压力的作用。当身心疲惫时，去天医方位能够让自己很好地休息放松、恢复精神。如果天医方位正好是公园等绿意盎然的地方则效果更佳。

# 第五章

## 利用装饰风水实现愿望

装饰物、随身物品等很多生活中的物品具有招来幸运的能量，除此之外还有吉祥物这种专门用来开运的风水物品，将它们和方位、颜色等搭配使用，就能够帮助自己实现愿望。

## 装饰风水实践成功的要点

### 1.选择自己喜欢的物品

实践装饰风水的第一步是"选择"。我们日常生活中使用的物品。不管是装饰物还是风水小物，首先都要选择自己"喜欢"的。

自己喜欢的东西就相当于"融入了自己的气"的东西。

一般说来，家里的东西不可能都是自己喜欢的，喜欢的东西和不喜欢的东西都同样被使用，但其使用的效果却有天壤之别。

例如，风水小物等开运物品，我们不能单纯为了提升运气去选，而是要选择自己真正喜欢的东西。

### 2.调整身边的五行

我们周围形形色色的物品都可以根据其颜色和设计对其进行五行的归类。

五行之间各有相生相克的关系，根据不同的组合方法，能够使家中的气得到相应的激活或减退。

如果能多多取用与自己本命卦的五行相生的装饰物，则可以大大提升自身运势。

但是，家庭成员一起生活时，由于每个人的五行都各不相同，因此任何一方都不能有所偏颇，保持整体平衡最重要。

▲圆桌和叶类植物属木，落地灯属火，布制窗帘属土，钟表属金，金鱼缸属水。在家庭成员一起生活的空间，保持五行的平衡最重要。

### 3.新旧物品分开使用

新的东西在使用过程中会慢慢变旧，在风水学中普遍认为新的东西带有阳气，而旧的东西则带有阴气。

由于在风水学中保持阴阳的平衡很重要，因此在日常生活中将新旧物品分开使用很有必要。不能因为东西用旧了就扔掉，坚持长期使用也是实践风水成功的要点之一。

但是，古董和别人送的东西就要多加注意了。因为物品中都寄托着人的意念，那些来路不明的东西最好不要用。

### 4.通过整理整顿来提升运气

最好用、最易实践的风水改运术，非整理整顿莫属。它指的是一种通过清理家中物品而使家中的气更好地流动的开运方位。

运势不好的人中很大一部分都是不善于整理的人。只要能将家中整理得干干净净，运气自然就会得到好转。

▲杂乱的空间是导致恶气堆积的原因。只要把它整理干净，自然就会产生良性的气了。

### 5.灵活运用幸运物

每个人都有能提升自身运气的幸运物。找出幸运物的方法有很多，这里为大家介绍的是根据本命卦找幸运物的方法。

另外，与幸运物相对，还有禁忌物。禁忌物可以在想打败讨厌的对手时灵活运用。例如，对手的本命卦是震，则可以使用震对应的禁忌物来削弱对方的能量。但是当自己和对方是同一本命卦时就要多加注意了。

## 各本命卦对应的幸运物和禁忌物

将幸运物随身携带或摆在屋里都能够使自身的气变得稳定。如果想让自己的运气得到进一步提升，则可以在此基础上灵活运用与自己五行相生的物品。

| 本命卦 | 五行 | 幸运物 | 禁忌物 |
|---|---|---|---|
| 坎 | 水 | 水晶、河流和湖泊的写真集，雪纺围巾，黑色内衣，戒指 | 园艺工具、陶器制品、地毯、靠垫等、带有土气的物品 |
| 离 | 火 | 蜡烛、绘画、太阳形状的物品、眼镜、名片夹 | 水晶、河流和湖泊的写真集，雪纺围巾，戒指等有水气的物品 |
| 震 | 木 | 插花、花朵形状的物品、CD·MD播放机、铃、全部乐器类 | 时钟、宝石、名牌货、银饰等属金的物品 |
| 巽 | 木 | 铅笔、信纸、明信片、木头材质的物品、线香等香具 | 时钟、宝石、名牌货、银饰等属金的物品 |
| 乾 | 金 | 时钟、宝石、名牌货、自行车、狮子形状的物品 | 蜡烛、绘画、太阳形状的物品等带有火气的物品 |
| 兑 | 金 | 银饰、小刀、硬币、工作道具、小鸟形状的物品 | 蜡烛、绘画、太阳形状的物品等带有火气的物品 |
| 坤 | 土 | 园艺工具、并草制品、陶器制品、地毯类、古董 | 插花、花朵形状的物品、木头材质的物品等属木的物品 |
| 艮 | 土 | 挂毯、靠垫、成对的物品、积木、存钱罐 | 插花、花朵形状的物品、木头材质的物品等属木的物品 |

# 装饰风水的具体运用

## 1.恋爱&结婚

### （1）巧用沙发提升恋爱运气

想恋爱但又迟迟找不到机会的人，一定是因为家中恋爱之气不足。这时候不妨在家中摆上沙发。沙发具有罗曼蒂克之气，能够为不擅恋爱之人补充恋爱之气。

常常坐在沙发上幻想自己将来的恋情，说不定机会自然就会眷顾你了。但是，恋爱一定要有行动，不能只是坐在沙发上干等，还要走出门去。

此外，沙发的摆放也有一定的规律，如果想要很多艳遇可以把沙发摆在西方位，如果想和对方进行以结婚为前提的交往可以把沙发摆在东南方位。

◆**成功贴士**：在沙发上摆放配套的靠垫能够使提升恋爱运的效果立升！如果沙发是冷色调的，靠垫则要选择暖色调的，这样相反色系搭配最好，能够保持阴阳的平衡。

▲沙发要选择布制的，其他材质的沙发会扰乱恋爱之气。

### （2）利用台灯防止恋爱摩擦

恋人之间摩擦较多时，可以借助台灯的力量加以解决。很多摩擦出现的原因都在于卧室，因为一旦卧室的气乱了，人的精神就会变得不稳定，容易为一些琐碎的小事而起争执。

这时在卧室中摆上一盏台灯，能够很好地调节气的平衡。卧室是含有阴气的场所，而睡觉这一行为本身也具有阴气，阴气对性方面很有效果，但是不适合明朗的恋爱。因此在卧室中摆放台灯能够为空间带来一丝阳气，使恋爱之气更加稳定。

▲ 借助台灯能解决恋人之间的摩擦。

◆ 成功贴士：香薰灯也能够稳定恋爱运。其中薰衣草和玫瑰香味能够稳定情绪，使恋人之间更加亲密和谐。

## 2.事业

### （1）白色桌子有助激发灵感

自主创业或从事企划等创意工作的人群最适合的就是白色桌子。白色是象征新生的颜色。坐在白色的桌子旁思考工作企划案或寻找新构思，能够达到事半功倍的效果。

另外，寻求灵感最好在上午11点到下午1点这一时间段，因为这一时间段的智力和判断力都处于一天中的最高水平。

▲ 白色桌子能激发创意思维。

这时候切记不要把电脑和手机等放在桌子上，因为这样会扰乱周围的气。

◆**成功贴士：**工作室的照明不要用荧光灯，而要用能丰富想象力的白炽灯。如果条件允许的话最好选择能透入适度自然光线的房间做工作室。

### （2）用百叶窗提升事业运

如果想提升自己在职场中的地位和名声，可以用百叶窗代替窗帘。

窗帘是带有阴气的物品，适合想放松时使用，而想要努力追求地位和名誉时则适合使用带有阳气的百叶窗。另外，百叶窗的材质最好是木制或布制。

除此之外，木制的桌子、布制的沙发、带布制灯罩的台灯等都是能提高阳气的物品，将这些物品摆放在木制地板上可以在很大程度上提升事业运。

◆**成功贴士：**百叶窗适合用在起居室和工作室中，而卧室需要保持适度的阴气，因此还是窗帘比较合适。

## 3.金钱

### （1）利用垫子稳定金钱的流动

改善金钱运的关键在于改善金钱的流动，而改善金钱流动的关键又在于家中有水的地方。风水学中把水的流动看做是金钱的流动，如果厨房、浴室或洗手间等有水处的气乱了，就会对金钱运产生不好的影响。

然而有水处的气本来就很容易紊乱，在这些地方充分利用厨房地垫、浴室地垫、洗手间地垫等，能够起到稳定气的作用。

◆**成功贴士：**厨房和浴室既有水气又有火气，尤其容易发生气的紊乱。放置一些蓝绿色系的带有木气的垫子能够在一定程度上保持气的平衡。

### （2）通过柜子的摆放防止额外开销

很想攒钱但不知为何总有很多额外开销，这些人应该回去好好检查一下家中的柜子、箱子、书架等大件家具的摆放了。

柜子等大件家具具有积聚金钱运的能量，但是如果将柜子摆在正对窗口的位置则会使好不容易积累的金运从窗户中溜走。

这就是所谓的"漏财之宅"，是在风水中与尖角冲射并列的的禁忌之一。应该经常检查柜子的位置有没有偏，窗边是否摆放了叶类植物等，防止金钱之气逃走。

◆**成功贴士**：柜子等大件家具原理上应该摆放在本命卦所对应的凶方位（参照前文各本命卦对应的吉凶方位盘），具有防止恶气的作用。

▲ 将柜子等大件家具正对窗户摆放，无异于自己往外扔钱，这时候可以在窗边摆放叶类植物加以改善。

## 4.健康&美容

减肥和美容是女性最关心的两件大事。想变得更漂亮是每个女人共同的愿望。在这一层面上，梳妆镜无疑是女性最好的伙伴。

美丽运是可以通过"看"这一行为得到提升的，因为将自己的容貌映在镜子里具有很重要的意义。化妆或整理发型的时候务必要在梳妆镜前进行。另外，将自己喜欢的艺人的照片贴在梳妆镜上也有一定效果。

没有梳妆镜的话，可以找一面大一点的镜子自己做。

◆**成功贴士**：如果卧室中有梳妆镜，睡觉的时候一定要用布将镜子盖住。因为睡姿如果映在镜子中会使"气"变得紊乱而无法安睡。

## 5.家庭

夫妻关系中的烦恼可以借助餐厅圆桌的力量进行消除。夫妻一起吃饭的场所也是孕育夫妻感情的场所，每天围着象征爱情和稳定的圆桌吃饭，两人之间的感情自然而然就会得到好转。相反的，如果在棱角分明的桌子上吃饭，总觉得夫妻间干巴巴的，不是那么和谐。

此外，桌子的材质也很关键。最好选择对家庭运具有稳定效果的木头材质。玻璃材质的桌子虽然看起来美观，但却会降低爱情运，因此在家庭生活中最好避免使用。

◆**成功贴士**：圆桌风水特别适合没有孩子的家庭。如果家中有小孩可以用边角磨圆的长方形桌子代替。

▲ 在饭桌上或饭桌周围摆放鲜花也对提升爱情运有一定效果，但需尽量选暖色系的花。

# 装饰风水的物品分类

## 1.商务用品

### （1）事业

**利用电脑拓展人脉**：提升事业运的关键在于构筑丰富的人际关系。为了达到这一目的就需要在生活中灵活运用电脑。电脑已经成为当今商务场合中不可或缺的一部分了，兼具火气和木气的电脑具有提升名誉运、事业运、情报运和人际交往运的力量。不仅在工作场合，私下也可以积极运用。如果把电脑放在房间的东侧，则更加有助于建立良好的人脉。

▲ 与台式机相比笔记本更好。因为可以随身携带，运气也相对更加活跃。

另外，电脑的颜色以银色系为最佳。黑色会使事业运停滞不前，需慎重使用。

◆**成功贴士**：电脑的壁纸和待机画面最好使用花草、植物、风景名胜等图片，这些图片能够提升火气和木气。

**利用手机击退自己讨厌的对手**：职场的人际关系纷繁复杂，人际关系搞不好工作起来也没有干劲。尤其是当对方是自己的上司或前辈时，只能忍气吞声默默承受。这时候最好的办法就是用手机来消弱对方的"气"。

在风水学中，手机是沟通人际关系的桥梁。在选择手机时首先要避免的就是黑色的手机，因为黑色具有积存的能量，会积存很多负面要素。其次，手机上的吊坠最好选

▲ 在职场中，手机可以用来消弱对方的"气"，让自己更加顺利。

红色，因为红色是具有攻击性的颜色，能够对对方起到牵制作用。

◆**成功贴士**：以龙为主题的手机吊坠是最佳选择，尤其是对于那些比较软弱、不敢表达自我主张的人，龙形吊坠能增强他们自身的能量。

**利用记事簿达成目的**：记录各种商务预约的记事簿具有促成目标实现的能量。

具体的做法是将工作中的目标尽可能详细写下来，反之，光在心里想是无法实现的。

另外，早晚必须各看一遍记事簿，确认自己记录的那些目标和任务，牢牢记在心里。这样一来，自身的气也能相应得到提高。还有一点需要注意的是记事簿中不要记录消极反

▲ 驼色是带有安定之气的颜色，如果想保持现在的工作状态，不妨选择驼色系的记事簿。

面的内容。

◆**成功贴士**：事务性记事簿的颜色最好选驼色或蓝色系，私人日记簿选粉色、绿色或黄色系比较好。

**（2）家庭**

**卡片夹能加深家庭成员间的感情**：上学或工作中使用的卡片夹是连接家庭和社会的纽带。当孩子不听话、丈夫不顾家、家人之间漠不关心时，不妨使用卡片夹来加以改善。

说到方法其实很简单。只要让他们随身携带棕色系或绿色系的卡片夹就可以了。

在卡片夹中最好塞入一张印有太极图案的纸，注意叠好不要露出来。这样一来，能使卡片夹持有人自身的"气"得到稳定，变得更加恋家。另一方面，也能使持有卡片的人与家人之间的感情得到加深。

▲ 卡片夹能帮助改善家人间冷漠的关系。

◆**成功贴士**：想要提升学习运或事业运，可以使用蓝色系的卡片夹，而想要解除人际关系中的烦恼时则可以选用橙色系。

## 2.风水物品

**（1）恋爱&结婚**

**红水晶带来幸福的婚姻**：红水晶可以说是恋爱风水中的万能幸运物。在你为恋爱和结婚而苦恼时，这个能提升恋爱运和婚姻运的能量石将会是你最好的朋友。

红水晶本身就很有能量，如果能摆在桃花位（参照参考前文本命卦对应的桃花位）处则效果倍增。想告白成功或想与心中的他结婚时务必要将其放在桃花位。

　　如果把红水晶和心仪对象的照片摆放在一起，则能使彼此心意相通，共谱美好恋曲。

　　◆**成功贴士**：想提高自身魅力时，不要把红水晶放在桃花位处，而是要将其放在卧室的枕头旁边。这样睡觉的时候也能吸收红水晶的能量。

▲ 红水晶一个就足够了，如果摆成七星阵——由两个大三角形组合而成——的形状则效果加倍。

### （2）事业

　　**三脚蟾蜍有助事业成功**：最适合自己经营公司或店铺的人的风水开运方法就是利用三脚蟾蜍来旺运旺财。

　　三脚蟾蜍具有网聚四面八方福气的能量，所以，只要将三脚蟾蜍摆在事务所或店铺的入口处就能够起到吸引合作伙伴和客户的效果。

　　三脚蟾蜍的使用方法非常简单。早上刚开始工作时将事务所或店铺的蟾蜍朝外摆放，晚上收工后朝内摆放即可，这时候不要忘了在心里对辛苦了一天的蟾蜍表示感谢。

▲ 蟾蜍是喜水的生物，要定期用水擦拭。

　　◆**成功贴士**：在公司上班的人可以将三脚蟾蜍摆在自家的玄关处。和自主经营的人一样，出门上班时朝屋外摆放，下班回家时再朝内摆放。

### （3）金钱

　　**利用龙召唤财运**：在风水中龙是具有重要意义的吉祥物，它不仅是镇守东方的圣兽，还是风水之气的象征，这一点通过龙穴（气集中的场

所）、龙脉（气的流动）等词语就能看出来。在这一层面上，龙可以说是决定实践风水开运方法成功与否的决定性因素。

龙对事业运、家庭运、健康运等各种运气的提升都有一定效果，但其中能量最强的还是金钱运，将龙摆在家中能吸引强大的财运。

首先，龙的摆放位置要注意，首选方位是东方位和北方位，或者是家中玄关或房间入口处的右侧。

▲ 龙对金钱运的催生最有效，将龙摆在家中能吸引强大的财运。

南方位与龙的习性相克，因此一定要避开。其次，龙是喜水的生物，要用小容器盛上新鲜的水摆在龙的面前。又因为脏水会导致金气停滞不前，因此必须每日勤换。

◆**成功贴士**：将龙和水晶一起摆放的话更有效果。另外，想提升财运时不妨使用金针水晶。

### （4）家庭

**麒麟保家庭和睦**：麒麟在中国是象征和睦的吉祥物。它具有稳定各种气的功效，因此当夫妻、婆媳不和或是在子女教育上碰到麻烦时都可以借助麒麟的力量来消除。

当想提高家庭整体的气时，可以把麒麟摆放在家中的玄关或起居室，解决夫妻间问题时可以摆在卧室，解决婆媳问题时可以摆在厨房，解决孩子相关问题时可以摆在孩子的房间。

▲ 除了家庭运之外，麒麟对消除金钱运、事业运、人际关系运、健康运等方面的困扰也有一定效果。

　　注意，一定要确保麒麟的头部冲着家中玄关或房间的入口方向，这样才能有效防止烦恼之气进入家中。

　　◆**成功贴士**：如果在麒麟的口中放入风水小物十宝（包括金、银、铜、玛瑙等七种宝物以及五色布、铜钱和五谷）则效果倍增。

# 第六章

## 利用饮食风水养成开运体质

日常生活所必需的食物里也蕴藏着左右运势的能量，只是这里所说的食物并不是单纯的为充饥而吃的食物，而是为了提升期望的运势而吃的食物，这才是实践饮食风水成功的基本条件。就让我们以实践利用饮食来开运的方法，在享受美食的同时让自身的运势也能得到极大的提升。

## 饮食风水的成功要点

### 1.一天的能量从早餐开始

总觉得早上的时间紧巴巴地不够用，但不管有多忙，早餐还是一定要吃的。

因为早晨是一天之中新鲜之气最充足的时间段，吃早餐可以帮助吸收新鲜的气，补充一天所需要的能量。

最科学、合理的早餐应该包括鸡蛋和水果，这两种食材都含有新鲜的气，能有助于调整运气。

此外，早晨起床后最好能空腹喝一杯白开水，它能冲掉一夜积聚的恶气。

### 2.自己亲手做的食物更能提升运气

食物里包含了做饭的人的气，想要提升运气的话就不要吃现成的饭菜或速食食品，而是尽可能自己亲手做。

### 3.五色·五味均衡饮食

饮食风水的基础是五行。从食材的颜色到料理的调味方法都要合乎五行的要求，并讲究五色五味的均衡搭配。

但有一点也很重要，如果体内哪样东西缺乏，就要有针对性地多补充具有这种能量的食材。同时，在调味方面还要注意避开五禁。

# 五行食材一览表

食材的颜色和料理的调味方法中也包含五行。此外，五行还与人体的各个器官相对应，在选取食材时还要考虑身体状况。例如，胃不好时就要吃长在土里的根菜类食物，烹制成微甜的口味……

| 五行 | 木 | 火 | 土 | 金 | 水 |
|---|---|---|---|---|---|
| 五色（食物的颜色） | 蓝色 | 红色 | 黄色 | 白色 | 黑色 |
| 五味（喜欢的口味） | 酸味 | 苦味 | 甜味 | 辣味 | 咸味 |
| 五禁（避开的口味） | 辣味 | 咸味 | 酸味 | 苦味 | 甜味 |
| 产生好影响的脏器 | 肝（肝脏、胆囊、神经） | 心（心脏、血管、小肠、神经系统） | 脾（胃等消化系统） | 肺（呼吸系统、大肠、皮肤） | 肾（泌尿系统、生殖系统） |
| 产生坏影响的脏器 | 脾（胃等消化系统） | 肺（呼吸系统、大肠、皮肤） | 肾（泌尿系统、生殖系统） | 肝（肝脏、胆囊、神经） | 心（心脏、血管、小肠、神经系统） |
| 其他 | 植物性食材 | 适温食材 | 长在土里的食材 | 富含铁和矿物质的食材 | 富含水分的食材 |

# 饮食风水的具体运用

## 1.恋爱&结婚

### （1）面食加深双方的爱意

说到增强恋爱运的代表性食物非面食莫属。这种细细长长的食物具有加深人与人之间缘分的神奇能量。

约会的时候点上一份意大利面或拉面、荞麦面、乌冬面，能够加深彼此之间的浓浓爱意。

▲ 面食能加深彼此间浓浓的爱意。

其中最值得推荐的就是番茄酱通心粉。红色是能使人热情高涨的颜色，用红色番茄酱拌的通心粉可以说是最贴合恋爱主题的食物了。

吃完后如果再喝上一杯加了糖的微甜奶茶，则可以使效果倍增。

◆成功贴士：通心粉中加的主料一般是虾、蟹等海鲜，如果想给两人的关系加点刺激的话，可以多放一些辣椒酱。

### （2）用三明治抓住他的心

从恋爱角度考虑的话，最适合户外约会一起食用的食物应该是三明治。

面包具有包裹一切的温暖的气，当他吃你带的面包时，他的心自然也会被你的爱紧紧包住。而三明治的陷最好是选择海鲜、鸡肉和鸡蛋，因为这几种食材都能够加深人与人之间的缘分。

▲ 三明治最适合恋爱中的男女在户外约会时食用。

◆**成功贴士：** 在三明治之外再加一些餐后甜点，能让恋爱的运势更旺。因为甜点具有提升我们期望运气的能量，新鲜的水果和手工饼干都是不错的选择。

## 2.事业

### （1）用当季食材抓住机遇

现在由于技术进步，人们在一年中的任何时候都可以买到各个季节的食材。但如果想提升运气的话，最好还是食用当季的食材。

当季的食材里含有这个季节最有活力的气，尤其是当你想追求事业上的成功时，就一定要食用当季的食材。

▲ 想要提升运气的话，最好常常食用当季的食材。

此外，食用自己出生的那个季节的食材也有同样的效果，因为它含有的气和你与生俱来的气是相补相生的，积极取用有助于吸收更多的能量。

◆**成功贴士：**季节性食材中也有详细的分类，如果能在象征开始的时刻食用春季食材，在努力过后想收获成果时食用秋季食材，这样区分使用则能使效果立增。

### （2）用肉菜吸引事业运

想自主创业或想自己做生意的人最适合吃肉菜。因为肉含有强烈的阳气，能在自主奋斗时增强个人能力。

笼统来说，肉就是指牛肉和猪肉，当然还有鸡肉等各种肉，但最值得推荐的是牛肉。牛排、牛肉火锅和涮牛肉等都能够提升事业运。

▲ 想要自主创业或想自己做生意的人要多吃肉菜。

牛肉的最基本搭配是米饭，因为大米有稳定运气的能量，能使牛肉吸收的运气变得安定。

◆**成功贴士**：和牛肉搭配的饮品首选葡萄酒，因为葡萄酒具有提升自身品位和档次的作用。对想要自主创业的人来说是最适合的饮品。

## 3.金钱

### （1）用咖喱饭改善财源

说起咖喱饭，那可是男女老少都爱吃的人气料理。其实，咖喱饭还有提升金钱运的效果。当然，发大财是不太现实，但对于平时发发小财还是很有效的！

尤其是牛肉咖喱和鸡肉咖喱，在吸收咖喱能量的同时还能吸收牛肉和鸡肉含有的金钱运，可谓是一箭双雕。一周一次咖喱饭能确保你不用再为金钱发愁。

如果想搭配饮品的话，具有金钱气的茉莉花茶和乌龙茶是最好的选择。

▲ 咖喱饭最好能自己做，比在外面店里吃更有效果。

◆**成功贴士**：与青咖喱和红咖喱相比，看上去呈黄色的咖喱在提升金钱运方面是最有成效的。

### （2）用东南亚料理改掉浪费的习惯

冲动购物、赌博……这些不良习惯很多时候我们想戒但却始终无能为力，这时候，就让东南亚风味料理来帮你改变现状吧。

辣味的东西具有促使变化发生的作用，因此我们可以通过吃泰国菜或越南菜将一直外流的财源拉回来。吃完后再来杯咖啡或是冰激凌则更有效果。

当浪费的习惯得到改善后，再选择吃些烤肉、炸鸡、炸豆腐寿司或煎鸡蛋等，还能够同时提升储蓄运势。

◆**成功贴士：**吃太多用微波炉做出来的食物会更容易产生浪费的倾向。微波炉就好像人口中的火，会燃烧掉金钱运。如果有机会，要尽可能使用明火烹饪。

▲ 让东南亚料理帮你改掉冲动购物、赌博等不良习惯。

### （3）用热狗赢得赌博的胜利

红色料理对赌博等投机活动很有效果，具体的说就是加了番茄酱的食物，如果再和能够吸收运气的面包组合在一起那就最好不过了，比如热狗、汉堡和披萨。

在决定胜负的关键时刻，用热狗或汉堡搭配蔬菜汁或番茄汁一起食用是最好的选择。

但是这种料理只能在决定胜负的当天吃才有效，如果作为日常食物经常吃的话，关键时刻的效果就会减半了。

◆**成功贴士：**一些常常食用的点心也有提升赌博运的效果，尤其是饼干。在去赌博的途中吃一点，好运自然就会降临了。

▲ 常吃热狗会给你带来意料之外的好运气。

## 4.家庭

想提高学习运和考试运时适合吃炖西红柿、肉酱意大利面等红色料理。

因为红色料理对提升赌博运很有效果，而学习和考试正是一种事关胜负的赌博。为了增强自信更好地发挥实力，红色料理绝对是不可缺少的。

如果能在临近考试的孩子的晚餐和夜宵中加入红色料理，一定会有意想不到的好效果。再搭配上番茄汁和蔬菜汁的话则效果立增。另外，学习还是一项需要耐心和毅力的工程，对于那些没有耐心容易半途而废的孩子，可以让他们多吃一些纳豆和根菜类食物，对培养耐性很有好处。

▲ 热乎乎的炖汤还有为运气加温的效果哦。

◆ **成功贴士**：学习紧张的时候，时间就显得异常珍贵了，但不管多忙，饭还是要慢慢吃的。起码晚餐要花些时间慢慢吃，这样才能充分吸收食物中的能量。

## 5.健康&美容

饮食健康的基本在于食材的均衡摄入。有些食材能够提升相应的运气，适合积极食用，但不能因为它有益就只吃这一类食物，这样反而会降低运势。

特别是健康运方面，各种食材要用不同的烹饪法变着法食用，这才是关键所在。蒸、煮、烹、炸……不同的烹饪法会为你带来不一样的好运势。

微波炉烹饪法简单方便，但在风水术中并不推荐。一定要用明火烹饪。

◆ **成功贴士**：料理的调味也有着各种各样的效果。例如，辣的食物能够滋生变化，甜的食物能够吸收运气，酸的食物能够使精力充沛。

# 第七章
## 利用随身物品风水获得成功

传统风水学是在阴阳五行的基础上来调整气的流动的一门学问。在现实生活中，我们调整风水所用到的吉祥物大多仍与古人使用的相近，但随着越来越多新事物的出现，我们势必要调整自己的认识，扩大风水开运物运用的范畴。本章就是以手机、钱包等日常生活中随身携带的小物品为中心，来为大家介绍提升事业运和金钱运等运势的方法。

# 手机的开运风水

## 1.如何推算出手机号码的命运数字

从1到9这9个个位数字各自都有不同的含义，会左右你的运势。中国人在这方面尤其在意，例如带连续8的车牌号售价非常高，而且北京奥运会的开幕式也选择在2008年8月8号。

在信息交错复杂的现代社会，手机号码就代表你个人的ID。现在我们就一起来探究一下不同的号码会带来什么样的运势。

### 命运数字的计算方法

把手机号码的数字都分解成个位数相加，最后算出来的数字就是号码的命运数字。

例如，13570493992的号码

1.各各位数字相加：1+3+5+7+0+4+9+3+9+9+2=52

2.把结果的个位数字和十位数字相加，如果相加结果是个位数，那这个个位数就是它的命运数字。若结果是十位数，则再以同样的方法相加，直到结果是个位数：5+2=7

也就是说这个手机号码的命运数字是9。

Q：这里的命运数字是只针对手机号码的吗?

不是，固定电话、银行账户、银行卡的密码等等，所有的都适用。

Q: 这些数字会带来什么样的运?

这些数字会带来与之相对应的运。也可以为恋爱运、金钱运或其他自己想要的运设置对应的密码，也同样有效。

▲ 随身物品风水学

## 2.手机命运数字对应的含义，以及数字所对应的提升运势的方法

数字和人一样，每个数字都有不同的个性。1、6、8是大吉数字，4和9也是吉利数字。相反的，3和7是小凶数字，而2和5则是大凶数字，但即使是不吉利的数字，也可以通过后天的努力加以弥补。

如果因为自己的号码是吉数，就此心安，不好好对待电话、肆意破坏的话，运气便不会得到提升。相反，即使号码是凶数，但在平时的日常生活中能做到正确认真地和别人交流沟通，就可以很大程度上减少麻烦，改变运势。首先让我们对照下表了解自己手机命运数字所对应的含义吧。

### 手机命运数字所对应的含义

| | 命运数字 | 数字代表的含义 | 容易发生哪些事情 |
|---|---|---|---|
| 大吉 | 1 | 恋爱、文件 | 恋爱运上升、有喜报、试验顺利通过 |
| | 6 | 事业 | 事业运上升、升迁、工作进展顺利 |
| | 8 | 财产 | 金钱运上升、积蓄增加、买卖兴隆获利高 |
| 小吉 | 4 | 恋爱、文件 | 精神恋爱、学习进步 |
| | 9 | 喜事 | 结婚、分娩、晋升等，昭示有喜事发生 |
| 小凶 | 3 | 吵架 | 人际关系恶化、容易发生争执 |
| | 7 | 受伤 | 会有流血事件、对立升级 |
| 大凶 | 2 | 疾病 | 健康运下降、身体变差、病情恶化 |
| | 5 | 灾难 | 突发事故、大麻烦 |

### 3.利用手机命运数字的幸运色来提升运气

由手机号码算出的命运数字，都有相对应的幸运色和禁忌色。按照风水学基础理论"阴阳五行说"的说法，不光是季节、时间和方位，包括自然界和人类社会的所有事物都和五行相适应。五行要素之间互相作用从而形成各种吉凶祸福。

颜色也是按五行来划分的，使用和命运数字相适应的颜色能够趋吉避凶，起到开运的作用。

### 手机命运数字相对应的幸运色和禁忌色

| 命运数字 | 幸运色 | 禁忌色 |
|---|---|---|
| 1 | 金色、银色、金属色 | 黄色、茶色 |
| 2 | 金色、银色 | 红色、黄色、茶色 |
| 3 | 红色 | 黑色、藏蓝色、绿色 |
| 4 | 黑色、藏蓝色、绿色 | 红色 |
| 5 | 基色、银色、金属色 | 红色、黄色、茶色 |
| 6 | 黄色、茶色、金色、银色、金属色 | 藏蓝色、黑色、红色 |
| 7 | 藏蓝色、黑色 | 黄色、茶色、金色、银色、金属色 |
| 8 | 红色、黄色、茶色 | 绿色、金色、银色、金属色 |
| 9 | 绿色、红色 | 黄色、茶色、黑色 |

### 4.利用数字和幸运色的组合提升运气

如果命运数字本身就是吉数，而手机的颜色又是幸运色，那么幸运效果将会倍增，电话一打，各种幸运就会接踵而至。相反，如果命运数字是吉数，而手机的颜色却是禁忌色，则吉凶便会相互抵消，没什么效果了。

通常情况下，即使命运数字是凶数也不要轻易变更手机号码，这时候最好的方法就是换个幸运色的手机。或者只把配件、饰物或吊坠换成幸运色也能够起到抑制效果。如果命运数字本身就是凶数，再配上禁忌色的手机，那就会更加不吉利。

但是，不管是什么情况，都要从力所能及的事情着手改善，只有这样才能实现开运的目的。

Q：多久才能有效果？

通常情况下早的话第二天就有效果，迟的话1个月左右。

Q：公司配的手机怎么办？

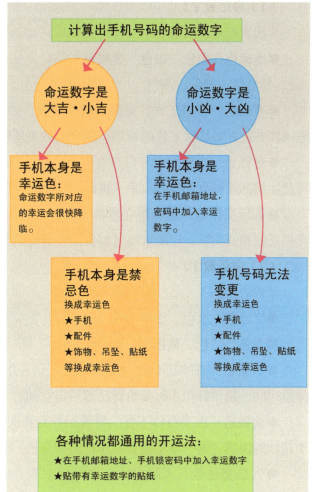

## 利用数字和幸运色的组合来提升运气

计算出手机号码的命运数字

命运数字是
大吉·小吉

命运数字是
小凶·大凶

手机本身是
幸运色：
命运数字所对应的幸运会很快降临。

手机本身是
幸运色：
在手机邮箱地址，密码中加入幸运数字。

手机本身是禁忌色
换成幸运色
★手机
★配件
★饰物、吊坠、贴纸等换成幸运色

手机号码无法变更
换成幸运色
★手机
★配件
★饰物、吊坠、贴纸等换成幸运色

各种情况都通用的开运法：
★在手机邮箱地址、手机锁密码中加入幸运数字
★贴带有幸运数字的贴纸

由于号码和手机都没办法变更，因此可以换个幸运色的手机吊坠或贴纸。

## 5.在很大程度上左右手机主人运气的命运数字

金钱运、事业运、恋爱运都不是突然发生的，它们都是通过一定的途径来到你身边的。

在现代社会，与手机相连的电磁波就是运输运最强有力的途径，而捕捉电磁波的正是手机号码。

因此号码的吉凶能对手机主人的运气产生重大的影响。

**（1）命运数字1**

（代表恋爱、信息）

●**幸运色**：金色、银色、金属色

禁忌色：黄色、茶色

●**事业运**：科室工作、试验、就职大吉。如果能灵活运用工作中的联络邮件并做好对日常工作的管理，则吉利效果还能增强。

●**金钱运**：有利的财富信息会通过人际关系传到你这里。对金钱的管理及运用都能够更加得心应手，进而创造出更多的利益。

●**人际交往运**：能够建立圆满的人际关系。而且能与意气相投的人培养相互信赖的关系。也能够通过邮件交换有益的信息。

**（2）命运数字2**

（代表疾病）

●**幸运色**：金色、银色、金属色

禁忌色：红色、黄色、茶色

●**事业运**：身体状况不好，工作效率上不去。因此不要硬撑，要保证休息时间。制作日程表时要给自己留一点空间。

●**金钱运**：由于身体不好，导致治疗费和医药费支出增加。容易沉溺于花钱的快感，买一堆不需要的东西浪费金钱。

●**人际交往运**：人际交往让你觉得很累。容易由于沟通失误引起麻烦。在发邮件时最好能再次确认邮件的内容和收信人地址。

**（3）命运数字3**

（代表吵架）

●**幸运色**：红色

禁忌色：黑色、藏蓝色、绿色

●**事业运**：工作中容易由于联系不够而出差错。因此不能只依赖手机，还要充分利用电脑和传真，并认真做好记录。

●**金钱运**：容易有金钱方面的麻烦。要尽早支付各项费用，不要有遗漏。在婚丧嫁娶的花费方面也不能太过吝啬。

●**人际交往运**：自我主张过激，容易多嘴惹人嫌。要注意保持平和，说话的时候要多加小心，不要说别人坏话。

### （4）命运数字4

（代表事业、交际）

●**幸运色**：黑色、藏蓝色、绿色

**禁忌色**：红色

●**事业运**：事业顺利，业绩稳步提升。因此不要太过心急，只要能一步一个脚印、脚踏实地去努力就一定会在职场中出人头地的。

●**金钱运**：没有大钱要花，继续稳步增加中。深谙生钱之道，能收到几倍的回报。

●**人际交往运**：能坦诚待人，能建立和谐真诚的人际关系，和特定的人深交相比，所以更需要展开全方位的"外交"。

### （5）命运数字5

（代表灾难）

●**幸运色**：金色、银色、金属色

**禁忌色**：红色、黄色、茶色

●**事业运**：无论怎么努力却总没有结果。也会经常遭遇他人提出的一些无理要求。

●**金钱运**：意外的支出接二连三，有经济危机的困扰。本来可以依靠的进款也不幸流产。因此要认真确认各项支出，以防赤字。

●**人际交往运**：明明不是自己的错却被无端卷入是非麻烦中，这样的事情会很多。因此要多控制自己的表情，保持笑容。

### （6）命运数字6

（代表事业）

●**幸运色**：黄色、茶色、金色、银色，金属色

**禁忌色**：藏蓝色、黑色、红色

●**事业运**：是最适合升职的命运数字。代表你办事麻利、业务熟练，

在职场中的评价也会越来越好，升迁和加薪指日可待。

● 金钱运：作为努力工作的结果，经济上变得更加宽裕。因此不要吝啬于为别人花钱，买单的时候要痛痛快快的。

● 人际交往运：容易争强好胜，为一些小事与别人争执。所以，建议你不要太在意输赢，要多着眼于对方的优点。

### （7）命运数字7

（代表受伤）

● 幸运色：藏蓝色、黑色

禁忌色：黄色、茶色、金色、银色、金属色

● 事业运：容易有突发事故而导致工作无法按预定计划进行，但即使意外变故会给自己带来意外收入，也都是暂时的。

● 金钱运：过度铺张浪费，还有可能在赌博中输钱。因此要极力控制不要使用信用卡消费，也不要依赖银行的小额贷款。

● 人际交往运：容易卷入和他人的纷争中，受到不必要的牵连。因此要提醒自己时刻保持中立姿态，不要感情用事，要保持冷静。

### （8）命运数字8

（代表财产）

● 幸运色：红色、黄色、茶色

禁忌色：绿色、金色、银色、金属色

● 事业运：不是那种埋头实干的类型，但却能够把交代的事情完成得漂漂亮亮的。因此如果能静下心来认真工作，失误也一定会越来越少。

● 金钱运：能提升金钱运的幸运号码，代表收入增加，并且会继续不断地增加。因此只要能够掌握聪明的花钱方法，就不会浪费。

● 人际交往运：与其积极扩展人脉，不如保持被动姿态。这样即使自己不特意表现也会引起别人的注意，从而建立广泛的人际关系。

### （9）命运数字9

（代表喜事）

● 幸运色：绿色、红色

　　**禁忌色**：黄色、茶色、黑色

　　●**事业运**：代表你会给上司和客户留下好印象。但是如果光说而没有实际行动的话则会迎来负面评价。因此不要光说不练，要拿出点诚意来认真对应上司与老板。

　　●**金钱运**：虽说不是多坏，但如果虚荣心太强的话则会导致金钱运的下降。在高价服装、包包和高级餐厅上面的消费要慎重，不能太浪费。

　　●**人际交往运**：结婚、生子、升迁、乔迁新居这样的喜事接连不断。因此要怀着高兴的心情去祝贺，但同时红包也是一笔不小的开支。

## 6.手机吊坠

　　手机吊坠最好是选择手机命运数字所对应的幸运色，关于颜色方面可以对照与手机命运数字相对应的幸运色与禁忌色这个表格。除了颜色，如果在材质方面也能够慎重选择的话，那么开运效果则会加倍，具体材质可参考下表。

　　如果自己动手用能量石制作手机吊坠的话，石头的颜色一定要选幸运色。石头的颗数也要和你所期望运势的命运数字相吻合。例如想求恋情的话就选1颗石头，想求事业运的话就选6颗石头，想求金钱运的话就选8颗石头。

### 与各命运数字相对应的幸运材质与禁忌材质

| 命运数字 | 幸运材质 | 禁忌材质 |
|---|---|---|
| 1 | 金属 | 陶瓷、黏土 |
| 2 | 金属 | 陶瓷、黏土 |
| 3 | 无 | 木、玻璃 |
| 4 | 木、玻璃 | 无 |
| 5 | 金属 | 陶瓷、黏土 |
| 6 | 陶瓷、黏土、金属 | 玻璃 |
| 7 | 玻璃 | 陶瓷、黏土、金属 |
| 8 | 陶瓷、黏土、木 | 木、金属 |
| 9 | 无 | 陶瓷、黏土、玻璃 |

### 7.待机画面

我们每次用手机的时候都能看到待机画面。如果用能提升能量的图像做待机画面，便会有令人高兴的好消息通过手机被接收进来。

从出生年月和性别等生辰八字可以算出你属于哪种类型，类型不同其对应的能量图像也不同。每个类型都有自己相对应的提升事业运、恋爱运和金钱运的方法。

## 从出生年份推算所属类型的方法

①年份以新历为准。立春前一天（2月2日）以前出生的人算上一年出生的。

②把年月拆成个位数逐个相加，一直加到最后一个个位数。

③男性用11减去最后得出的那个个位数，女性用最后那个个位数再加4（如果相加结果超过10，就要再减去9）。

例如：1978年出生的男性：

①1+9+7+8=25 ②2+5=7 ③11-7=4 诞生数字就是4，属风。

1978年出生的女性：

①1+9+7+8=25 ②2+5=7 ③7+4=11 11-9=2 诞生数字就是2，属地。

| 诞生数字 | 1 | 2 | 3 | 4 | 5 | 6 | 7 | 8 | 9 |
|---|---|---|---|---|---|---|---|---|---|
| 男性 | 水 | 地 | 雷 | 风 | 山 | 天 | 泽 | 山 | 火 |
| 女性 | 水 | 地 | 雷 | 风 | 地 | 天 | 泽 | 山 | 火 |

## 能提升能量的待机画面示例

| 风 | 天 |
|---|---|
| 大海、湖泊、河流等有清流的风景、水族馆、温泉、学者 | 沼泽、湖泊、游乐园、小鸟、年轻的女性 |
| **水**<br>修剪精致的庭园、道路、车站、机场、气球、婚礼 | **泽**<br>观光场所、神社寺庙、市中心、汽车、飞机、狗、运动员 |
| **山**<br>郊外或田园风光、集市、猫、羊 | **火**<br>森林、花草、日出、马、音乐家、播音员 |
| **地**<br>雄伟的高山、高层建筑、塔、少年、狗 | **雷**<br>阳光明媚的风景、南国、美女演员、作家 |

## 出生年份与所属类型一览表

| 出生年度 | | | | | | | | 男性 | 女性 |
|---|---|---|---|---|---|---|---|---|---|
| 1946 | 1955 | 1964 | 1973 | 1982 | 1991 | 2000 | 2009 | 火 | 天 |
| 1947 | 1956 | 1965 | 1974 | 1983 | 1992 | 2001 | 2010 | 山 | 泽 |
| 1948 | 1957 | 1966 | 1975 | 1984 | 1993 | 2002 | 2011 | 泽 | 山 |
| 1949 | 1958 | 1967 | 1976 | 1985 | 1994 | 2003 | 2012 | 天 | 火 |
| 1950 | 1959 | 1968 | 1977 | 1986 | 1995 | 2004 | 2013 | 地 | 水 |
| 1951 | 1960 | 1969 | 1978 | 1987 | 1996 | 2005 | 2014 | 风 | 地 |
| 1952 | 1961 | 1970 | 1979 | 1988 | 1997 | 2006 | 2015 | 雷 | 雷 |
| 1953 | 1962 | 1971 | 1980 | 1989 | 1998 | 2007 | 2016 | 地 | 风 |
| 1954 | 1963 | 1972 | 1981 | 1990 | 1999 | 2008 | 2017 | 水 | 山 |

★立春前一天（2月2日）以前出生的人算上一年出生的。

## 8.充电场所

顾名思义，给手机充电就是让手机充满能量，因此选个吉方位为手机充电就可以大大增加手机的能量。

所谓吉方位是由出生年月和性别决定的，是对那个人而言的幸运的方位。可以根据"出生年份与所属类型一览表"和下文中的八卦盘推算出自己的吉方位。

回家后将手机从口袋中掏出，站在房间中央找出吉方位，将手机放在吉方位对应的场所充电。如果吉方位对应的地方是卫生间、浴室或玄关等无法充电的场所，也可以选择将手机拿到自己房间内的吉方位去充电。

## 八卦盘

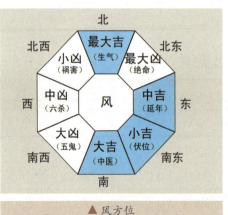

▲ 风方位

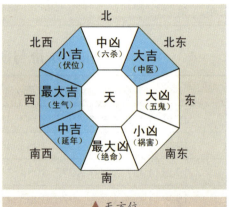

▲ 天方位

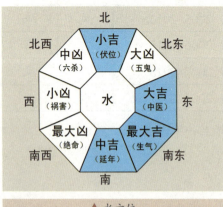

▲ 水方位

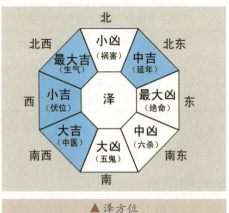

▲ 泽方位

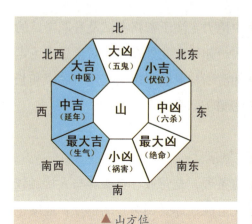

▲ 山方位

▲ 火方位

▲ 地方位

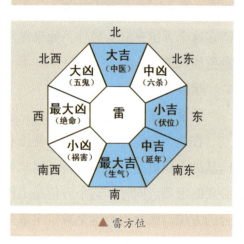

▲ 雷方位

## （1）吉方位的名称以及吉方位的能量使用方法

**生气（最大吉）**

**能量关键词：发展、积极、扩大、创造**

如果想提升金钱运和事业运，这个是首选的充电方位。幸运的消息会接踵而至，金钱运势也会异常活跃。如果你从事的工作是自主经营，则会有新的订单和生意上门，如果是职员则会有比较好的转行以及职业升迁的机遇。另外人际关系也会变得活跃，有利的人脉会越来越广。

**天医（大吉）**

**能量关键词：健康、长寿、头脑、学问**

从事企划、开发、研究等创意相关工作的人群最适合在这个方位充

电。同时这个方位还有让屋主能够集中精力专注于资格考试及升职考试的学习的能量。另外，从事股票投资的人员如果在此处充电，对金融市场走势的预测能力也会得到提高，头脑更加清晰与灵敏。由于它还有健康和长寿的意义在里面，所以也适用于关注健康的人群。

**延年（中吉）**

**能量关键词：**和合、结婚、协调、圆满

人际关系较顺，说话也比较妥帖有条理，是营业、客服等与人接触较多的职业人群最适合的方位，在此处充电能让你受到客户的信任，业绩也能稳步上升。在恋爱方面也有一定效果，想求约会或与恋人结婚的话，就请在这个方位充电。另外，如果你常常保持平和的心情，还能使家族的生意更加兴隆。

**伏位（小吉）**

**能量关键词：**平和、地道、安定、坚实

在这个方位充电会让你即使没有意外的大钱进账，却也能在勤俭节约的基础上积攒到可观的积蓄，能掌握稳重的花钱之道，减少冲动购物和不必要的浪费。同时，这个方位是工作要求细致的事务员以及家庭主妇最适合的方位，而且因为这个方位主掌分离的能量比较弱，因此家庭生活中不会有什么风波，生活比较稳定。

**（2）凶方位的名称以及凶方位的能量表现方式**

**绝命（最大凶）**

**能量关键词：**破产、灾难、绝望、疾病

这是个大灾方位，给手机充电的时候请一定避开这里。如在这个方位充电，可能会有工作单位倒闭、公司人事结构重组裁员、股价暴跌等噩耗传来。也可能会被朋友借钱而使人际关系陷入困境。联络上也会失误频发，导致交易紊乱。家庭关系也变得不和睦，家庭成员彼此间的交流会越来越少。

**五鬼（大凶）**

**能量关键词**：事故、火灾、盗窃、有灵

这是个容易引起突发事故的方位。在这个方位充电会导致即使有好消息传来，也会无疾而终，甚至会产生不好的结果。也会导致即使辛苦操劳努力工作，却还是不见成果，反而会因为压力和疲劳把身体拖垮。同时，还会不断有被人临时爽约的情况发生，以及因为遭受误解而使信用度降低的情况发生。

**六杀（中凶）**

**能量关键词**：赌博、淫乱、不伦

在这个方位充电，容易让自己因被卷入背离常规的感情而没办法踏踏实实地过生活。还可能会有收到敲诈电话及无赖邮件的危险。而且还会因为这些电话和邮件导致人际关系恶化，而使工作无法顺利进行。由于这是个吸引恶缘的方位，所以它对恋爱运也是最不利的，容易陷入不伦恋，或是让人沉迷于嫖娼而陷入破财的困境。

**祸害（小凶）**

**能量关键词**：破财、减收、虚弱、不安

这个方位的凶作用没有那么强烈，但却会一点一点地降低你的运势，可能会让你接二连三地有意外支出并最终将存款用光，此外，还会让你的薪水降低，让你与加薪擦肩而过等。这些浪费里包括跟自己不喜欢的人打冗长的电话浪费电话费，或是下载到一些没用的收费服务使不必要的支出增加。

## 9.手机电话簿·地址簿

能够带来财富的信息通过手机被接收进来，因此记录电话号码和地址越多的手机，其吸收财富的可能性也就越大。

但是，并不是单纯地增加数量就可以的。把一些根本不可能联络的人的号码也记在手机中是没有任何意义的，这样的号码记得再多也不会增加信息的流动。所以，你可以三年为一个目标期限来整理手机地址簿，把那

些没用的数据都删掉。

## 10.手机娱乐功能

手机的用途越多就越能被激活。以河流为例，大批船只来回穿梭运输物资的繁荣景象，才是最理想的状态。

但是不要忘了，与提升运气挂钩的毕竟还是吉利的命运数字。如果命运数字是凶数，那些没用的功能和内容只会起到阻碍作用，浪费时间也浪费金钱。因此先把手机和吊坠换成幸运色之后再考虑这些娱乐功能吧。

## 11.手机支付功能

灵活使用手机的支付功能，用于乘车和商店购物等，能够很好地刺激金钱运。

这样做的结果当然会使存入进来的钱变多，同时可支出的钱也变多。因此在使用手机的支付功能时必须认真做好收支记录，尤其是那些命运数字是凶数，或手机是禁忌色的人群，最好能慎用手机的支付功能。

# 钱包的开运风水

## 1.钱包的颜色

通常人们都会认为黄色是能够提升金钱运的颜色，因此黄色钱包也被称为风水钱包。

因为黄色在五行中是象征金钱的土的颜色，所以黄色的钱包确实是不错的选择，但是在黄色的基础上再加入代表火的红色，这样形成的橙色和茶色的钱包才是最好的。女性用深酒红色的钱包也不错。由于五行中的火含有创造的意思，因此在现代社会中那些从事与创意相关工作的人若选择橙色钱包，还可以充分发挥自己的才智从而创造更多的财富。

另外，在我国红色也常常作为代表喜庆的颜色而被广泛运用。

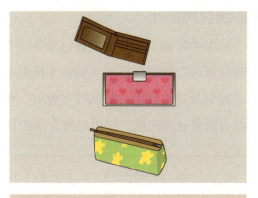

如果实在不想挑选以上推荐的这些颜色的钱包的话，你也可以选跟自己生辰八字的类型相匹配的幸运色，若这种幸运色的钱包很少见，也可以把它作为点睛色加入到钱包中，或是利用幸运色的装饰物或护身符来弥补。生辰八字的类型所对应的幸运色：

▲ 钱包的颜色宜选择与自己八字相对应的幸运色。

山·地——黄色、茶色、驼色。

风——黑色、灰色、藏蓝色。

雷——红色、橙色、粉色、紫色。

火·水——蓝色、绿色。

天·泽——白色、金色、银色。

## 2.钱包的设计

很多时候，即使知道自己的幸运色但还是买不到这种颜色的钱包。这时候就可以根据自己的生辰八字所属类型选择相对应的幸运设计，这样也能起到开运的效果。长款钱包也好，可以对折的钱包也好，对钱包的形状没有必要过分在意，以用起来方便为宜。具体事项见下表。

| 属雷的人 | 属天·泽的人 |
|---|---|
| 五行中的火能为这种类型的人带来幸运。因此茶色也好，橙色也好，尽量选择红色为主色调的钱包。在设计方面选择能让人联想起太阳及炎热的花样或带护身符的设计，此外，由于火在图形中表示为三角形，因此三角形的主题图案或商标也很吉利。 | 五行中的金能为这种类型的人带来幸运。因此最好选择带铃铛的设计或是加入金银丝线、比较闪亮的材质。此外，由于圆形也象征金，因此类似圆点这样的圆形图案，或是在钱包中放入圆形硬币等都很吉利。 |
| 属风的人 | 属火·水的人 |
| 五行中的水能为这种类型的人带来幸运。由于水在图形中表示为曲线，因此带曲线花纹的钱包很吉利。若加饰物的话最好是透明的水晶或鱼形小物。应该避免太扎眼的颜色和设计，让钱包给人一种稳重、朴素的印象。 | 五行中的木能为这种类型的人带来幸运。带有绿色、黄绿色、祖母绿、土耳其石蓝绿色装饰物的设计都能够加强木的力量。加入树木和花朵图案也能提升金钱运。另外，长方形的长款钱包也同样有开运效果。 |
| 属山·地的人 | |
| 五行中的土能为这种类型的人带来幸运。象征大地稳定性的方方正正的钱包是最合适的选择。另外，在钱包中加入陶器，瓷器或能量石等装饰物也能增强土的力量。 | |

### 3.钱包内的物品

#### （1）纸币

试想一下若钱是有感情的，那么它在你钱包里住得是否舒服？通常金钱运不好的人，他们的钱包总是乱七八糟，处于一个被金钱嫌弃的状态。

要改变这种状态，首先，要把纸币分类放好，使上下的朝向一致。其次，除了钱以外不要放其他多余的东西。然后，从钱包中取钱出来时要想着取小钱进大钱，以一种愉悦的心情花钱。

**将纸币分类放入钱包：**将一百、五十、二十、十元的纸币分类整理好。俗话说物以类聚，人以群分，人类只有和自己同类的人或朋友在一起时才会觉得安心，纸币也一样。因此要定期检查钱包内的纸币，及时补充。

**纸币上下朝向一致：**要使纸币的上下朝向保持一致。因为纸币上通常都印有伟人的肖像，绝对不能把头像的方向搞反了。从ATM机中取完钱后不要直接塞入钱包，要先确认朝向。多费一点心，就能对提升金钱运多一点帮助。

**钱包中放入10张以上的纸币：**请在钱包中放入10张以上的纸币。因为太少的话，钱包里的钱会觉得寂寞，这种寂寞同时代表你的千随时可能"出走"。

**花钱的时候保持心情愉悦：**从钱包里拿钱出来时不要有"不想花钱"、"要是再便宜一点就好了"这样的消极想法。保持愉悦的心情花钱，才能让的金钱运保持旺盛。

#### （2）信用卡

**学会灵活使用信用卡：**现代社会，信息成为了增加财富的一个重要手段。为了使生活更加方便，人们想尽一切方法，不断把新的系统引入日常生活。例如因为随身携带大额现金会有丢失和失窃的风险，所以就需要学会灵活使用信用卡。

**切实做好费用支出管理：**有些人因为长期使用信用卡而对金钱渐渐失去了概念，从而导致自己的金钱运下降。如果你花钱大手大脚经常会买些

高额的物品，或是轻易就选择个人贷款，那么在信用卡的使用上就要注意节制了。你可以将信用卡的每笔开销都记在账本上，这样就能够有效地控制消费。

### （3）发票

**发票不能随手塞进钱包中**：如果将收据及发票等都塞进钱包中，会降低你的金钱运势。虽然说纸币和发票都是纸做的，但是纸币被赋予了特殊的含义，如果让它和普通的纸放在一起，无疑就会削弱这种特殊含义，同时你的财运也会被消耗掉。

**发票放在固定场所保管**：对于那些可以用来报销或申报税金的人来说，发票是非常重要的票据。为了防止丢失，他们可能会觉得放在钱包中保管比较保险，但其实可以保管的地方很多，例如在抽屉中腾出一块地方专门用来保管发票，这样也能够防止丢失。

### （4）零钱

被零钱撑得鼓鼓囊囊的钱包，不仅形状难看还会降低金钱运势。因此尽可能把零钱放在零钱包里，如果实在没办法放在钱包里也行，但要注意不要积得太多，要及时花掉，要时刻留意钱包状态，保证金钱的良性循环。

## 名片的开运风水

### 1.名片的版面设计和八方位

每个方位都分别象征不同的工作内容，强调名片某个方位的版面设计能够提升与该方位相对应的工作业绩。

名片虽只是个手掌大小的纸片，但如果把它看成一个居住空间的话，就可以运用风水手法来判断其八方位的吉凶。

▲ 名片的版面设计也要讲究方位。

最靠近自己的是北、对面一侧是南、左侧为东、右侧为西。八个方位分别有其各自不同的含义。例如，太阳升起的东方象征新的构思，太阳最高点所在的南方象征备受瞩目的显赫职业。因此，设计名片时，要在自己工作直接相关的位置配置文字或标识等，以凸显重点。

## 八方位所象征的工作内容

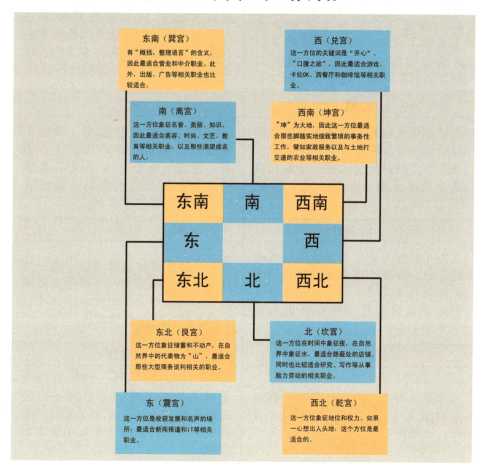

**东南（巽宫）**
有"概括，整理语言"的含义，因此最适合营业和中介职业。此外，出版、广告等相关职业也比较适合。

**西（兑宫）**
这一方位的关键词是"开心"、"口腹之欲"，因此最适合游戏、卡拉OK、西餐厅和咖啡馆等相关职业。

**南（离宫）**
这一方位象征名誉、美丽、知识，因此最适合美容、时尚、文艺、教育等相关职业，以及那些渴望成名的人。

**西南（坤宫）**
"坤"为大地，因此这一方位最适合那些脚踏实地细致繁琐的事务性工作，譬如家政服务以及与土地打交道的农业等相关职业。

**东北（艮宫）**
这一方位象征储蓄和不动产，在自然界中的代表物为"山"，最适合那些大型商务谈判相关的职业。

**北（坎宫）**
这一方位在时间中象征夜，在自然界中象征水，最适合隐蔽处的店铺，同时也比较适合研究、写作等从事脑力劳动的相关职业。

**东（震宫）**
这一方位是收获发展和名声的场所，最适合新闻报道和IT等相关职业。

**西北（乾宫）**
这一方位象征地位和权力。如果一心想出人头地，这个方位是最适合的。

## 2.各行业名片对应的开运设计

弄清楚自己的工作需要哪种技能，就能够明白应该强调八方位中的哪个方位了。例如，要求有较高创新能力的出版及广告业界，应该重点强调东南方位。但是，即使是在出版社，如果担任的是经理或事务管理等职

务，则应该强调西南（坤宫）和西北（乾宫）方位。如果是身在制造行业但从事的是企划或开发等相关工作的话，则东南（巽宫）方位更加重要。

## 行业与名片方位一览表

| 制造 | | 美容 | |
|---|---|---|---|
| 对应的方位由制造的内容所决定。如果是电器相关的则是东（震宫）方位，车辆相关的是则是西北（乾宫）方位，家庭用品相关的则是西南（坤宫）方位。 | | 应该重点强调象征美丽的离宫（东）方位。如果使用红色或紫色等醒目的颜色作为制作名片的关键色，就会收到事半功倍的效果。 | |
| 金融 | | 建筑 | |
| 从事融资或住房贷款等大额资金操纵的职业适合东北（艮宫）方位。若是日常性的资金进出的话则比较适合西（兑宫）方位，西北（乾宫）方位。 | | 建筑物一般都适合东北（艮宫）方位，若重新翻新的话则适合西南（坤宫）方位。如果是从事房屋中介等职业的人群则应该重点强调东南（巽宫）方位。 | |
| 物流 | | 旅行 | |
| 东南（巽宫）是主司物资顺畅流通的方位。如果是负责客户接待的则应强调西（兑宫）方位，如果是负责超市或便利店的则应强调西南（坤宫）方位。 | | 东南（巽宫）方位最适合。这一方位还适合从事贸易、运输等远距离买卖的相关职业，同时该方位还能促进人际交流的顺畅发展。 | |
| 风险行业 | | 饮食业 | |
| 从事新兴行业的人，如果重点强调象征雷电和声音的东（震宫）方位，则能使事业顺利发展。 | | 味道一流的西餐厅，顾客盈门生意兴隆的居酒屋，有陪酒女郎的酒吧比较适合西（兑宫）方位。安静低调的小酒馆则适合北（坎宫）方位。 | |
| 传媒 | | 公务员 | |
| 收集轰动事件进行报道的行业适合东（震宫）方位，但是从事小说等的出版及广告业务的职业人群则适合东南（巽宫）方位。 | | 公务员、司法检查相关人员、警察等所谓的正派职业适合西北（乾宫）方位，该方位有代表公共、公正的意味。 | |

### 3.工作之外制作私人名片

#### （1）副业或兴趣领域都可以制作名片

说到代表自己工作的名片的版面设计，有很多职员由于都只是使用公司统一配发的名片，所以很难做到各方面都兼顾。

但是，一个人如果仅仅只是依赖公司的本职工作，则很难靠个人努力大幅提升事业运和金钱运。为了打破这种被动事态，请试着在自己的副业或兴趣领域方面制作名片吧。

例如，你喜欢体育运动的话，在体育馆里利用运动器械默默流汗锻炼当然也不错，但是去参加瑜伽或气功等的培训班也是一个很好的选择。如果有足够热情的话还有可能取得教练资格证。然后制作一个"瑜伽教练"的名片，这样一来不但可以为你提供更多的契机，还能让你随着年龄的增长不断磨练自己的技艺。

#### （2）制作名片还有可能与你的收入挂钩

如今像某某爱好者、某某迷这样以兴趣为头衔的名片开始渐渐出现。作家、插画师、摄影师、企划等这些职业，很有可能会由你的兴趣慢慢发展而来。另外，各种顾问、占卜师等职业也能够灵活运用自己的经验和知识，通过为别人提供咨询建议来获取报酬。

这样的名片能帮助你拓展人脉。有了名片，你的营业活动也可以更加顺利。即使你有本职工作，但为了副业能得到更好发展，请一定要制作属于你自己的私人名片。

### 4.名片的保管方法

名片是表示人际关系的最直接工具。如果敷衍对待收到的名片，不认真保管的话，在需要的时候就没办法灵活运用了。

话说回来，由于现实生活中的人事调动，甚至公司变动的情况非常多，所以即使把过去所有的名片都一直好好保存着，也有很多都派不上用场。而且，名片大量积压的话也有很多不好的地方，比如在你想找某个人的名片时却怎么也找不着。

所以隔两三年就要整理一下你所收到的名片，那些本人的职位已经变更，以及今后都没可能再联系的人的名片就要尽快处理掉。

### 5.防止名片用完

在客户初次来访，开始互相交换名片的时候才发现名片用完了，或是名片夹忘带了，这种情况绝对不能出现。

用完名片后一定要记得及时补充进名片夹。而且从对方处收到的名片也可以放在其中暂时保管，防止丢失。

另外，为了以防万一，最好在笔记本或卡片收纳袋里也放几张名片，这样就可以有效避免在跟将来有可能成为自己重要合作伙伴的客户见面时递不出名片的尴尬。

### 6.选择与职业相配的名片夹颜色

如果从事的是要求创新能力的企划相关职业，红色的名片夹最适合。它能激发创作灵感，还能给对方留下深刻印象。除此之外，时尚和美容美体等追求美丽的职业也比较适合红色。如果是从事事务性工作的人则适合选择白色名片夹，白色能够给人勤勤恳恳和认真工作的好印象。如果是从事服务业之类的以人为服务对象的职业，选择绿色或蓝色的名片夹可以让你的人际关系更加圆满、顺畅。

如果想提升整体的金钱运势，则要选与钱包相同色系的茶色或橙色名片夹。此外，驼色也对提升金钱运有一定效果。

## 手提包内物品的开运风水

按照传统风水学的观点，与我们运势联系最密切的是住宅，风水开运的一般操作都是先从判断房屋凶吉开始，再设法提升居住在那里的家庭的运气。然而，现代社会的情况已经大大有别于以往。忙碌的现代人，他们待在公司和客户处的时间远远长于待在自己家中，这个时候，他们身上所携带的随身物品反而在很大程度上成为影响运势的主要因素。

作为与社会活动同样重要的随身物品，在选择时应该根据用途挑选那些能为自己带来能量的物品。当工作任务太多身心俱疲时，或是面对让自己郁闷的客户时，只要想着我随身带的东西会守护我的，心情或许也就会变得好很多。

### 1.钥匙环

选择象征家人安全的颜色和形状，切实守护家人和财产安全。

在传统的风水学中，住宅中的玄关被看做是最重要的场所。因为生活在那里的整个家庭的金钱运和人际关系都是从玄关处进入的。在古代中国，为了防御外敌入侵，都会在房子四周围上高高的围墙，而且还要设两道门。因为他们认为如果出入口做的不好就会使全家人的命运曝于危险之中，无法保证安全。

而在现代，不管是公寓还是独门独院的房子，人们都必须锁上门才能放心外出，而且已经渐渐习惯了锁带来的便利。这里，我们按照生辰八字的八种类型将钥匙环分门别类，建议你在挑选钥匙环时选择那些与生辰八字相符合并会为你带来好运势的材质与颜色。

## 生辰八字的八种类型各自对应的能吸收幸运的钥匙环

| 天、泽 | 白色或金色、银色。<br>金属材质，圆形或球形为最佳。<br>带铃铛的设计也很吉利。 |
|---|---|
| 山、地 | 黄色、茶色、驼色。<br>四边形或梯形为最佳。 |
| 火 | 红色、紫色等醒目的颜色。<br>三角形或前端尖细的形状为最佳。 |
| 雷、风 | 蓝色或绿色。<br>木制细长的形状为最佳。 |
| 水 | 黑色或灰色、藏蓝色。<br>玻璃材质，曲线或弯曲形状为最佳。 |

*根据出生年推算所属类型的方法可参考P$_{335}$"出生年份与所属类型一览表。"

## 2.文具

选择天医对应的颜色和设计，能有效发挥文具的功能。古代中国非常重视文书，对那时的中国人来说人生最大的荣耀就是科举及第。为了达到这个目的，民间流传下来很多提升考试运的方法。最常用的方法就是合理利用与大吉方位天医相匹配的文书。

下文中，我们将从代表生辰八字的八种类型出发，告诉你如何找寻象征天医的颜色和图案的笔记本、手册等文具。

### 生辰八字的八种类型各自对应的能吸收幸运的文具

| | |
|---|---|
| 天 | 笔记本的封面和笔袋的颜色最好选黄色或茶色。<br>材质以皮革为佳。手机和电子词典固然不错，但活用方形笔记本也能为你带来幸运。 |
| 泽 | 黄色、茶色、驼色为幸运色。<br>布制为佳，与其不断买新品，不如好好珍惜使用自己心爱的产品。 |
| 火 | 宜以清爽的蓝色和绿色为主色调。<br>笔记本和笔袋最好选细长锋利的形状。 |
| 雷 | 黑色，灰色和藏蓝色为幸运色。<br>带曲线或波浪图案的文具能带来幸运。 |
| 风 | 红色、粉色、橙色、紫色等艳丽的颜色为幸运色。<br>三角形或前端尖细的形状能带来幸运。 |
| 水 | 蓝色和薄荷绿色为幸运色。<br>小狗、小猫以及花草图案较吉利。此外，电子词典和录音笔也是可以选择的幸运小物。 |
| 山 | 白色、金色、银色为幸运色。<br>品质上乘的高级文具为佳。 |
| 地 | 闪闪发光的材质最适合，白色也比较吉利。<br>诙谐中透着可爱设计的文具能带来幸运。 |

★根据出生年推算所属类型的方法可参考P335"出生年份与所属类型一览表。"

### 3.卡片收纳袋

在公司上班的职员，如果不出勤的话，其事业运和金钱运就都得不到提升。与古代中国的农耕社会有所不同，在现代社会，人们必须走出家门与形形色色的人接触才能真正实现开运。

待在自己家中通过网络扩展人脉确实也是一个可行的手段，但只靠在线交往来加深关系毕竟程度有限。为了让你每天的通勤都能为自己带来好运气，不妨为你的卡片收纳袋加入一些幸运元素吧。此外，收纳袋如果脏污或用旧了要及时买新的更换。一个新的卡片收纳袋不仅能让你心情变得开朗，还会让你的行动变得更加积极。

### 生辰八字的八种类型各自对应的能吸收幸运的卡片收纳袋

| 天、泽 | 有圆点等圆形图案的为佳。<br>最好还附带有铃铛或金属材质的护身符。 |
|---|---|
| 火、水 | 蓝色和绿色为幸运色。<br>细长形状为佳，最好是除了卡片袋本身以外不带任何其他附属物品。 |
| 雷 | 最好是红色、橙色等华丽色彩，哪怕只有一点点缀也好。 |
| 风 | 黑色、灰色和藏蓝色为幸运色。<br>带曲线或波浪图案的文具能带来幸运。 |
| 山、地 | 茶色或驼色系的稳重设计为最佳。 |

★根据出生年推算所属类型的方法可参考P335"出生年份与所属类型一览表。"

### 4.手帕

说到公文包中最鲜艳的物品就要数手帕了。而且手帕由于每天都要更换，因此能够根据当天的预定计划选择最合适的颜色和花样。

不管那一天是否是商务日程排得满满当当，还是下午五点后有约会，或是下班了要去打球……你都需要对照自己的日程表，选择能给你带来好运气的手帕。商务场合、约会场合、学习场合……这里我们按照用途为你将手帕颜色一一分类，你可以对照自己的生辰八字所属的类型轻松地查找到你所需要的颜色。

### 生辰八字的八种类型各自对应的能吸收幸运的手帕颜色

|  | 重要的工作 | 约会、喝酒 | 学习、运动 |
|---|---|---|---|
| 天 | 白色 | 黄色、茶色、驼色 | 黄色、茶色、驼色 |
| 泽 | 白色 | 黄色、茶色、驼色 | 黄色、茶色、驼色 |
| 火 | 蓝色、绿色 | 灰色、藏蓝色 | 蓝色、绿色 |
| 雷 | 红色、橙色、粉色 | 蓝色、绿色 | 灰色、藏蓝色 |
| 风 | 黑色、灰色 | 蓝色、绿色 | 红色、橙色、粉色 |
| 水 | 蓝色、绿色 | 红色、橙色、粉色 | 蓝色、绿色 |
| 山 | 黄色、茶色、驼色 | 白色 | 白色 |
| 地 | 黄色、茶色、驼色 | 白色 | 白色 |

★根据出生年推算所属类型的方法可参考P335"出生年份与所属类型一览表。"

### 5.化妆包

　　女性的包中一定都会偷偷带着化妆包。市面上有各种颜色、各种款式的化妆包可供选择，光是挑选的过程就足以令人心花怒放了。

　　对于绝大多数女性来说，带着化妆包主要还是为了能时刻保持得体的仪容。由于要将自己的容颜展现在周围人群面前，因此最好是选择象征能改善人际关系的延年方位的颜色和款式的化妆包和化妆品。这样一来就既能提升恋爱运，同时也能够将自己最好的一面展现在恋人面前。

### 生辰八字的八种类型各自对应的能吸收幸运的化妆包

| | |
|---|---|
| 天 | 颜色以黄色、茶色和驼色为佳。形状最好是方形或梯形。以素净稳重的女性化设计最合适。 |
| 泽 | 颜色以黄色、茶色和驼色为佳。形状最好是方形或梯形。设计不要太过甜美，应该稍显硬朗和锋利。 |
| 火 | 颜色以黑色、灰色和藏蓝色为佳。形状最好是曲线形。设计不要过于鲜明突出，素雅一点比较好。 |
| 雷 | 颜色以蓝色和绿色为佳。以树木或树叶图案为主题的女性化设计最好。 |
| 风 | 颜色以蓝色、薄荷绿色为佳。尤其以樱花图案最为吉利。另外，引人注目的大胆设计也是不错的选择。 |
| 水 | 颜色以红色、橙色、粉色和紫色为佳。闪耀华丽气息的女性化设计最合适。 |
| 山 | 颜色应以白色为主色调，点缀金色或银色等金属色。弥漫少女气息的设计为最佳选择。 |
| 地 | 颜色以白色为佳。形状最好是圆形。外形硬朗功能较多的设计最合适。 |

★根据出生年推算所属类型的方法可参考P335"出生年份与所属类型一览表。"

# 工作用品的开运风水

### 1.书桌

站在办公室的中间向四周看去，把桌子放在与自己生辰八字所对应的生气方位或天医方位是最理想的状态，然而这对在公司上班的职员来说似乎有点困难。这时候就可以调整电脑的朝向，让自己的身体朝向吉方位，这样也能起到一定作用。

另外，整理桌子上的东西也非常重要。如果桌子上乱七八糟，需要的东西不能立刻找出来，就算桌上堆了再多的幸运物也收不到任何开运效果。

## 办公桌上物品摆放准则

| 桌上物品的摆放应该是左边高右边低 | 电话应该放在东方、东南方 |
| --- | --- |
| 坐在桌前时，应该把书架以及文件夹等放在左边，让左边较高。如果右边高的话，会招致不必要的麻烦。 | 将电话放在这个方位能够让沟通更顺畅，进而能够大幅提升事业运。 |
| 自己家中的桌子要摆在吉方位 | 桌子周围的颜色应该是白色为主，然后再加入茶色，黑色或红色 |
| 需要在家中办公的人，也要把桌子摆在从住宅中心看去的生气方位或天医方位。条件不满足时也可以放在从办公房间中心看去的吉方位。 | 从事事务性工作时，桌子周围的颜色最好是白色。若要追求沉稳或耐性，可以加入茶色系。若要追求精神集中可以加入黑色。若要增强创造力可以加入红色。 |

*根据P335"出生年份与所属类型一览表"算出自己所属的类型后，再对应找出自己所属的吉方位。

## 2.电脑

　　现在，在自家办公的人群越来越多，对于这些在家办公的人来说，电脑已经成了一种完成工作的必需品。摆放时要尽量摆在与自己生辰八字所对应的吉方位，也就是生气、天医、延年、伏位方位。究竟选择哪个方位是由自己的工作类型所决定的。

　　另外，不光是电脑的摆放位置，电脑使用时的朝向也很重要。如果吉方位是北，则要把电脑背靠北方放置，而自己坐着的时候身体也要面朝北方。

▲ 电脑摆放的最佳方位由工作类型决定。

## 3.电脑和书桌的摆放

　　风水最初是古代帝王用来建造都城与城市时使用的，作为一种堪舆之术，它能为国家及城市带来好运。

　　但是在现代社会，人们一说到风水，通常都是指通过调整住所环境来为生活空间带来好的气的方法。作为我们每天生活的场所，住宅风水的好坏对住在里面的人有着非常大的影响。不过现在也有许多人在职场中度过的时间要远远长于在家的时间，在现代社会，调整办公场所的环境与调整住宅风水一样，都具有非常重要的意义。

　　对于上班族来说，电脑已经成

▲ 办公桌保持干净与整洁才能带来好运气。

了工作中不可或缺的工具了。甚至于像股票交易、网上贸易这类工作，只要有电脑，即使待在家中足不出户也能轻松赚钱。同样的道理，通过博客及交友网站我们还能拓展自己的人脉，与机遇不期而遇。

正因为电脑有这么重要的作用，因此我们才要慎重选择它的摆放场所，找到它专属的吉方位。这样可以更有效地在线积累人脉，大大增加贸易机会。

另外，在集体环境中工作时，虽然不能随意改变自己桌子的摆放位置，但却可以在一定程度上布置自己的桌子。

因此可以通过调整桌子上物品的布局来促进自己工作的进展，提升金钱运势。

### 方位对电脑的影响

| 生气：最适合工作的大吉方位 |
| --- |
| 这个方位能够使邮件往来等交流更加活跃。还容易带来新的订单，也会让你工作热情高涨、干劲十足。 |
| **天医：加快头脑的运转速度，提高效率** |
| 这个方位最适合脑力工作者，例如股票等在线交易以及资格考试的学习等，电脑摆放在这个方位会让你企划能力和创造性思维更加灵敏。 |
| **延年：发展人际关系，增加机遇** |
| 帮助你不断拓宽人际关系网。使你与志趣相投的人的交流更加活跃。还会为你带来意外的机会。 |
| **伏位：适合勤勤恳恳存钱的方位** |
| 虽然不显眼，但确实是吸收金钱运的方位。在网络拍卖中能以低价意外拍到价值连城的珍品。 |
| **绝命：会有破产，重病等重大事件** |
| 这个方位不仅会使金钱运下降，还会对健康方面产生很坏的影响。在这个方位长时间面对电脑的话很危险。 |

接上页

| 五鬼：劳而无功，徒劳无益 |
| --- |
| 在这个方位摆放电脑会导致你常常白忙一场没有任何结果，甚至常常出现主页打不开的状况。另外，你花费在网上冲浪的时间也会变长。 |
| **六杀：麻烦不断，劳心伤神** |
| 这个方位容易导致股票及外汇贸易亏损。还会让使用电脑的人上当受骗，被卷入人际关系冲突。 |
| **祸害：不知不觉间反复受损** |
| 虽然不会有大的损失，但是小损失不断。容易没精神，无精打采，工作也总没有进展。 |

★根据P<sub>335</sub>"出生年份与所属类型一览表"算出自己所属的类型后，再对应找出自己所属的吉方位。

# 第八章

## 利用手相获得成功与幸福

说起手相，人们会有这样的印象，是占卜师占卜的一种手段。而且，还会想到这种占卜方式准确不准确，并想到人们会因为其结果而或喜或忧，这便是过去所谓的手相算命。

然而，手相并不是一种可以用准确与否来判断的简单的占卜。正确理解自己的手相，就可以预见未来的生活，以及明白该怎样处事为人才会更幸福。总而言之，我们可以利用手相的力量唤来属于自己的成功与幸福。

手相如同人生的罗盘，是一种强有力的工具。

# 用四条手相线解读你的手相

现在，看一下你的手相。首先看主要的4条线：命运线、生命线、感情线、智慧线。其中生命线、感情线、智慧线被称为"三大基本线"，是人生来就有的代表性的手相线。看这三条线，再加上命运线，便能够知道自己与生俱来的性情和性格，并且能够大概掌握自己的命运。

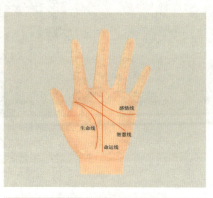

▲ 这四条手相能透露出你的命运。

能够客观了解自己的机会少之又少，你读了手相这一部分便得到了解自己的机会。或许从此能够发现新的自己，其中可能有与周围人给的建议相同的，也有相去甚远的。本节还写到了你平日没有察觉到的部分，并使之成为你自己的东西。我相信，了解自己的潜能就一定能够创造出精彩的人生。

生命线＝从大拇指和食指的根部开始，沿着拇指根部的隆起部分延伸到手腕方向的曲线。

感情线＝从小指下方开始延伸向食指下方的线。

智慧线＝从大拇指和食指根部开始，一部分与生命线重合，一部分与感情线平行的横向延伸的线。

命运线＝从中指根部纵向伸展的线。

## 1.从命运线可以看出人生当中的大事件

从中指的根部纵向延伸的线是命运线。我最喜欢这条线，在给人看手相时也最重视这条线。

### （1）通过命运线可以了解一个人的命运要点

命运线这个名称中带有"命运"一词，正如其名，命运线清楚地记录着一个人的恋爱、婚姻、就业、独立等人生的大事件和命运的重点，是非常重要的手相线。

一个人注定在什么时候与什么样的人相遇，是否能够结婚等信息全部都反映在命运线上。具体地讲，通过看命运线，一个人的结婚年龄、是恋爱结婚还是相亲结婚、职业的变化和转行的年龄、环境的变化，还有社会贡献度等全部能够明了。

### （2）命运线上的影响线标志着幸福

首先，请看一下自己的命运线上有没有影响线。

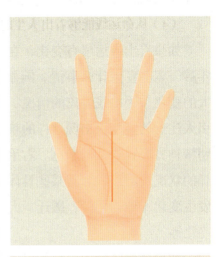

▲通过命运线了解人生的大事件。

所谓影响线就是从命运线的内侧或者外侧合流的线，是幸运的标志。而且，运用下一页中详细解说的叫做"流年法"的方法可以解读出其流入命运线的年龄，即可以知道在哪一年你会遇见合适的恋人并完成婚姻大事。

在命运线上几年会流入一次影响线，也有10年仅流入一次影响线的情况，其出现的时间与命运中的转机恰好完全一致，所以是非常重要的。

如果在命运线上有影响线出现，预示这幸福将要出现。如果能够推算出年龄，便可以知道什么时候会出现正式的恋爱、什么时候能够结婚。人总是想知道我会不会幸福，然后还想知道幸福什么时候能够降临。

在实施开运前"环境发生变化"，这样的情况时有出现。当环境发生变化时，要果断地转向自己的"适应性范围"，这才是成功的捷径。

### （3）从命运线可以看出人生大事发生的时期

如果自己能够掌握开运的好时机，是非常便利的，自己也会表现得沉着冷静。这需要运用"流年法"对手相线进行解读。简单地说，就是在手相线上有表示年龄的刻度，如果能够记住这个刻度的解读方法，便可以从手相线的变化看出几岁时会发生什么事情。

如下图所示，将命运线划分出年龄刻度，手腕线与中指根部之间的中间点为30岁，从下面算起的四分之一点为21岁，四分之三点为52岁，如此类推便可以在各基准点之间等分划出对应的年龄。21岁与30岁之间的中间点为25岁。

流年法也可以应用于生命线，对于初学流年法的人，命运线比生命线更容易理解。而且，初学者只要能掌握大概的位置就可以了。

### （4）从命运线能够看出人生的变化

如果看出命运线有变化，在对应的年龄一定会发生什么事情。例如，非常大的变化（手相线偏离的情况）是特别引人注意的。左手出现这样的状况，说明精神方面容易发生变化。右手出现这样的状况，则说明会有某些具体的事情发生变化（例如转行、搬迁、大环境的变化等）。

如果命运线增加为两条，说明从那一年开始这个人将变得非常忙碌，一个人做两个人的工作，或者生活和工作都非常充实。

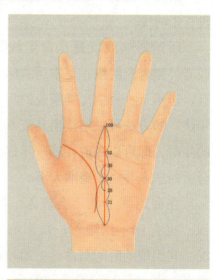

▲流年法——将命运线划分出年龄刻度。

命运线中长入影响线是超幸运的标志，可以期待完成婚姻大事，或者得到贵人的有力帮助。如果影响线是从命运线分出来的，说明会有某些小事情发生。也有影响线接近命运线但不相连的情况，这表示不会达到或很难达到结婚的程度。以上讲到的都是按照手相线分析的结果。如果事前能够做好对策，很有可能使未来更加明朗化。

如果影响线穿过命运线，在对应的时间花些工夫会收到很好的效果。

### （5）命运线上出现"开运线"是大吉的预兆

如果在命运线上有向上延伸的线出现，这是大吉的预兆，也被称之为

"开运线"。命运线上有开运线出现证明在这一年爆发了生命的能量，此时，自身的活动力达到了最高点。在开运期会实现独立，或者完成婚姻大事。

最具代表性的开运线是从命运线升起的太阳线，即穿过太阳丘延伸向无名指的手相线。如果出现右图中所示的手相线，在30岁那一年将有意想不到的好运气。在这样的开运年，可能会发生至今为止没有经历过的事情，例如结婚、升职、独立等等。如果你的手相有这样的线就放心等待好运的出现吧。

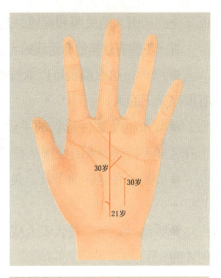

▲ 命运线分成两股意味着好运将至。

另外，命运线分成两股是最好的标志。那么为什么会分成两股呢？在这一年生命的能量达到最高点，高涨得跳出一条线来。更有甚者，命运线的一端会分成三股，这也和两股的一样意味着势不可挡的好运即将到来。

### （6）各种不同类型的命运线

**从正下方延伸出的命运线——经过努力能够取得大成功的手相**

这样的命运线还被称为"天下线"、"天下筋"。因其具有取得天下、统治天下的强大运势而得名。传说丰臣秀吉就拥有这样的手相。这样的命运线意味着非常的幸运与成功，而且，成功的要素是"自力更生型"的，以自己一个人的力量开辟道路。拥有这样的命运线的人不喜欢依赖他人，换一句话说就是坚持己见的"独裁主义者"。

除了命运线，如果在小指的正下方根部出现从月丘升起的人气命运线，或者在月丘上出现人气线，有这样手相的

▲ 从正下方延伸出的命运线。

人会受到周围人的关照和提拔，是有声望的人。

看一下拥有这样的命运线的人说的话，括号内是我作为手相家的感想：

● 哦……这么说我可以取得天下，我是能够拥有天下的人？（的确也有取得天下的人。）

● 父亲也是这种形状的手纹，也许正因为如此父亲才那么顽固吧。（有这样手相线的人的性格是很顽固的。）

● 妻子也是这样的手纹，是非常独断独行的人。（没错！有的人还是超级……）

● 听说过这条线是代表大成功的线。（的确，如果努力就能发挥出它的才能！）

● 性格耿直，只是缺乏灵活性。（固守成规的人比较多。）

● 我男朋友就是这样的手相，是很有热情的人。

● 总之是不顾一切地莽撞的感觉。

● 偶尔会对"武士道"感兴趣。

● 看了《最后的武士》之后会深表同情而哭泣。

● 最喜欢自己？这样好吗？

● 曾经几次被人说成是"这里的首领"。

● 经常被人说是个固执己见的人。

● 有强于工薪阶层职员的独立意识。

● 如果女人有这样的手相线，那一定是注重工作胜于恋爱的人。

● 认为工作后疲惫睡去是一种快感。

● 超级工作狂！

● 有这样的手相线的女人会有性虐待狂的传闻。

● 无论什么事都喜欢帮助别人，是乐于助人的人。

● 被说成是"后家相"。

● 如果我能够凭自己能力赚取收入，或许就不会离婚，现在还和丈夫相处的很好呢。

● 对工作、对家庭都掌握主导权。

● 经常被上司指责"要善于听取他人意见"。

● 反正有很多人！

● 一眼看不出有多么厉害，但实际上是意志顽强、很努力的人。

有没有和大家想到的相吻合的呢？

**从外侧延伸出的命运线——因为自身的才能而具有相当人气**

这种命运线也被称为"人气命运线"。有这样的手相线的人会被大家宠爱、拥有令人不可思议的魅力，这样的命运线也因此而得名。现在活跃的艺人、名人大多数有这样的命运线。

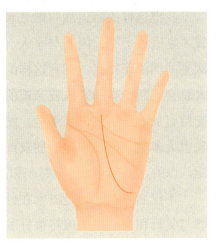

▲ 从外侧延伸出的命运线。

这样的手相线也意味着非常了不起的幸运和成功。成功的要素是"他力开运型"，不仅仅靠自己，还巧妙借助他人的力量，开辟自己的道路。拥有这样手相的人最适合需要广泛人际关系的工作。例如服务业等含有接待事务的工作，以及需要与很多人会面的工作。命运线从月丘升起，也使"月丘"本身的含义增倍。这一点在解读手相时也是要关注的要点之一。

除此以外，还有从手指根部中央的"冥王星国"笔直延伸出的命运线，有这样的手相线的人，会吸引周围人的关注，自己也是很努力的人。

**听一下我的顾客中有这种类型命运线的人说的话：**

● 的确，曾经有一次，我走在原宿的街上，突然被物色到。（因为有魅力呀！）

● 与其说有人气，不如说是习惯依赖他人的类型。（很会使唤别人……）

● 我男朋友有这样的手相线，的确很有声望。（所以离你而去了！）

● 回忆过去，还会记得在学校时候的作业是谁教我写的。（仍然是人

气的印记。）

● 曾经听说关于"大众"的事情是非常好的。（因为月丘代表不确定的多数。）

● 一个人不懈努力也不错，但加入团队工作就更加得心应手。（这也是月丘的好的影响吧？）

**从内侧延伸出的命运线——能够从家人、亲属、兄弟处得到幸福**

我把这样的命运线叫做"亲情命运线（家庭线）"，因其与家人、祖先有深刻的渊源而得名。拥有这样的手相的人总会不断地得到家人或亲戚的帮助和支持，从而给自己带来幸运。结婚的对象也大多数是通过身边的朋友或熟人介绍认识的。还有可能继承财产和遗产。

不仅如此，即使是离家在外，也能够与父母和兄弟姐妹保持很好的关系。并且，即使是出嫁的女儿，也会不顾路途远而经常回家看望自己的父母、照料父母。如果离家近就更是如此了。

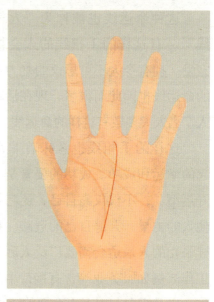

▲ 从内侧延伸出的命运线。

听一下我的顾客中有这种类型命运线的人说的话：

● 非常喜欢自己的家，几乎不去旅行。（有这样的手相线的人多数在家里会感觉心情舒畅。）

● 父亲是自己做生意的，总是要去帮忙！已经容忍了。（很容易与娘家牵扯关系。）

● 直截了当地说，就是退隐预备军……

● 我是家里的长女！就像妈妈一样。（容易处于最高位。）

● 我是家里的次子，但是为什么我哥哥离开了家，而我成为继承家业的人。（注定你有代表家世的人生。）

延伸到感情线处停止的命运线——命运线停止位置对应的那一年会发生大的变化

在中途停止的命运线，在停止位置对应的年龄会发生大的变化。

如果提前发现并多加留意，命运线会一点一点长长，甚至能越过感情线呢。

我20岁的时候，发现命运线在感情线位置停止了，但是，现在已经越过感情线延伸出来。

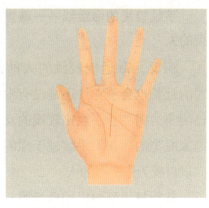

▲ 延伸到感情线处停止的命运线。

没有与感情线相接的命运线——女性大多会在命运线停止对应年龄结婚

如果是女性，大多会在命运线停止位置对应的年龄结婚，这真的是很有趣的事情。如果是职业女性，在这一年会将自己的生活重心从公司的工作转向婚姻或者家庭生活。有极少数不结婚的或者是男性，那么在这一年会发生辞职或者其他某些大的变化。

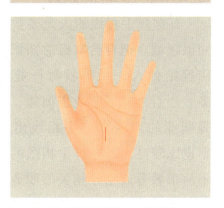

▲ 没有与感情线相接的命运线。

手纹较深的命运线——在工作上能够充分发挥实力

命运线的深浅与本人的"实力发挥度"是相关联的。

命运线较深的人大多数都是从早上起床到晚上就寝一直不停地忙于工作，而且做体力劳动或者工厂事务的人较多。

总之，命运线较深的人有"我要拼命工作"这样的自觉，他们的潜意识认

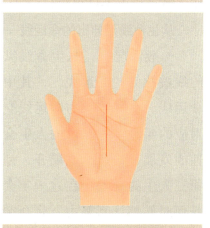

▲ 手纹较深的命运线。

为那是在社会中发挥自己实力的方式。

**手纹较浅的命运线——谦虚、家庭型的人**

相反，命运线较浅的人即使是公司的社长也会感觉"还是没有发挥出自己的实力呢"。手纹比较浅的女性多数是家庭型的。如果手纹过于深的往往是"以自我为中心"的人。

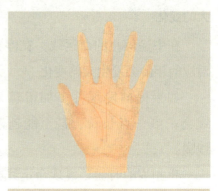

▲ 手纹较浅的命运线。

**从智慧线延伸出的命运线——以向他人传授知识的工作为天职**

有这样手相线的人大多数活跃在知识领域。把自己掌握的知识、才能传授给他人，从事教师行业的比较多。还有，从事职业咨询师、占卜师等职业的人这样的手相线出现的几率也比较高。有这样手相线的人即使不从事教育或指导相关的职业，至少也会被委任做公司的"新人教育"工作，有点让人不可思议。

▲ 从智慧线延伸出的命运线。

**从生命线延伸出的命运线——第二、第三人生的开始**

一般情况下，从生命线纵向展开的线被称为"开运线"，其中也包括命运线。在生命线与命运线交叉位置对应的年龄，这个人的人生会有飞跃性的发展，从此人生展开，是第二、第三人生的开始。在这一年会比以前任何时候都认真努力，将会突破自己的人生障碍靠近目标。

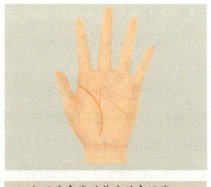

▲ 从生命线延伸出的命运线。

### 分叉出2股、3股的命运线——大开运之年的幸运标志

在2股或3股的分叉点位置对应的那一年将是大开运之年，是命运线上最吉利的幸运标志之一。手相中如果有这样的标志出现，你的人生将会好上加好，充满信心和希望。当然，分叉成3股的相比较2股的是更好的幸运标志。而且，即使以前没有，经过本人的努力争取，也可能会出现分叉成2股的现象，所以最好是定期地关注一下自己的手相线是否有变化。

▲ 分叉出2股、3股的命运线。

### 命运线上有影响线合流——恋爱和婚姻的预兆

在命运线上如果出现任何影响线的合流，那么在相对应的一年将会发生恋爱或者结婚，或者将会有贵人出手相助。如果是左手上出现这样的手相线，你的人生有可能会因为你拜读的文章或者他人传授的思想而产生巨大的影响。

▲ 命运线上有影响线合流。

### 命运线外侧流入影响线——因偶然相遇而恋爱、结婚的类型

这里提到的恋爱、结婚，我将其定义为是"从偶然的相遇开始的"。这样的影响线对命运线的影响从手相上是可以看出来的。第一次与恋爱或结婚对象是以怎样的形式见面的，因影响线的流入位置不同而异。

▲ 命运线外侧流入影响线。

**命运线内侧流入影响线——身边的人实际上是本命类型**

有这种手相线的人多会"介绍结婚"。在我的客人当中，有这种手相线的非常多的人是与在职场认识的人结婚，通过朋友介绍而开始恋爱的也很多。我通常把职场恋爱以及通过朋友、熟人介绍开始的恋爱都同样定义为"介绍结婚"。

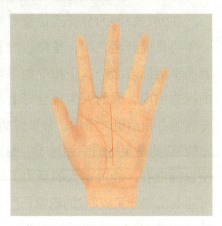

▲命运线内侧流入影响线。

除了了解命运线上大吉的标志，在此也对命运线上不吉的标志说一些说明。

虽然被称为是不幸的标志，但是，如果能够预先了解到，便可以有充分的心理准备，这种不幸反而会成为人生路上成长的原动力，所以没有必要过于担心。

**有障碍线横切命运线——要注意可能会有严重的疾病或者麻烦**

与命运线成直角横切的线就是障碍线。障碍线位置对应的那一年疾病和挫折会比较多。

如果障碍线很长，不仅仅自己会遭遇不幸，家人也有可能病倒在床，或者被卷入某种麻烦，这些都需要注意。如果不危及到家人，那么自己的身体状况就会非常不好，所以一定要多加小心。

▲有障碍线横切命运线。

**命运线上出现岛状纹——出现岛状纹的时期是修行期间**

命运线上出现岛状纹的时期，也称为"修行期间"，是盲目努力的时期，而且，周围人对自己的评价与自己期望的相去甚远。除此以外，如果是已经有

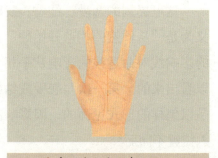

▲命运线上出现岛状纹。

明确目标的人，在这个时期会过于忙碌，容易处于精神高度紧张的状态。

## 2.从生命线可以看出生命力和人生的岔路口

生命线是手相的三大基本线之一，显示人的体力和生命力。

### （1）通过生命线了解生命力和人生的岔路口

生命线是包围大拇指根部的金星丘的手相线，是从大拇指根部的上面向手掌中央成弓形展开的，延伸至手腕附近的较粗的手相线。

生命线是手相的三大基本线之一，是主要表示体力和生命力的手相线。可以根据生命线的长短、浓淡推断一个人的生命力的强弱。生命线上出现的异常也表示健康上的异常（生病、受伤等）或者生活环境的变化。运用流年法也可以通过发生异常的位置推算出生病或者受伤的时期。另外，恋爱、结婚、独立、晋升等开运期也可以运用流年法推算。

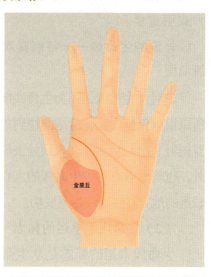

▲ 生命线代表你的体力和生命力。

**长的生命线——能够长寿，但是需要注意生活习惯**

生命线长的人都是很长寿的，但是需要注意的是，如果在生命线上手腕附近的位置出现岛状纹，就有可能会患某种生活习惯病（慢性病）。所以一定要注意平日的饮食习惯。如果有岛纹尤其容易出现血糖上升，患糖尿病的几率很高。

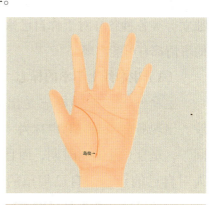

▲ 长的生命线。

**短的生命线——需要注意加强体力**

并不是生命线短寿命就短，只是生命线短的人尤其要时刻注意加强锻炼自己的身体。我认为，比起担心寿命的长短，每天养成良好的个人生活方式更重要。

**外流的生命线——特别喜欢旅行的流浪型**

这种类型的人，因为生命线向外流，所以很难保持安稳，总是向往到外面去拓宽视野、增长见识，喜欢到处去旅行。另外，也暗示着有这种生命线的人在离故乡较远的地方发展比较容易成功。

**（2）生命线上幸运的标志**

生命线幸运的标志是从生命线上有延伸出的线。用流年法推算出现开运线的年龄，在这一年会有非常好的事情发生。恋爱、订婚、结婚、就业、成功、独立等等各种各样对于你自己来说幸福的事情都有可能出现。

**（3）生命线上不幸的标志**

生命线上不幸的标志是出现岛状纹。出现岛状纹的时期也称为"修行期间"，是盲目努力的时期，而且，周围人对自己的评价与自己期望的相去甚远。除此以外，如果是已经有明确目标的人，在这个时期会过于忙碌，容易处于精神高度紧张状态。

▲ 短的生命线。

▲ 外流的生命线。

▲ 生命线上幸运的标志。

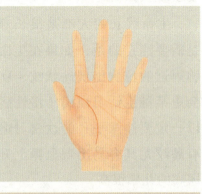

▲ 生命线上不幸的标志。

### 3.从感情线可以看出你的感性

**（1）从感情线可以看出一个人的感情表现方式和恋爱倾向**

感情线是以小指的根部下方为起点，沿着手掌边缘，向食指或中指方向延伸的手相线。从感情线可以看出感情的起伏（喜怒哀乐）和爱情表现方式，还可以清晰地显示出一个人的恋爱倾向。可以说感情线正确表现了一个人的"心的特性"。

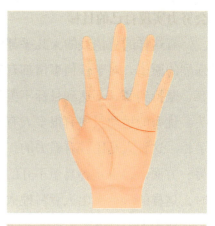

▲ 从感情线上能看出你的恋爱倾向。

**（2）感情线延伸到食指与中指之间的女性是典型的贤妻良母**

感情线延伸至食指与中指之间，这是非常好的手相。有这样感情线的女性都是典型的贤妻良母，而且感情也比较稳定，是很值得信赖的人。这样的人还能够使家庭兴旺，并且懂得感激他人的帮助和支持，给予回报，几乎不可能背叛他人。

但是，有这样的感情线的女性中也有一些被认为是容易产生嫉妒心的人，并且爱管闲事。如果男性有这样的手相，便是很重视朋友的人，能够取得很多人的信赖。

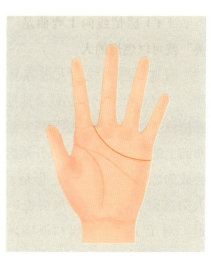

▲ 感情线延伸到食指与中指之间。

另外，有这样的感情线的人，无论是男性还是女性，大多数人在25岁之前基本上没有什么人际交往。但是，如果有了交往的对象自己就会很认真，会以结婚为目的而谈恋爱。

**（3）感情线延伸至食指下端的人会努力实现自己的目标**

有这样的感情线的人几乎都有相当强烈的愿望。对于任何事情都有决不放弃、坚持到底、不达到目标不罢休的劲头。优秀的运动员中有很多人有这样的手相。这种人是比较有毅力的，但是从另一方面讲，也是容易想不开的人。有时，这样的人也会出人意料地成功，因为这样的人一旦决定了目标就会坚持到底。相反，如果没有确定目标，就比较容易散漫。因此，对于有这样的感情线的人来说，制定好目标才是开启幸运之门的金钥匙。

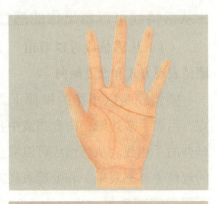

▲感情线延伸至食指下端。

**（4）感情线向上弯曲是"合上开关"就可以燃烧的人**

有这样感情线的人很容易热情高涨，一旦点上火，火焰就会熊熊燃烧，感情就会热烈起来。感情线突然急剧弯曲向上的尤其如此，一旦开始恋爱，就会成为恋爱至上主义者。但是，这样的人的恋爱容易升温，热情也很容易减退。对于工作也是起初很感兴趣很努力，之后的持久性却成问题。

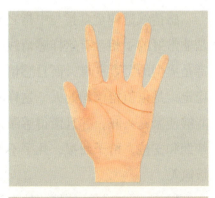

▲感情线向上弯曲。

**（5）感情线处在较低位置是沉着冷静的人**

有这样的感情线的人是属于沉着冷静的善于分析的类型，对任何事都不易动摇。这样的人踏实可靠，不会说豪言壮语，只会脚踏实地做事。

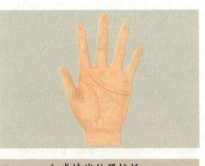

▲感情线位置较低。

如果我看到有这样手相的人，我会给他建议："有时候也热情一点嘛"。因为这样的人在任何时候都能够保持沉着冷静，所以特别适合组织的参谋等职务。

### （6）感情线笔直延伸是本性单纯、老实忠厚的人

有这样的感情线的人都稍微有一点过于认真，如果能够有一点风趣、拓宽一下自己的人际关系会更好。这样的人性格耿直，也比较注重高效率。

▲ 笔直的感情线。

### （7）感情线凌乱的人能够与人愉快相处

有这样的感情线的人好奇心比较强，不会得罪人，能够与周围的人愉快相处。感情线与其他的手相线不同，越乱越好。但是感情线凌乱的人容易禁受不住诱惑，这是一个弱点。一旦投入感情就会迷失自己难以做出正确的判断。并且，在各个支线对应的年龄会发生较大的感情起伏。

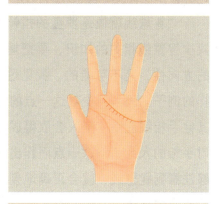

▲ 凌乱的感情线。

## 4.从智慧线可以看出你的知性

通过智慧线能够看出一个人具备的才能和能力，以及他适合从事什么样的职业。

智慧线是以生命线为起点，横穿手掌，延伸至月丘或者水星丘的手相线。智慧线显示了一个人的知性和行为风格。通过智慧线也可以看出一个人有怎样的才能、适合从事什么样的事业。智慧线作为手相线中四大基本线之一，我一直都很重视。因为智慧线最清晰地显示了一个人的头脑判断力。即使其他的手相线有点缺憾，如果有出色的智慧线，就可

以弥补不足。

**（1）智慧线是所有手相线中最重要的**

Kirou是19世纪活跃于英国的大手相家，据说现在所出版的手相学著作百分之九十以上受了他的影响。

Kirou留下了很多关于手相的著作，其中最具名声的就是《手的语言》，在这部著作里有关于智慧线的叙述为：

"智慧线就像是罗盘的指针，如果缺少智慧线相关的知识，要把握'问题的方向性'是不可能的。我见过很多这样的例子，因为缺少对这一点的理解而判断失误。例如，除智慧线以外的

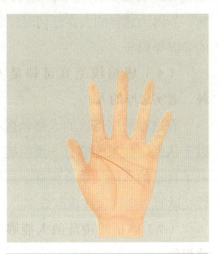

▲ 从智慧线可以看出你的知性。

其他手相线显示一个人会取得成功，与此相反，智慧线却比较弱，很多学习手相的人会忽略这一点而作出错误的判断。如果一个学生从一开始就能够注意到智慧线，就会正确地判断出别人的成功是由于知性或者智慧的欠缺而遭到阻碍。"

Kirou的先见能力是让人惊叹的。我在长年的经验积累中真正地理解了这一点。在给人看手相时，首先要看的就是智慧线。智慧线的长度也是重要因素。

**短的智慧线——能够瞬间做出判断的行动派**

有这样的手相线的人具备瞬间识别事物的能力。这会令智慧线长的人很疑惑，"为什么可以这么快做出决定呢？"这样的人因为有事务执行能力而受到重视，但是，有时也会给人毛手毛脚的感觉。

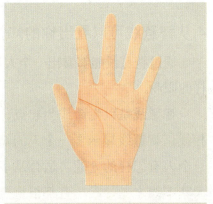

▲ 短的智慧线。

**长的智慧线——仔细思考的深思熟虑型**

有这样的手相线的人具备非常优秀的判断力。会做各种各样模拟实验的人多数是智慧线比较长的。这样的人喜欢反复思考，对于自己将来的发展方向会做出很好的规划和充分的准备。

▲ 长的智慧线。

**普通长度的智慧线——有分别的常识派**

用眼看估量，延伸到无名指外侧处截止的智慧线可以说就是标准长度。有这样的智慧线的人是常识派的代表。如果智慧线是普通长度，则由命运线和生命线决定手相占卜的结果。

▲ 普通长度的智慧线。

**有很多支线的智慧线——具有先见能力和综合才能的人**

有这样的手相线的人是有先见能力、才能多样的人。例如，即使是智慧线较短的人，如果从事用脑强度很高的专研性工作，智慧线就有可能会变长。在银行工作，或者从事总务、经理等事务性工作的人，以及做秘书职业的人，大多数都有这样的手相线。

▲ 有很多支线的智慧线。

**横向延伸的智慧线——有行动力的现实主义者的手相**

有这样的手相线的人大多数是比较现实的、非常可靠的人。而且，富有行动力和事务执行能力，在理财方面也有很好的天赋。能够把握财运，

▲ 横向延伸的智慧线。

擅长存钱。

**急剧向下弯曲的智慧线——有艺术才能的幻想家**

有这样的手相线的人大多数是比较情绪化的、文才出众并且有艺术天分的人。另外，对占卜感兴趣的人也有这样的特征。这样的人想象力特别丰富，想法多，只是这种想法是否能够变成现实就另当别论了。

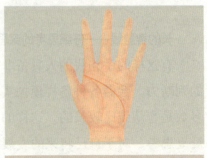

▲ 急剧向下弯曲的智慧线。

**偏离型的智慧线——轻思考重行动的积极派**

生命线与智慧线的起始点相接是比较普遍的，有将近七成以上的人都是这样。这两条手相线相离的人就是不折不扣的行动派，有时候会很突然地展开行动，也是非常积极的人。

▲ 偏离型的智慧线。

**附着型的智慧线——畏首畏尾突然变身为行动派**

这是生命线与智慧线的起点的流年比较迟的手相线，有这样的手相线的人，小时候往往是不爱出风头、比较害羞、胆小的人。总是给人一种"畏首畏尾"的感觉。但是，按照流年法，到了生命线与智慧线分开的年龄则会发生剧大的变化。甚至从此转变成为截然不同的行动派。

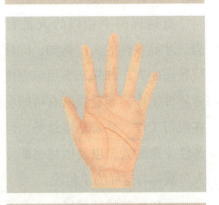

▲ 附着型的智慧线。

也有一些人在晚年的时候做出很大胆的事情，这样的情况也比较常见。

### （2）智慧线上的幸运标志

从智慧线上纵向延伸出的线，是智慧线上的幸运标志。智慧线纵向延伸出线的人，适合知识领域职业或者教育指导人的工作。如果从智慧线纵向延伸出的线是命运线，那么则暗示着这个人能够在知识性领域取得成功。比较擅长教育人，给人指导、建议。非常适合教师等职务。

▲智慧线上的幸运标志。

### （3）智慧线上不幸的标志

智慧线上出现岛状纹，是智慧线上不幸的标志。智慧线上有岛纹，说明这个人考虑事情过多，有一点神经质的倾向。有这样的手相线的人应该及时转换心情，战胜这个神经质的时期。

▲智慧线上不幸的标志。

# 瞬间解读你的手相

## 1.从"厂"字形手纹看出你的命运

### （1）有没有"厂"字形手纹命运区别很大

"厂"字形手纹是100人当中只有一个人会有的很特殊的手相线，在看手相时必须特别关注。

有"厂"字形手纹是非同一般的手相。通常所说的变形的手相都是各具特点的，也从而反映出了一个人的个性。如果能够理解这些手相线的含义，不仅可以客观地了解自己，还可以了解有这样的手相线的人。

所谓"厂"字形手相线就是感情线和智慧线合为一体，形成一条线。一般的手相与"厂字形"手相要用完全不同的方法进行分析，在运用流年法推算手相线上各个位置对应的年龄时，一般的手相与"厂字形"的手相大概要相差1年。

有"厂"字形手相线的人具有合作性，但是一旦做了决定就不可能改变，这样的人通常被人叫做"老顽固"。如果两只手都有这样的手相线，那无疑是个顽固不化的人。

直言不讳地讲，有"厂"字形手相线的人几乎都不喜欢做受薪员工，因为这样的人更适合做不受人指使的工作。虽然这样的人有超乎寻常的强大运势，但是总让人觉得过于极端。

有"厂"字形手相线的人几乎都是充满自信的，多数性格比较傲慢，在我实践手相的经历中确实见过这样的人。以自我为中心、自高自大，总以为自己会得到时代的偏爱。这样的人大有人在。实际上，时代不会偏爱任何人，只不过是偶尔运气好罢了。有"厂字形"手相线的人，从某种程度上讲是不懂得谦虚的，而且这种事态呈不可挽回的趋势，所以一定要引起注意。

### （2）"厂"字形手纹分为真性"厂"字形手纹和变性"厂"字形手纹

如果你的恋人或者伴侣是"厂"字形手相线的人，请你一定要注意：有"厂"字形手相线的人小气且顽固、不易沟通。古代手相书多数是这样记载的，事实的确如此，但有"厂"字形手相的人如果能够找到施展才华的领域，便可以走向成功之路。所以，最好是建议他进入能够一显身手的领域。

并且，有"厂"字形手相线的人多数特别感性。对于这样的人，不能只是责怪，要以宽容的心给予温柔的关怀。

"厂"字形手纹实际上还分为真性"厂"字形手纹（ＳＭ型）和变形"厂"字形手纹（ＨＭ型）。下面我来看一下各自的特征。

**真性"厂"字形手纹（ＳＭ型）——本垒球或三空棒的人生，个性很强**

有"厂"字形手纹的人都认为自己不是普通的人，即使自己认为普通，别人也不这样认为。"厂"字形手纹分为"ＳＭ型"和"ＨＭ型"两种。

"ＳＭ型"是"SINSEI MASUKAKE"的缩写。真性"厂"字形手纹一般被称为"猿手"的手相。仔细看一下你的右手，如果手纹呈一个大大的"て"形，则是真性"厂"字形手纹。这样的手纹中感情线与智慧线合为一条线。

有真性"厂"字形手纹的人，会给人怎样的印象呢？

有真性"厂"字形手纹的人毫无疑问是特别有个性的人，在自己擅长的领域中崭露头角的也很多，这是这种手相线的最大特点。总而言之，就是"不一般的人"。如果有好的机遇，有可能成为伟大的人物。

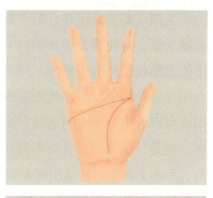

▲ 真性"厂"字形手纹（SM型）。

**变形"厂"字形手纹（HM型）——宇宙人与地球人的结合，人性魅力超群**

变形"厂"字形手纹即感情线和智慧线之间延伸出连接手纹。

有这样的手相线的人往往被称为"真货"，是独具魅力的人。原本感情线与智慧线相互分离是正常的，但是，如果智慧线很发达，就会从这条主干线上冒出分支来。这些支线长长了就会与感情线相接，这样感情线与智慧线之间就开始有了交流。换句话讲，也可以理

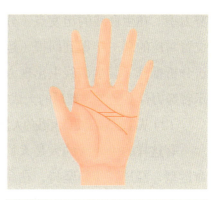

▲ 变形"厂"字形手纹（HM型）。

解为这两条线结合成为一条线。因此，虽说是"变形"，但是"厂"字形手纹的特性并没有变。

不仅如此，有这样的手相线的人多数是很有魅力的，这也是这类手相的一大特点。这种魅力在于，与其接触过的人都想和他再次见面。

## 2.从太阳线看出你的成功

向无名指延伸的线是太阳线，是预示获得成功的手相线。太阳线是被社会认同而出现的手掌线。

▲ 太阳线能看出你的成功。

太阳线是从金星丘、第二火星丘、火星平原、月丘等部位开始向无名指根部的太阳丘延伸的手相线。只要是指向太阳丘延伸的手纹全部是太阳线。从太阳线可以看出一个人的名誉、声望和财运。但是，如果一个人得不到社会的认可，手相上就不会轻易出现太阳线。相对来讲，左手出现太阳线的时间会比较早。而且，太阳线时而粗、时而细、时而长、时而短，它的手相线是比较多变的。也就是说，名誉、声望和财运都是容易变化的。

### （1）从生命线延伸出太阳线的人比较努力

有这样的手相线的人是人们常说的努力型。在生命线的出发点（分叉点）位置对应的那一年得到回报（运用流年法分析推算）。生命线上出现太阳线暗示着努力打下坚实基础后的大成功。

▲从生命线延伸出太阳线的人比较努力运。

### （2）从命运线延伸出太阳线的人会大开运

有这样的手相线的人是人们常说的命运型，经过长年的坚持，在命运线的出发点（分叉点）位置对应的那一年将会开花结果（运用流年法分析推算）。命运线上出现太阳线暗示着颠覆人生宿命的大开运。

▲从命运线延伸出太阳线的人会大开运。

### （3）手掌中央出现太阳线的人通过努力会取得好的成果

如果从手掌中央的火星平原延伸出太阳线，预示着通过自己的努力和耐力可以战胜困难取得了不起的成果。运用流年法推算出太阳线起始位置对应的年

▲手掌中央出现太阳线的人通过努力能取得成果。

龄，那一年将会是伟大命运的开始。

### （4）从月丘延伸出太阳线的人非常受欢迎

从月丘开始延伸出的太阳线非常长。手相上出现这样的太阳线，说明这个人是受欢迎的，能够得到很多人的支持和共鸣。有这样的手相线的人不能畏畏缩缩，一定要大胆地和很多人交流，显示出积极的自告奋勇的气魄。这样就会获得超群的人气。

▲从月丘延伸出太阳线的人非常受欢迎。

### （5）从手的外侧延伸出太阳线的人在职场上能取得成果

如果太阳线从第二火星丘开始延伸出来，这样的人如果能够在职场中脚踏实地、坚持不懈地努力，一定会受到很高的评价。尤其是为人老实、诚实的人经常会出现这样的太阳线。有这样的手相线的人，虽然没有光彩夺目的人生，但是经过多年踏实的努力终会获得真正的好运。

▲从手的外侧延伸出的太阳线。

## 3.其他重要的手相线和形状

说到手相，我们通常会想到生命线、命运线、感情线和智慧线四大基本手相线。实际上，其他的手纹也同样起着非常重要的作用。这些被称为辅助线的手纹的判定方法是及其简单的。从"在手相上有没有出现"这一点上就可以进行分析、做出判断，是非常便捷、有效的方法。

### （1）财运线

财运线是在水星丘向小指方向延伸的纵向的手纹。从这条线可以看出一个人能不能存钱，还可以看出金钱的收入和支出状况。财运线越粗越多财运就越好。

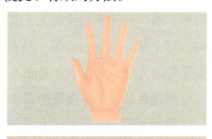
▲财运线。

### （2）金星带

金星带又名"创意线"，可以说金星带是艺术性的象征。有金星带的人具有很好的发现力，多数人有超乎常人的灵魂高度，能够在音乐、美术、文学等艺术相关的领域获得成功。

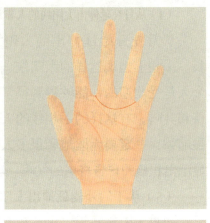

▲ 金星带。

手相上有金星带的人在人情世故方面有很微妙的力量，是非常有人缘的人。即使现在没有人对你着迷，也一定有很多潜在追捧者。尤其是对于异性总是能够保持一种不可抗拒的魅力。

有金星带的人多数都是性格比较直爽的人，虽然很受人欢迎，但是不会有任何骄躁的感觉，所以充满着不可思议的魅力。而且，这样的人具有直观力，所以很适合做占卜师或者是咨询师。

需要注意的一点是，有金星带的人是非常敏感的，别人注意不到的他能够最先注意到，这样的敏感有好处也有坏处。因此，这样的人应该大胆一些，厚脸皮一些比较好。

一般来说，手相上有金星带的人如同有真性"厂"字形手纹的人一样稀少，但是有双重或三重金星带的人却比较常见。手相上有金星带的人有如下特点：

**富于感知力，能够活跃于企划业**

手相上有金星带的人都富有极好的感知力，所以从事企划业的人比较多。有这样的手相线的人尤其喜欢从自主发出某种信号，例如作曲、作词、写文章、做企划等等，具有相当的创造能力。手相上有双重或者三重金星带的人则有更加出众的能力。

**不适合从事受人指使的工作**

手相上有金星带的人总是想成为发号施令的人，著名的艺术家中这样的手相比较常见。

这样的人认为做普通的工薪族或办公室职员"太过于简单，很无聊"，相反，难度高的工作可以使自己的自豪感得到满足，因而能够做得很出色。有金星带手相的人不能做的是"等待指示的工作"。

另外，手相上有金星带的人感情很细腻，如果听到有人说自己的坏话，他会一直想着这件事情并记在心里。因此，向有金星带手相线的人提出建议，要保持自信，要睁一只眼闭一只眼地过生活。这样就更加完美了。这种类型的人过于在意周围的环境和人，所以是很容易产生精神疲劳的人。

### （3）神秘十字形

手相中有神秘十字线的人，无论遇到什么样的困难都会受人帮助。神秘十字形是在智慧线的上面出现的，是命运线与感情线的支线合流而成的手相线。（在智慧线下面，命运线上出现障碍线而形成的十字形不是神秘十字形，这一点一定要注意。）

有神秘十字形手相的人是信心十足的人，多出身于祖先世代德高望重的家

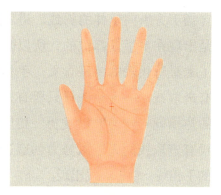

▲ 神秘十字形。

族。有这样的手相的人即使遭遇某种事故或者重大灾害也会获得九死一生的幸运逃脱。

### （4）直觉线

直觉线是在手的外侧纵向延伸的线（从月丘开始呈拱形延伸至水星丘）。有这样的手相线的人比较少，偶尔会在运动选手的手相上出现。这样的人直觉异常敏锐，偶然想到的事情就会真的发生，或者是有超常能力的人。

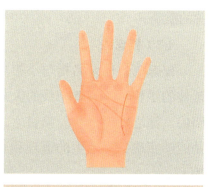

▲ 直觉线。

### （5）人气线

人气线是在月丘上出现的斜线，又名"宠爱线"。人气线有1条的，有2条的，也有3条的，条数越多含义就越深刻。如果人气线从月丘延伸到命运线，这样的人会受到很多人的恩惠而得到幸福。

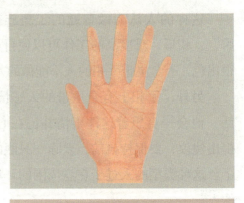

▲人气线。

### （6）进取线

进取线又名"向上线"，是在食指下方纵向延伸的斜线。进取线是出现在木星丘部位的，所以强化了木星所代表的美好含义。手相上有进取线的人无论怎样只要有积极的热情就一定会取得成功。相反，没有进取线的人应该努力创造这样的手相线，使进取线出现。

女性朋友们在谈男朋友之前最好能够看一下他的手相，如果他有这样的向上线，那么一定是拥有竭尽全力开辟人生道路气概的人。相反，如果他没有这样的向上线，则需要你的激励。

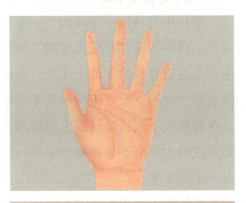

▲进取线。

### （7）智虑线

智虑线是从无名指与小指之间延伸的手相线。有智虑线的人是聪明的、深思熟虑的人。换言之，就是能够正确领悟人生的道理和真谛的人。

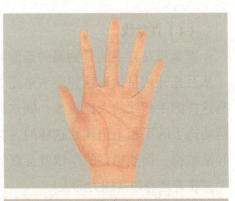

▲智虑线。

### （8）才能线（PR线）

才能线是从食指与中指之间出现的倾斜的手相线。手相上有才能线的人多数很受欢迎，是独具魅力且富有个性的人，适合做艺人。这样的人即使默默无闻于人群中，也会成为人们关注的焦点。即使矜持寡言，也终会引起别人的注意。也许是因为有才能线的人有不寻常的吸引人之处吧。

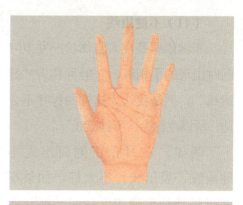

▲ 才能线。

### （9）旅行线

旅行线是从生命线的下部开始向手腕呈弧形延伸的手相线。手相上有旅行线的人是户外型的，无论是国内旅行还是海外旅行都非常喜欢，也是经常处在忙碌状态的人。

这样的人如果整天在事务所等场所做室内工作，很容易精神紧张，所以需要空出时间调节心情。

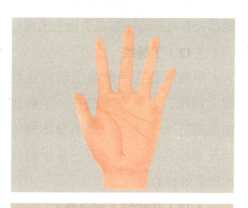

▲ 旅行线。

### （10）幽默线

幽默线是以感情线为起点向水星丘斜向延伸出的一条或者数条短的手相线。有这样的手相线的人是幽默达人，尤其富有语言才能，多数比较喜欢讲笑话。

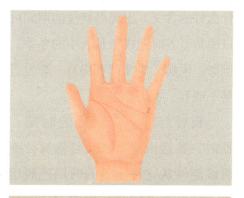

▲ 幽默线。

### （11）不健康线

不健康线是在人身体状况发生问题时出现的手相线，一般称其为"健康线"，但是我认为这样的称呼不合适，所以改称为"不健康线"。

例如，在月丘正侧面出现不健康线，表示肠胃不太好。如果不健康线延长至横切生命线，那么在这一年就会生病。除肠胃以外，肺部、肾脏、等各种内脏器官出现问题都会有对应的标志在手相上出现，在这里就不一一介绍了。

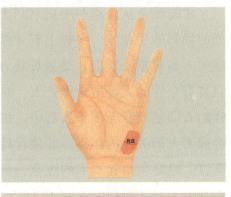

▲ 不健康线。

### （12）手腕线

手腕线是在手腕处出现的复数的手相线，是长寿的象征。手腕线如果整齐水平排列，证明身体健康状况非常良好，尤其有三条手腕线出现是最好的。

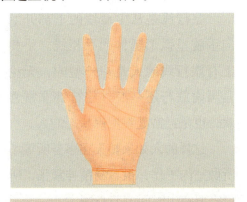

▲ 手腕线。

### （13）岛状纹（安全岛）

岛状纹（安全岛）在手相中没有什么好的含义。出现岛状纹的期间可以说是低谷时期或者是人生的冬季。例如，生病、成绩没有提高、恋爱进展不顺利、不走运等等。

我曾经经历过这样的时期。那时，我运用流年法反复推算什么时候能够从这种灰暗的时期逃脱出来。刚好在岛状纹结束的对应时间机会出现了，我终于走出了人生的

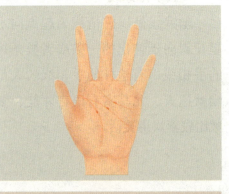

▲ 岛状纹。

低谷。

我鼓励大家能够积极地克服度过岛状纹出现的时期，所以想对"岛状纹"进行稍详细的说明。在我多年手相占卜实践接待的客人中，手相上没有岛状纹的人比较少。偶尔会遇到手相上没有岛状纹的人，这样的人多数是体育爱好者，生活中遇到烦恼时就让身体运动起来，这样会将烦恼忘得一干二净。

如果我断言这样的人"没有味道"，有的人会认为我是个不善意的人。总之，体验过生活艰辛的人才是"有味道的人"。如果没有吃过任何苦头生活一帆风顺的人，生活失去了原有的趣味。这样的人也不懂得挫折，没有经历过挫折更感悟不到人生的真正意义所在。

有这样一个印象深刻的命运线上出现岛状纹的事例。那位小姐当时是17岁，从手相上看她要一直坚持努力学习到24岁，我问她说："你是要努力学习到24岁的命运，你有这样的心理准备吗？"她惊得直眨眼睛，说："明年我参加大学入学考试，想要考入6年制的大学，这样就要一直学习到24岁。"原来是这样，用7年的时间来学习专业，所以才有这样的手相。

因此，从17岁开始到24岁是刻苦钻研的7年。从她的手相上还可以看出，在毕业以后，她便能够在自己的专业领域大展身手。因此，很有必要再次重新思考一下岛状纹的真正含义，我的解释是"向下一个开运期冲刺的充电期"。这与西洋占星术中所说的"土星回归"理论相吻合。从天宫图上来说，所谓的"土星回归"时期是指，无论男女在29岁时都会回归到出生时的土星时期。女性在29岁时使之着急的并不只是要步入30岁，这个时期会极大地受到土星波动的影响。（受土星波动影响也有好的方面。开始节食就很容易能够瘦下来，还有，学习能够进展顺利等等。）

### （14）鱼形纹

"鱼形纹"这一说法不是很常见，但却是非常好的手相用语。鱼形纹一般出现在智慧线上，是很罕见的。当然也有可能出现在除智慧线以外的感情线或是命运线上。

在一般的手相书中很少讲到鱼形纹，之所以我要写到我的书里面是有我的理由的。我自己曾经看到过一个人的手相上有鱼形纹，当时觉得很不可思议，也不了解它的含义，于是到图书馆查阅相关的资料。我在图书馆几乎找遍了所有与手相相关的书籍，终于读懂了鱼形纹的含义。这种鱼形纹是吉相，手相上有鱼形纹的人一般都拥有特殊的才能。尤其是智慧线上有鱼形纹的人，如果参与知识界的活动便能够获得大成功。

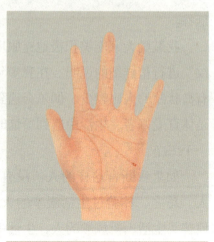

▲ 鱼形纹。

具体地讲，在智慧线的顶端最容易出现鱼形纹，这样的人做教师的比较多。我见过一个从教数十年的书法大师手相上就有大大的鱼形纹。还有，很多向往当作家的人，手相上也常见这种鱼形纹。不仅仅是作家，有创造才能的人往往都会有这种鱼形纹。

## 4."丘"的相关知识

**（1）通过"丘"能了解一个人的性格、命运以及适合的职业**

说到手相时，一定要讲到手相中的"位置"。在手相中这个位置指的就是"丘"。手掌反映了星际的波动，"丘"在其中起到了相当重要的作用。

看一下自己的手你就会明白，有几个部分肉多相对丰满，这部分就是所说的"丘"。经常听说有"绿丘"、"光丘"这样的地名，手相上也有丘。那

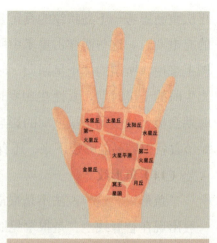

▲ 手丘图。

么，有没有湖和山呢？

有时，我会把智慧线上的小岛纹比作小湖。因为出现岛纹的时期就是人生道路不太顺利的时期，就像是在湖中溺水的感觉。丘很发达时就不是丘而成了山。（实际上，从手相学讲只有"丘"，没有湖和山这样的固有名称。）

手相上的丘根据其所在位置而命名，其蕴含的意义也不同。因此，从手相上的丘便可以简单地了解到一个人的性格、命运以及适合的职业等。

### （2）手相和丘受到行星波动的影响

手掌反映了星际的波动，更让人感到惊奇的是，手相和丘对应刻画了太阳系各行星的波动。随着我从事手相占卜工作时间加长，越来越察觉到加深对星际波动的认识是非常重要的。例如，如果一个人的金星丘发达，并且有金星带，这样的人虽然住在地球，但是却如同金星人，接受了来自金星的不可抗拒的力量。

在"星座占卜"中，白羊座中照入太阳的人被认为是具有"牡羊座"特性的人。这是很容易理解并被多数人接受的星座占卜的观点。实际上，太阳对人的影响力占所有星系波动的百分之三十左右。在一些周刊杂志上面的"星座占卜"都是运用太阳的运行而做出的推断，所以准确率就在百分之三十左右。因而经常会有人说"还是不准的嘛"。严格地讲，如果不能完全掌握月球和其他行星的波动，就不可能详细地了解一个人的命运。实际上，不论昼夜，星系都对人产生着极大的影响，星系不同其产生的力量也不同。

看一下你自己的手。怎么样？你能看出无名指下面的肉是不是很丰满，手腕上面部分是不是很厚实吗？从而可以对"丘"进行说明，即使是很有经验的手相家也很难判断手相上的丘是丰满还是干瘪。

因此，关于"丘"，在这里我想介绍一下在上面出现手纹时的含义。

"一定要注意手纹的起点和终点位置！"如果不了解丘的含义，就不能够解读丘上面的手纹的含义。关注手纹的起始点和终点位置，便能够了解到各种各样的信息。例如，如果从生命线延伸出的开运线指向小指方

向，就可以推断这样的手相暗含着水星丘所表示的"财运"相关的开运。只要掌握了手纹的起始点和终点位置（丘）的相关知识，遇见再难解的手相也能够环环相扣分析清晰。

### （3）丘的含义

下面对丘的含义分别做出解说，丘名下面的关键字是每个丘所具备的要素和含义。请对照着分析一下自己的手相并加以活用。

**木星丘（食指的下面）**

木星丘代表公正、朝气、自信、善良、野心、宽容、领导力、哲学、独立、名誉、权利、支配力、努力、进取心。

木星是非常巨大的行星。甚至有这样的说法，如果再大一点就成为太阳了。木星就像圣诞老人一样会带来令人开心的礼物。

在木星丘上出现纵向的手纹是非常好的。如果木星丘上的纵向手纹是从生命线延伸出来的，那就是被称作"努力向上线"和"进取线"的吉相手纹，这样的人一定能够拥有成功的人生。我推断木星丘上有"进取线"的人一定能够取得成功，反过来说，成功的人的木星丘上会出现"进取线"。那是因为木星丘是预示幸运的位置。如果木星丘很发达，说明那部分存在神授予的超凡能力。相反，如果木星丘不发达，则说明这个人会因对缺乏自信而畏缩不前。

另外，如果感情线的一端延伸至木星丘，表明这个人是精力非常充沛的，是一定能够实现愿望的大吉相。

**土星丘（中指的下面）**

土星丘代表反省、诚实、信赖、孤独、阴郁、传统。

土星被称作"人生的鬼教练"。土星的运动与木星相反，它会"限制"或者"缩小事物"，使人保持谨慎。

简单地讲，就是能够判断出一件事情是否要坚持一直做下去。

土星丘发达的人，即使是一个人坚守岗位也不会觉得很苦。从这个意义上讲，土星丘发达的人比较适合从事科研或者物流相关的职业。而且这类人很勤奋，尤其对哲学、宗教、法律感兴趣。土星丘不发达的人对真理的追求是毫无兴趣的。

如果在土星丘上出现手纹，要考虑以下三种情况。

第一种是命运线。晚年时期命运线延伸到中指下面，这意味着进入了土星所具有的"事物完结"的年龄域。

第二种是土星环。就是从食指和中指开始呈半圆状指向中指和无名指的手纹。有这样的手相线的人不会介意孤独作业，例如作家、政治家中比较常见这种手相线。对于"土星环"的解说一般是爱操心等不太好的方面，实际上，真正了解这样的人就会感觉到他是具有超常忍耐力的。因此，不能简单地理解成这样的人爱操心，更应该认识到他具备取得成功的本质，只要专心、钻研、努力便会取得非常好的结果。这种人的坚持是最难能可贵的。

第三种是感情线的一端延伸到土星丘。有这样的手相线的人多数比较轻浮，容易见异思迁。

### 太阳丘（无名指的下面）

太阳丘代表和谐、热情、自我表现、艺术性、想象力。

太阳是"生命之源"，起到引导人生成功的作用。太阳丘丰满的人比较热情，人际关系也很和谐。只是如果把握不好度，有可能会给人过于自信的感觉。对任何事都有过于夸张的倾向，虚荣心很强。太阳丘不丰满的人缺乏创造力，对艺术毫无兴趣。

如果在太阳丘上出现手纹，要考虑以下两种情况。

第一种是有名的"太阳线"。从字面上理解，太阳是能够赋予荣耀的大吉相。太阳线越长越好，太阳线越浓象征能够获得真正的成功。手相上有太阳线的人一定会获得社会的肯定，取得大成功，请一定要保持信心。

第二种是"智虑线"。智虑线是在太阳丘上斜向横切的手纹。从无名指与中指之间向左斜延伸出的比较少见的手纹。

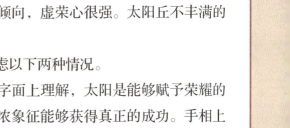

有这样的手相线的人是非常聪明的人。

### 水星丘（小指的下面）

水星丘代表主动、沟通、灵敏、语言表现力。

水星支配的是知性、知识、表达能力和沟通能力。

水星丘丰满的人喜欢竞争，而且非常聪明，注定会取得生意上的成功。水星丘不丰满的人多数不善与人沟通，人际关系比较棘手。

如果在水星丘上出现手纹，要考虑以下四种情况。

第一种是纵向的手纹，这是财运线。这样的财运线与太阳线相比成功度稍低，但是，有财运线的人往往会同时有太阳线。如果没有太阳线，只有财运线，可以断定这样的人是"有小钱的人"。一说到"小钱"有的人也许会感到沮丧。但是，有"小钱"毕竟也是好的，是吉相。在天宫图中水星代表工作运。所以，在水星丘上出现手纹表示工作运将会变好。

题外话，手相上有财运线的人，无论男女都很擅长聊天，在这方面独具魅力，能够吸引对方的注意力。

第二种是横向的手纹，这是婚姻线。婚姻受金星波动和木星波动的影响，这是毫无疑问的。但是，我认为婚姻线在水星丘上出现意味着它就像水星的孩子。

第三种是幽默线，是在感情线的上面出现的一二条短的手纹。这样的幽默线体现了水星的"语言能力"的含义。是否幽默也体现在对幽默的理解度，所以对幽默有理解能力的人手相上也会出现幽默线。

第四种是双重感情线的一端。双重感情线两条中上面的一条指向小指下部的水星丘，上下两条感情线相交的位置对应的那一年将会有宝宝降临。

### 月丘

月丘代表旅行、感性、直觉、感情、想象力、潜在意识、创造力。

在天宫图中，月亮是与太阳同等重要的星系之一。月亮对感情和内心的变化有很大的影响，月丘比较平的人都很少做梦，比较现实。

月丘有可能会出现以下三条线。

第一条是命运线。从月丘开始延伸的命运线被称作"人气命运线"，是会得到很多人帮助的大吉的手相。这样的命运线体现了月丘"人际关系"的含义。

第二条是人气线。人气线是很短的手纹，但是只会在月丘上出现一至两条，非常有魅力的人会出现三四条。手相上有人气线的人能够得到很多人的喜爱，适合做艺人等公众人物。

第三条是不健康线。一般称之为"健康线"，患有肠胃疾病时不健康线会横切月丘而出现。

### 火星丘

火星丘代表持续性、判断力、勇气。

火星是能够赋予能量的。火星丘分为第一火星丘、第二火星丘，还有位于手掌中心的火星平原。

第一火星丘在生命线的内侧，食指与大拇指之间的位置。第一火星丘发达的人一般会立志做警察或者军官，不发达的人就比较缺乏自立能力。

第二火星丘上有可能出现两种手纹，一种是智慧线，有这样的手相线的人很懂得乘机而入，这是因为智慧线延伸至火星丘就体现了火星的现实的机敏的含义。这样的人都非常现实，不喜欢做梦，是重视效率的现实主义者。第二种是竞争线，是在火星丘上横向出现的手纹。有这样的手相线的人会为了不输给竞争对手而拼命努力。

### 冥王星丘

冥王星丘代表复活、变化、变革、无中生有。

冥王星丘位于金星丘与月丘之间、手掌的根部。实际上，关于这个位置有冥王星丘说和海王星丘说两种说法，我支持冥王星丘说，这也是没有什么争议的事实。如果以海王星丘和海王星的波动为主，那么关键词就要改成与意识和无意识相关的机敏与雄辩，反应灵敏、擅长讲演。

冥王星丘是"死与再生"之丘，从这里可以看出一个人的精力和毅力。冥王星丘丰满的人是有毅力且精力旺盛的人，具有面对失败不屈不挠的精神，像复活的不死鸟一样，具有强烈的热情和战斗意识，并且是兼具精力和体力的人。

如果命运线笔直延伸至冥王星丘，则表示事物的再生、复活和顽强的

含义。有这样的手相线的人会顽强地坚持不懈，直到重振信心取得胜利，具有超常的耐力。

**金星丘**

金星丘代表耐力、人生的热情、生命力、热心、性感、爱情。

金星是能够赋予爱情和美感的，金星丘丰满的人一定会度过富有热情的人生。我在实施手相占卜的过程中发现，左手的金星丘发达的人会托福于家人的爱护。

在金星丘上出现的手纹有两种。

一种是命运线，也叫做"亲人命运线"。有这样手相线的人的亲戚会成为他的依赖，会因为亲戚和朋友的爱护和帮助而得到幸福。

另一种是亲人开运线，这是穿过金星丘的生命线的开运线。亲人开运线出现的时期，这个人的家人将会迎来好运，获得幸福。

### （4）环状纹的含义

手掌上的环状纹在进入21世纪以来逐渐增多，成为手相学的新课题。环状纹是比较陌生的名称。现在已经研究发现了13种环状纹，不同的人有不同种类的环状纹，但是几乎每个人都有两种或三种。环状纹主要有以下种类。

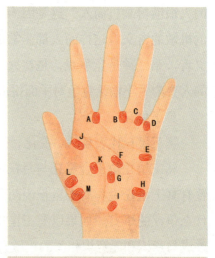

▲ 13种环状纹。

**A贵族环**：贵族环出现在中指与食指之间，有贵族环的人事业运非常好，能够获得名誉。

**B善意环**：善意环出现在无名指与中指之间，有善意环的人非常忙碌，有献身精神。

**C自我环**：自我环出现在无名指的根部侧面，有自我环的人感情丰富，自尊心强，也比较容易受到伤害。感情细腻的人手相上比较多见自我环。

**D幽默环**：幽默环是比较常见的环状纹。有幽默环的人对幽默具有理

解能力，手相上同时有幽默线和幽默环的人较多。

**E回想环**：有回想环的人多数记忆力好、头脑清晰。

**F记忆环**：记忆环是出现在手掌中心的环状纹。一般是指向月丘和木星丘，与智慧线平行。与回想环相同，表示记忆力非常好。

**G人道环**：人道环也出现在手掌中心部位，以与命运线平行的形状出现。

**H尺骨环**：尺骨环出现在手掌的侧面、月丘周边部位。有尺骨环的人想象力丰富，擅长做企划提案类事务。

**I直观环**：直观环出现在冥王星丘，有直观环的人富有直觉力和艺术性。

**J勇气环**：勇气环出现在大拇指与生命线的起点之间第一火星丘上。从名称就能看出来这样的人很有勇气、不胆怯。有勇气环的人是值得依赖的，能够得到很多人的尊重和信赖。

**K弦乐器音乐环**：弦乐器音乐环出现在金星丘的中心部位。有弦乐器音乐环的人大多数具有音乐才能，尤其在弦乐器音乐表现方面更加优秀。

**L感应环**：感应环出现在大拇指根部与手腕之间的金星丘上。有感应环的人对任何事都容易投入感情。

**M音乐环**：音乐环出现在手腕与金星丘之间的位置。有音乐环的人喜欢举行音乐活动以及与音乐相关的创作活动。


## 通过手相掌握幸福的恋爱和婚姻

### 1.通过婚姻线了解你的婚姻运势

几乎所有人都知道婚姻线，但是大多数人都不了解婚姻线的解读方法。为了得到幸福的恋爱和婚姻，先看一下关于婚姻线的详细解说吧。

#### （1）从婚姻线能看出伴侣运

婚姻线是一般人最关注的手相线，因为从婚姻线可以解读出除了结婚年龄以外的全部信息。（结婚的时间主要是从生命线、命运线和感情线解读）。

实际上，婚姻线反映了得到人生伴侣的运势，也就是伴侣运。婚姻线较浓且长的人结婚的可能性比较大，而婚姻是否幸福要看婚姻线的形状。婚姻线呈现的是现在的爱情状况，所以，如果能够改变现状，那么婚姻线和命运都将会得到改善。

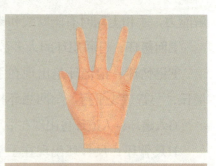

▲ 从婚姻线能看出伴侣运。

### 有一条婚姻线的情况——与命中注定的人热恋并走入理想的婚姻

有一条婚姻线的人是超级幸运的，因为谈恋爱的次数少。在我做手相占卜的几年里见过很多这样的女性，她们都拥有让人羡慕的婚姻。因为有一条婚姻线的人命中注定只有一个牵红线的人。

▲ 有一条婚姻线。

### 有两条婚姻线的情况——命中有两个人

婚姻线有两条是比较常见的，也是容易结两次婚的手相。手相上的结婚次数将同居和有婚约也算作一次。如果不早婚，就会只有一次婚姻。假设是28岁以后结婚，一次婚姻的几率就大大增加。如果是33~35岁结婚，那么就几乎可以确定只有一次婚姻。

▲ 有两条婚姻线的情况。

### 有三条以上婚姻线的情况——结婚前的恋爱经历丰富

有3~4条婚姻线的人会在交往的3~4人中选择一个作为结婚对象。如果有5条以上婚姻线，那么恋爱经历就更多、更丰富。

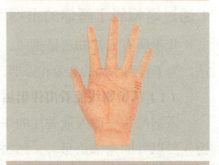

▲ 有三条以上婚姻线的情况。

**婚姻线头端的指向——向上和向下的结果是不一样的**

婚姻线向上则有幸福的婚姻，向下则表示婚姻会发生某些问题。婚姻线向上是非常好的。有这样的婚姻线的人结婚以后一定会过上幸福的生活。反之，如果婚姻线向下，那么结婚后就会发生某些问题，需要采取必要的对策。如果能够掌握到原因是可以避免的。

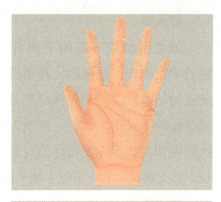

▲ 婚姻线头端的指向——向上或向下。

**（2）婚姻线的类型**

婚姻线多种多样，手纹能有如此多种解释的手相线也只有婚姻线。婚姻线有贵妇人型、安定型、恋人型、情人型、分离型、离婚型、障碍型、完结型、复婚型等很多种类。下面解说一下各类型婚姻线的含义。

**贵妇人型**

如果婚姻线很长一直延伸至太阳线，那么这个人注定会成为贵妇人。尽管现在没有结婚的预兆，但是完全不需要担心。命中注定一定会遇见有钱人或者非常理解自己的人。

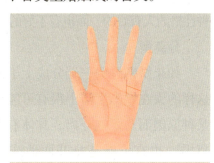

▲ 贵妇人型。

**安定型**

如果从婚姻线分出几条向上的细细的支线，请放心，手相上有这样的感情线的人经济和精神上都是比较富足的，将会有非常安定的婚姻生活。细细的支线会给婚姻线带来富余与安定，使你拥有安定幸福的婚姻。

▲ 安定型。

### 恋人型

如果婚姻线一端的下面有平行的短的手纹出现，这样的人在结婚后有可能还与结婚以前的恋人保持关系，如果这条短的手纹很浓，表示两个人的关系比较密切。如果你觉得你的对象有点奇怪，那么建议你看一下他（她）的手相有没有这条手纹。

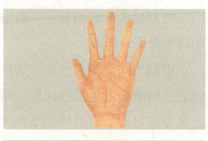

▲恋人型。

### 情人型

如果婚姻线一端的上面有平行的短的手纹出现，这样的人在结婚后有可能会找情人。换一个角度来讲，有这样手相线的人会广泛地接受别人的爱，也会给予回应，所以可以说是"博爱主义"的人。这种性格的人有好的一面也有不好的一面。

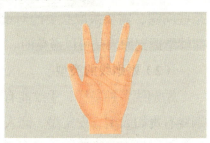

▲情人型。

### 分离型

如果婚姻线的一端分成上下两股，这样的人在婚姻生活中很有可能会因为某种原因而与配偶分离，具体有可能是离婚，也有可能是分开两地或者是分居。这样的人有可能自身存在某些问题，所以应该适当地仔细反省一下平日里自己的言行。

▲分离型。

### 离婚型

如果在婚姻线的一端出现岛纹，这样的人有可能会以某种形式与配偶分开。如果你有这样的手相，强烈建议你的配偶做全面的身体检查。

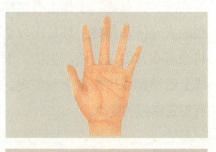

▲离婚型。

### 障碍型

如果婚姻线的一端出现纵向的手纹，并且横切婚姻线，这样的手相线会对婚姻产生某种障碍。但是，当问题解决了以后，这样的手纹也会消失，婚姻线会恢复成原来的形状。

▲ 障碍型。

### 完结型

如果婚姻线有两个起始点，而头端又形成一条，有这样的手相线的人的婚姻容易因为各种各样的原因而产生障碍，但是，最后会克服这些障碍而与命中注定的人结为夫妻。手相上有完结型婚姻线的人的婚姻生活比较容易发生障碍，所以任何事情要谨慎行事为好。

▲ 完结型。

### 复婚型

如果婚姻线并不是整齐的一条，而是断断续续形成虚线的形状，可以判定一定会发生某些不好的事情。最常见的情况是，离了一次婚，之后又与同一个人再婚，这样的情况最容易出现。

▲ 复婚型。

## 2.从手相了解性运

为了保持婚后过上幸福的婚姻生活，性运也是非常重要的，是不可回避的。本节对于其他手相书很少提及的性运进行了详细的讲解。

在过去，人们避讳说性。从手相上直白的讲性是禁令。但是，如果不将手相上显示出的各种信息都传达给读者会觉得很可惜。所以，在这里要讲解一下怎样从手相上看性运。首先，按照进入性状态的速度依次排名。

### （1）进入性状态快的手相

**进入性状态快的手相第一名**

生命线与智慧线分离的人是"超级行动派"，所以，对于性也是非常大胆的。在任何情况下都能够毫不犹豫的进入旅馆。

▲ 进入性状态快的手相第一名。

**进入性状态快的手相第二名**

这种手相也很容易识别。智慧线短的人思维敏捷，能够在瞬间做出判断，对于对方的反应也很敏感，对方的渴求的动作或表情等也逃不过她的眼睛。

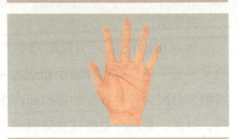

▲ 进入性状态快的手相第二名。

**进入性状态快的手相第三名**

感情线纷乱的手相是不能够用理性控制感情的，是容易感情用事的人的手相。有这样手相的人非常重情义，因为是感情丰富的人，所以，只要有机会关于性的行动也会很快进入状态。

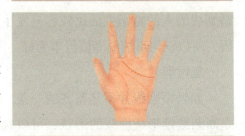

▲ 进入性状态快的手相第三名。

**进入性状态快的手相第四名**

感情线急剧上升的手相。有这样手相的人感情非常具有爆发力，一旦发起攻势就会坚持到最后。从某种意义上讲这样的人是很快乐的人。

▲ 进入性状态快的手相第四名。

### （2）非常喜欢性，精力旺盛绝伦的手相

#### 金星丘非常紧绷

生命线很有力，金星丘紧绷的手相，有这样手相的人精力超群，一晚上能够做几次，是精力超级旺盛的人。而且，很擅长细腻的爱情表现。

#### 冥王星丘隆起

如果冥王星丘比其他的丘都突出，这样的人对于任何事都是精力超群的，有持久力、有用不完的体力和精力，所以是精力绝伦的、性欲很强的人。

#### 双重感情线

一般情况下，感情线只有一条。有双重感情线的人是非常少的。有双重感情线的人爱情很丰富，对异性也能够做到游刃有余。

### （3）容易沉溺于性的手相

#### 感情线短

感情线短的人性情淡薄，按道理对于性也应该是淡薄的。但是，恰恰相反，在性的方面，他们追求快感，甚至容易沉溺于性。

#### 感情线指向太阳丘

感情线指向太阳丘，总会给人一种很华丽的感觉。有这样手相的人很大胆，与生命线和智慧线分离

▲金星丘非常紧绷。

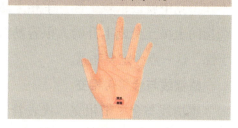

▲冥王星丘隆起。

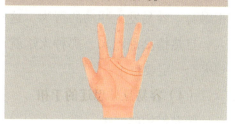

▲双重感情线。

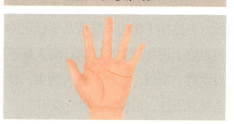

▲感情线短。

▲感情线指向太阳丘。

的人性格相似。在恋爱初期就直接进入旅馆的可能性比较大。

### 感情线指向土星丘

土星丘象征孤独，但是感情线指向土星丘就具有完全不同的意义了。有这样手相的人是非常容易流露感情的人，不知不觉中就会依赖于性。手相上感情线指向土星丘急剧上升的人很容易沉溺于性，这一点一定要注意。

▲ 感情线指向土星丘。

### 感情线与金星带相交

感情线与金星带相交，代表着"金星带"的重视氛围与"感情线"的热情相融合，容易发生冲动的行为。这样的人一旦热情高涨起来，那种火焰就很难熄灭，一定要自重。

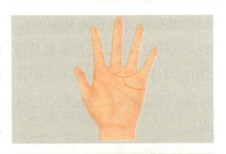

▲ 感情线与金星带相交。

### （4）容易见异思迁的手相

### 锁链形的感情线

感情线呈锁链形，也就是说有很多岛纹。有这样手相的人感情是不稳定的，是很难安于现状的类型。这样的人缺乏独立自主性，所以，如果没有人约束，就真的会见异思迁、很容易被异性吸引。

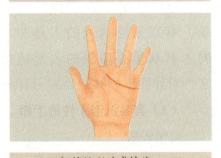

▲ 锁链形的感情线。

### 波浪形感情线

感情线呈波浪形的人可以说是多才多艺的。这种波浪形的弯弯曲曲的感情线是漂浮不定的类型。在我的客人中有几个人说过"我总是不能够做到感情专一"，这种典型的见异思迁的人就是有波浪形的感情线，有点让人担心！

▲ 波浪形感情线。

**婚姻线有6条以上**

手相上有6条以上婚姻线的人总会无意识地寻找情人，比见异思迁的人更为严重，主要问题是即使结了婚也容易和其他的异性发生关系，甚至乱伦。所以，这种人还是不结婚保持单身的好！

**婚姻线朝下，并在旁边又长出一条**

有这样手相线的人是典型的"见异思迁"型。这样的人是不忠于家庭的类型，所以，如果你的男友或者女友有这样的手相，一定要多加留意。

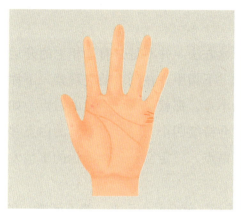

▲ 婚姻线有6条以上。

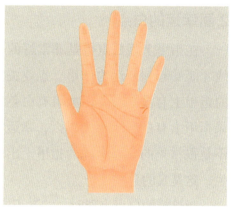

▲ 婚姻线朝下，并在旁边又长出一条。

# 获得幸福的五种开运法

## 1.画手相

最近，"画手相"非常盛行。这是很简单的开运方法，所以，大家都想要试一下。在手相上画出好的结果，这样做幸运真的会降临哦。

"画手相"的具体方法是用金色的笔和银色的笔直接在自己的手掌上画出新的手相线。现在就赶快行动吧！

现在以"画手相"为主题的书有很多，到底应该参照哪一种是个难题。那么，考虑一下画出对大多数人都能够起到好作用的某种标记吧。

对于任何人都没有副作用、非常受欢迎的手相线是太阳线。清晰地

画出太阳线之后，真的能够在职场中活跃起来。并且，建议画太阳线的时间选择在夜晚，回到家以后画手相是最好的。一直保留到第二天早晨，在上班前或者上学前洗掉之后出门。这样就不会被别人问"那是什么"之类的问题。那么，用金色笔好还是用银色笔好呢？我推荐的是另外一种颜色——肉色，这种颜色与金色或者银色的笔效果相同。

而且，即使被人看到也不会那么显眼，白天不洗掉出门也不会引起他人注意。

## 2.画幸运的白点

在指甲上画白点也是非常好的开运方法。并不是只有手相上的开运线才能够起到开运的作用，也要关注一下指甲。在画之前先观察一下你的指甲上有没有白点，如果有白色的小点，那就是象征幸运的白点。如果指甲上有白点出现，那么，幸运将会持续四个月左右。这样的白点并不是很常见的，如果你的指甲上出现白点，一定会有超级幸运的事情发生，这是真的！

当这样的白点出现时，"真正的幸运"就会闻声而来、势不可挡。在我订婚到结婚的期间，指甲上就曾持续出现过这种白点。大拇指上的将要消失，在小指上又出现。

具体地讲，会发生以下类似现象。

● 大拇指上出现白点——恋人出现。

● 食指上出现白点——有希望荣升。

● 中指上出现白点——因旅行而收获喜悦。

● 无名指上出现白点——名声和财富的喜悦。

● 小指上出现白点——不动产相关的收获。

手指上出现白点，在四个月之内一定会有大的幸运降临，所以，现在指甲上就有白点的人一定要保持自信勇往直前。那么，对于没有白点的人，建议你用修正液在指甲上画出白点。令人不可思议的是，在画上白点一段时间后，有可能真的会在指甲上长出白点。

与太阳线一样，在指甲上画白点也建议在自己家里进行，早上上班或者上学时洗掉。如果是女性，保留不洗掉也没有关系。如果有对这个白点感兴趣而来搭话的男性出现，那或许就是你命中注定要找的人。

## 3.去大吉方位旅行

我在给人看手相时，不仅仅对手相进行分析，有时还会建议某些客人去吉方位旅行，这具有很强的开运效果。如果去100千米以外的大吉方向旅行三晚四日以上，在一年之内会出现开运期。建议从恋爱的方位、结婚的方位、财运的方位、事业运的方位、提升家庭运的方位等各种类型中选择。

对于很多人来说，可能第一次听说这种开运方式。我本人运用这种方法几次都抓住了降临的好运，其作用是无比巨大的。去恋爱、结婚的吉方位旅行回来后，马上就能够谈恋爱，或者提亲的人会多起来。

旅行的当月作为第一个月，那么，在第四个月、第七个月、第十个月、第十三个月都会有好的事情发生。除此以外的月份状况也会好转，这一点请放心，对于第四个月、第七个月、第十个月、第十三个月以外的月份也会有效果的。

一个人的吉方位可以根据出生年月日，运用九星（用于运势判断的九颗星）推算出来。让我看手相的人我会告诉他吉方位，本书因为空间有限不能够做详细的讲解。但是，现在可以使用网络检索吉方位。只需要输入你的出生年月日和住址，电脑就会告诉你你的吉方位，建议你充分利用这样的网站，掌握自己的吉方位。

补充说明一下，对于恋爱和结婚作用最大的方位要数"向北30度、东南60度、向西30度"的方位，而且时间最好是三天四晚。

三晚四天，对于学生族来说是很容易做到的，但是对于已经进入社会参加工作的人来说却是不容易的。那么，该如何是好呢？这里提出两种方法：一种是在星期六、星期日以外强行请假两天；另一种是星期四按时上班，在晚上22点30分之前到达目的地，投宿入住。这样，星期四就不需要请假。从气象学上讲，32点至1点即算作一晚。

这样，只需要星期五请假一天就可以了。一定要注意，并不是在23点前入住，而是22点半之前。这样就不需要连续请假两天，也可以达到同样的效果。很多人都可以使用这种方法去大吉方向旅行了！

## 4.向新月许愿

古人认为在阴历初一许愿是很容易实现的。传说，月亮具有非常强大的力量，能够帮助人们实现愿望，尤其是新月，具有最大的能量。

在欧美国家，也认为新月具有巨大的能量。在新月出现的日子播种，植物会长得很茂盛。可以说新月出现的日子可以作为任何事物的开端。甚至，还有女孩子注意到，在新月出现的这一天头发会长长一点。

把新月出现的日子作为你希望有一定增幅的事物的开端也能够起到非常好的效果，这是新月促进成长的作用。如今，越来越多的人了解到新月的影响力。例如，在新月出现的日子，把自己的愿望写在纸上便会很容易实现。具体方法如下：

在出现新月之后的48小时之内，最好是8小时之内写下自己的愿望。

在写愿望时列出条目，可以写2个以上10个以下。（不要写消极的或者会给他人带来不幸的相关内容。）

作为一个轮回的开端，在这一天许下愿望便能够很容易实现。

新月包含多种多样的含义，具体的含义因星座不同而有各自不同的特点。所以，一定要掌握这些特点，并活用于自己的愿望，以达到更好的效果。与星座的含义相匹配的愿望是具有代表性的，是最容易实现的。

● 白羊座的新月：冒险、热情、积极性、领导力、新体验。

● 金牛座的新月：老实可靠、现实的、慎重、温厚、忍耐。

● 双子座的新月：知性、社交能力强、谈话有技巧、好奇心强、行动力强。

● 巨蟹座的新月：献身、家庭、感性、安全踏实。

● 狮子座的新月：名誉、威严、自豪感、信念。

● 处女座的新月：知性、现实、分析力强、细致、正义。

- ● **天平座的新月**：平衡、协调、好奇心、美感、社交性。
- ● **天蝎座的新月**：探索、秘密、神秘推理。
- ● **射手座的新月**：直觉、理想、聪慧、自由。
- ● **魔蟹座的新月**：责任、管理、保守、踏实、努力。
- ● **水瓶座的新月**：革命、独创性、独立、诚实、友情。
- ● **双鱼座的新月**：神秘、情绪化、亲切、直觉。

## 5.去幸运的场所（运用天文风水）

根据天文风水的方法可以推断出对自己有利的场所，以及能够提升运气的场所。只要将一个人出生时行星的配置（天宫图）投射到世界地图上，便能够分析出相关的信息。

本书中列举了几个能够最大限度活用的场所，只要去到这些场所就能够开运，是最新的超级开运法。

在运用天文风水法时，只要知道一个人的出生年月日、出生时辰、出生地点，便能够描绘出一个人专有的"天文风水图"。由此，就会掌握到世界上能够给你带来幸运的很多地方。

事实上，每个行星线分布在不同的位置。在我认识的人当中，其中一个人的金星线就分布在欧洲。在从欧洲回日本的飞机上接受了爱情的告白。还有一个人在去神户时，买了从来没有买过的彩票，结果中了大奖。这说明这个人的木星线分布在神户，提升了他的财运。

# 第四篇

# 人际关系风水

　　代表人与人之间的缘分是"木"，出现争执、关系破裂的人际关系是"火"，能够增强彼此联系、让关系更融洽的交流是"金"　用风水中的五行方法来看待人际交往，我们便能发现好与坏之间存在既互相依赖又彼此作用的相生相克关系，所以，当我们试图将风水学运用到处理人际关系时，也需谨记遵循风水流变规律，顺宜而为，避忌而行，本章旨在指导大家利用风水开运方法改善与家人、恋人、同事、朋友之间的关系，希望能对你的生活起到帮助。

# 第一章

## 从风水学分析人际关系

本章旨在指导你将风水的阴阳五行说运用于人际关系，解开人际交往中的绳索，让你得到良好的人际关系。提醒你一定要记住，与人相处最重要的是保持与他人之间良好的沟通。

# 风水基础

## 1.阴阳五行说是什么?

风水的基础是"阴阳五行说",阴阳五行说认为万物都是由"水、木、金、火、土"五大要素组成,任何事物都有"明暗""阴阳"这样相对的性质相互支撑,环境也由"阴阳"组合而成。五行、运气和象征工具之间的对应关系如下表。

| 五行 | 运气 | 象征工具 |
|---|---|---|
| 木 | 事业运、发展运、学习运 | 信息、语言、声音、AV机器、情报机器、木制物品、酸的食物、饮料、充满朝气的物件、体育运动 |
| 火 | 美人运、地位运、人气运 | 地位、身份、直觉、艺术、美、离别、塑料、发挥感性的工作、赌博、战斗、发光物 |
| 土 | 结婚运、家庭运、不动产运 | 努力、安定、继续、传统、储蓄、转职、日本风格的杂货、房间摆设、陶瓷器具、有弹性的素材、西洋园艺 |
| 金 | 财运、贵人运、事业运 | 所有快乐的事情、他人的援助、丰富的生活、金钱、饮食、贵重金属、利刃、圆形物品、甜品、老店铺的货物、宝石 |
| 水 | 恋爱运、性运 | 信赖、交际、交流、秘密、男女之间的感情、性别、时尚、雪纺素材、水、酒 |

## 2.五行的关系

五行元素之间是相互联系的。各元素之间相互促进就形成提升运气的"相生"关系,各元素相互对立就形成了减弱运气的"相克"关系。请参照以下两个元素关系图。

▲ 气的相生图

### (1)气的相生

木是用火点燃的,火将木作为燃料燃烧。

烧尽的火变成灰，可以作为土地的肥料，土与火中和能够提高地热。

从土的深处挖出金属和矿产。

按照风水的法则，金与水交融会增添色彩，更加丰富。

水浇灌树（木）和花茁壮成长。

### （2）气的相克

树木吸取土的养分，使土地变得贫瘠。

火的热量能使金属溶化。

土进入水中会带来湿气，也使水变得浑浊。

金属可以克树木，断送它们的性命。

▲ 气的相克图

水与火是对立不相容的物质，会破坏阴阳的平衡。

## 人与人的缘分是"风"

人与人之间有了第一次见面，就开始了交往。从风水学来讲，人与人之间的缘分是取木点火而产生的"风"。

如果现在你就希望自己的人际关系好转，首先要做的事情就是唤起你自身存在的好的"风"（即木气的活用）。

如果你想改变自己的人际关系但又没有实际行动，而只是静静等待，这样终究会导致"风"停止，运气也会随之停滞不前。

另外，"风"等于感觉良好的人际关系。"风"是在通风良好的环境中产生的，在抱怨烦恼之前，要对自己所处的环境进行重新审视。

你可以打开房间的门窗，让新鲜的空气进入房间。感觉到"风"的人心情自然会变好，如果从而能够打开心扉，就是进步的好兆头。当然，在一一整理外部环境的同时，也要关注到自己内部的环境。做好心灵的通风，与人的交往也会变得轻松愉悦。

# 包围你的环境是阴还是阳

包围你的环境是"阳"气，还是"阴"气？跳出坏的氛围，了解阳的环境。

## 1.表情

明朗的笑容：经常保持微笑的人阳气十足，招引幸福快乐的力量也是超群的。

阴暗的表情：经常有阴暗表情的人阴气很强，风水学认为这样的人是阴气的人。

## 2.语言

积极的语言："好开心！好快乐！好美味！"这样的表达幸福感的语言能够映照出周围环境的阳气，也会使自己的运气上升。

消极的语言：说人坏话、发牢骚等带有负面感情的语言会使自己的环境染上阴气，运气也会下降。

## 3.服饰

明亮的颜色：穿着明亮颜色、清爽颜色的服饰会使阳气增强。

灰暗的颜色：穿着灰暗颜色、沉重颜色的服饰会使人倾向于充满阴气。

## 4.行动

积极的人：对于任何事情都保持积极态度的人容易唤起"风"，这就等于与人交流的机会多，能够处理好人际关系。

被动的人：不发起行动，静止等待的人不会唤起"风"，这就等于没有与人见面的机会，没有人缘。

### 5.室内摆设

明亮、洁净的房间：阳光能够照入的房间、清洁的空间都容易使好的气息进入，充满阳气。

阴暗、肮脏的房间：阴暗、污浊的空间会招致坏的气息，使阴气变强。

## 从五行分析人际关系的要素

### 1.木——遇到新的缘分

带来与人的缘分的"风"是取木点火而生，等于由行动产生，"木"还会促使人际关系发展。（见4-1）

### 2.火——切断缘分

想要切断孽缘，想要断绝关系时，可以运用充满燃烧能量的"火"。（见4-2）

### 3.土——加固关系

覆盖稳固大地的土，能够加强与他人的关系。"土"具有使缘分稳定、坚固的力量。（见4-3）

### 4.金——乐于与人相处

如同笑容是充满"金"的表情一样，"金"能够带来与人相处的乐趣和生活的丰富多彩。（见4-4）

### 5.水——使关系充实

从风水学来讲，缘等于"风"因"水"而受到阻挡。"水"能够培养新的关系，并能够使感情加深。（见4-5）

| 4-1 | 4-2 | 4-3 | 4-4 | 4-5 |
| ▲木 | ▲火 | ▲土 | ▲金 | ▲水 |

## 从五行分析人的感情

### 1.木

好的"木"的气：充满干劲、活力，拥有勇往直前的心境。

坏的"木"的气：慌慌张张不沉着，缺乏干劲。

### 2.火

好的"火"的气：有进取心，有生机，有活力。

坏的"火"的气：嫉妒、烦躁不安。

### 3.土

好的"土"的气：安定、安稳、安心、稳定。

坏的"土"的气：顽固、紧张、逞威风。

### 4.金

好的"金"的气：快乐的心情、宽大的胸怀。

坏的"金"的气：敷衍、不高兴、懒散。

### 5.水

好的"水"的气：爱情、亲切、信赖。

坏的"水"的气：傲慢、精神紧张、不信任感、沉溺于性爱。

# 第二章

## 使家庭成员关系更和谐的风水方法

家庭是具有土气的场所，也是我们成长与发展的基础。重视家庭的人常常怀有感恩之心，这样各种各样的好运就会与他不期而遇。

从风水学来讲，血缘关系便如同气之间的联系。而家庭关系是人际关系中最坚固的，比其他任何关系对人的影响都要大。在风水学上，家庭关系等于土气，可以给予每个人安定，当这种土气中发生或好或坏的变化时，我们的生活便会相应地发生改变。

## 不喜欢、不尊重父母

父母是你的基础，不喜欢自己的父母就是讨厌自己。讨厌自己的人甚至会被运气嫌弃。

一定要放弃不尊重父母的念头。父母也是人，有优点也有缺点。请一定记住这一点，否定父母等于自己拆掉自己的基础。在基础不坚固的环境中，无论你怎样努力也不能打开运气。要记住珍视父母比任何事都重要。

▲ 家庭关系和睦是个人事业获得成就的基础条件。

**关键建议：** 不喜欢父母就是讨厌自己，否定父母等于否定自己的基础，会陷入运气崩溃的困境。

## 父亲与儿子断绝关系

与父母心灵不相通的时间越长，隔阂就越难消除。但是，也不要焦虑，努力让"气"相通。首先，要告诉父母自己现在生活得很幸福快乐。在写信时附上自己的照片，让父母用眼睛能够看到你的生活状态。信纸选择象征"开端"的白色、使人充满阳气的嫩黄色，或者象征"丰富感情"的粉色都可以。其次，如果能够经常与父母见面，尽可能一起用餐，这能制造相互交换"气"的机会。疏远关系的修复不是一次就可以做到的，一定要经常努力尝试，直到解开对方的心结。

　　**关键建议**：用眼睛可以看到的形式告诉父母自己生活得很幸福，一次不能修复关系也不要气馁放弃，不要焦虑，要勇于挑战。

# 被催促结婚

　　从风水上讲，能够按照自己意愿做事的人是最幸运的人。如果你还不想结婚，但父母希望你结婚，想要从现在的状况中脱身，首先，一定要明确描述自己对未来的构想。即使两代人的思维方式不同，父母也会为孩子着想。其次，要努力地想办法缓解与父母的不同想法，这能使"气"变得轻松。你可以尝试以下方法：

## 1.说出自己的想法

　　向父母说出自己的想法和对未来的打算，并表明自己的态度。说话等于释放，与父母沟通能释放不好的"气"。

## 2.在婚姻问题上不要感到紧张

　　跟父母说出自己的想法之后要保持笑脸。为了让心不倾向"阴"，建议穿明亮颜色的衣服。

## 3.在耳朵上带装饰品

　　与父母沟通时，建议在耳朵上带耳环或其他饰物。耳朵上的饰物对声音有强大的作用，如有好的寓意的石榴子石，能够整理混乱的人际关系；能带来结婚运的红宝石也是比较合适的。

　　**关键建议**：明确自己将来的构想规划，并将其完整地传达给父母。

## 梦想和发展方向遭到父母反对

向父母说明自己为什么想要朝这个方向发展，并且努力得到他们的理解。如果明确了梦想，应该说出自己的计划。跟父母讲这些的时间最好选在早上，因为早上象征"开端"和"希望"，或者是象征"加深"的晚上。白天是等于"火"的时间段，是容易动怒的时间，所以应该避免。

如果遭到父母的反对，放弃不是好办法，一定要努力说服父母直到他们能够理解。不要忘记，你的人生是属于你自己的，一定要坚持自己的想法。

当然，不能只是空说，一定要采取实际行动实现自己的梦想。决定期限采取行动是很重要的。决定时期是"木"气的行为，一定会有所收获。例如，决定三年后达到既定目标，那就要努力达成目标。三年后，还会进入下一阶段的开端，又要确立新的目标。

期限日期的下一个月的1号作为"开端"（等于播下梦想的种子），就一定会有收获。

**关键建议**：为了实现梦想一定要制定具体的计划，并说服父母。决定了就开始行动，不要与父母辩解。

## 与公婆（岳父、岳母）的关系

两个人结婚后，就成为了一家人，对方的父母也是自己的父母了，所以要努力遵守对方家里的规矩。

### 1.怎样与公婆（岳父、岳母）建立良好关系

在生日或者纪念日时，大家一起聚餐，在外面吃也没有关系。一起用餐是相互交换"气"的行为，是拉近彼此之间关系的契机。

### 2.怎样与儿媳建立良好关系

最有效的改进方法便是常常与儿媳一起旅行。旅行是"土"气，有利于培养家人之间的感情。如果一起旅行很难做到，在自己去旅行时买当地的特产送给对方也是个好办法。赠送有地方特色的物品等于增加"土"气，这样就可以加深家人之间的感情。

▲ 处理好与公婆的关系要从努力遵循对方家庭规矩开始。

两代人相处时，要在玄关处分别收纳换穿的鞋子。还要注意，不需要的东西蓄积在家中，会使家人间心灵的交流不通畅，所以不需要的东西一定要及时处理。

关键建议：不要因为是婆婆（公公）就容易产生厌烦的情绪，要把这种关系作为一种人际关系以平常心对待。

## 与父母同住的问题

### 1.已婚人士的情况

同居是聚集"土"气的行为，有利于加固"土"气（等于家族），能给家里带来好运。结婚就意味着已经有了属于自己的基础。如果与父母一起生活，各自的"土"气就会聚集在一起。与父母同住使生活的根基变得相同，这样导致家中容易发生变化，形成不安定的家族。因此，要有意识地区分开家族的单位，即自己的家庭定位为第一家族，父母的家庭定位为

第二家族，有以下几种。

①分别设置玄关：每个家族进入家中的"气"是不同的，为了避免这种"气"交错混杂，最好分别设置玄关。

②厨房分开使用：大的厨房等于有两个强力的"火"气，是家人间发生争吵的祸根。户主使用主厨房，副户主使用辅厨房，这样分开使用比较好。

③一定要一起用餐：一起饮食是调和"气"的行为，围坐在同一个餐桌的家族可以使"土"气更强。

## 2.未婚女性的情况

女性在结婚之前最好生活在自己家里。如果是一个人生活，就成了构建"土"的行为。并且，这种情况下的"土"很难招来缘分和与人交往的机会。也就是说，容易成为结婚（构建新"土"）的障碍。

## 3.未婚男性的情况

男性本来"火"气较强，"火"气具有"独立"之气，所以，如果是男性，过了30岁（或者是已经获得某种程度的社会地位之后）独立是最好的。有了家，有了自己的家族后，构建属于自己的"土"气，那是步入新的成长的又一个阶段。

# 因孩子教育问题而焦躁

如果是因孩子教育问题而焦躁，这种焦虑的情绪一定会影响到孩子。孩子是通过皮肤获得信息的，所以，母亲的精神紧张会原封不动地传给孩子。孩子对母亲释放的"气"是很敏感的。最重要的就是采取方法摆脱自己的精神紧张状态。每天早上，在镜子前对着自己微笑，也同样给孩子那样的笑脸。尤其是在给孩子喂奶的时候，与孩子肌肤接触时不要忘记保持笑脸。如果察觉得到自己的紧张状态，那么抱孩子之前在镜子中照出自己的笑脸，看着笑脸增加阳气，然后再去抱孩子。

**关键建议**：母亲精神紧张会直接导致孩子精神紧张，养成每天对自己微笑的习惯，也对孩子保持同样的微笑。

## 孩子哭泣不止

如果孩子没完没了地哭，会让人感到非常苦恼。这时需要重新查看周围的环境。首先，应该确认孩子睡觉时头顶上的位置。在睡床旁边是不是有电视机等电器？玩具是不是摆放杂乱？如果头顶上是不安定的状态，孩子的"气"也就没有休息的时候。

另外，如果孩子总是不能平静下来，一般是父母存在问题。比如夫妻吵架，或者母亲处于精神紧张状态，这些都会导致家中产生坏的"火"气。要想让孩子健壮成长，良好的环境也是必需的。最重要的是父母亲保持良好的情绪和心态。

▲ 父母要给孩子创造安定的环境，才能让孩子心情愉悦。

**关键建议**：正在睡觉的孩子的头顶位置，应保持整洁、安定的环境。家里杂乱摆放玩具等都不可以的。

## 孩子特别认生

所谓认生，就是孩子对自己不熟悉的环境表现出恐惧。孩子对于"变化"很敏感，甚至发生过激反应。因此，在平日的生活中，要想办法让孩

子体感到空间中"气"的变化。在家中播放音乐，或者清洁室内空气也是有效的方法。甚至可以在房间中使用熏香促进"气"的流动。这样的方法能够培养孩子自身习惯变化的能力，即到新的环境，也不会感到恐惧。

关键建议：在家中播放好听的音乐、使空气变得新鲜、制造香气，都有助于孩子习惯变化，并能让孩子享受变化的环境。

# 孩子不去学校

一天一天成长的孩子是迅速延伸的"木"气。如果孩子不去学校、没有朝气、缺乏干劲，那是"木"气不足的原因。为了改变这种状况，首先要督促孩子早起，从沐浴朝阳开始。朝阳具有再生"气"的力量。为了补充"木"气的力量，一定要充分利用具有"木"气的早晨的时间段。

另外，孩子房一定要注意不使用遮光窗帘。朝阳不能进入的房间会阻碍孩子的成长，所以，遮光窗帘绝对是不可取的。孩子房间的窗帘最好选用蕾丝等透光的面料。增加孩子的"木"气，可以采用以下方法：

## 1.让孩子沐浴朝阳

"木"气很强的上午的太阳是孩子成长必需的能量，让孩子沐浴朝阳能给予孩子最有效的力量。

## 2.早餐多吃绿色蔬菜

孩子的早餐要摄取足够多的绿色蔬菜，能够给予干劲的柑橘系果汁也是很有效的。如果有可能，全家人聚在有阳光照入的窗边用餐更能加强效果。

## 3.穿衣服也要注意

衣服的面料最好是100%棉质（等于"木"气）的，如果是男孩子就选择绿色系，如果是女孩子，可以选择白色、橘色、粉色。

### 4.制造活动身体的机会

可用积极的运动激活"木"气，一家人一起运动或者旅行都是不错的选择。

**关键建议**：孩子沐浴朝阳能够充满朝气地成长。但是，对孩子成长最重要的是如太阳般灿烂的妈妈的笑脸，那样的笑脸对孩子恢复活力是一种特效药。

## 孩子间的关系不好

如果你有几个孩子，一定要认真思考在兄弟姐妹关系（等于"土"气）中培养孩子的方法。在这样环境中，最重要的一点是不能让任何一个人忍耐压抑。无论对待大的还是小的，勉强忍耐都会导致关系变坏。

在平时教育孩子时，应该注意一些自己不好的行为。不要说出"因为你是哥哥，不可以　　"这样的话，在兄弟中让一个人忍耐，会扭曲孩子之间的关系。尤其是女孩子（等于"水"气）之间，"水"气不好就容易倾向"阴"气。请一定要注意努力公平地对待每一个孩子。

**关键建议**：让任何一个孩子勉强忍耐都是绝对不可以的，否则会扭曲孩子之间的关系。

## 与老年人同住

老人具有夜幕降临的"气"。人渐渐变老"阴"气会逐渐变强，因而容易破坏家庭内平衡。孤独对于老年人来说是最糟糕的状况。要时常听老人说话，征求他们的意见，制造尽量多的对话交流机会。不要说"妈妈没有意见的"，而要问"妈妈是怎么想的呢？"语言交流会产生"木"气，使老人精神十足。还要注意，让老人去做他们想要做的事情，这是很重要的。行动等于给予"木"气年轻的活力。在老人想要做什么事情的时候，不要因为担心而去阻止。周围人的积极肯定等于让老人被"木"气包围，

▲ 与老年人同住，禁止关系疏远，要多学会倾听他们的意见。

这样，也会调动老人的干劲和行动力。

**关键建议**：与老年人同住，禁止关系疏远。要听老人说话，征求老人的意见。让他们做自己喜欢做的事情。生活中的对话和行动等于会增加"木"气，从而打造积极的生活环境。

# 第三章

## 使恋人与夫妻更甜蜜的风水方法

恋爱中的一方——女性具有水的体质，因此对于女性来说，不断加深自己的水气或时时让自己处于被水气包围的环境里能提升自己的女性魅力，也更容易得到甜蜜的爱情。

而夫妻双方间的关系是一种打造人生基础的关系。在维系这种关系的过程中，安定（土气）是必需的。对于土气的调整，夫妻双方是对等的，只有夫妻双方齐心协力，才能获得加倍的幸福。

## 国际婚姻：了解文化、历史，品尝家乡口味的饭菜

出生、成长在完全不同"土地"的两个人，要想使"土地"的气相互交融不是件容易的事。为了使两人关系更加稳固，首先，必须努力了解对方国家的文化和历史。文化和历史是被"刻"在"土地"上的，只有深入了解这些，才能够掌握对方的"土地"之气，两个人的关系才能够更加坚固。

▲ 了解对方的历史和文化，是爱情甜蜜、关系融洽的先决条件。

拜访各自出生成长的家乡，每周吃一次家乡口味的饭菜。在不断品尝浓缩着"土地"的气的家乡菜过程中，对方的"土地"之气就会成为自己的。

当然，学习对方国家的语言也是非常重要的，要坚持不断地练习，一点一点进步直到会说。

## 失恋：用行动抓住新的缘分

**向喜欢的人告白遭到拒绝时：**如果一味沉浸于悲伤中，会给自己招来"阴"气，甚至新的缘分也会离自己远去。不要烦恼，换一种心情发起行动吧。

**方法：**剪掉容易聚积"阴"气的头发。彻底改变发型，或者修剪发梢，也可佩戴金色的耳坠等饰品。这样就提高了捕捉新情报的能力，对原

本喜欢的人的情谊也会变淡。

**被甩时：**缘分是有寿命的。一段恋情的结束预示着另一段恋情的开始。所以，不要悲伤，驱除上一段恋情产生的不愉快，向下一个阶段迈进吧。

**方法：**换穿新的下装是最有效的办法。也可以去旅行，享受露天沐浴或者森林浴，对于冲掉坏的"气"是最合适的方法。然后，大声说出"期待下一个相遇"等积极的话。这样就能让自己具有提升运气的力量。

## 陷入"三角恋爱"：不要抓住不属于你的缘分不放

喜欢上有女朋友的男人，喜欢的心情是不容任何人责怪的。但是，缘分的"开端"很重要，有怎样的开端就注定会有怎样的结果。如果就单恋是可以的，如果想与喜欢的人交往，要他与现在的女朋友分手才可以。三角恋爱的关系注定是不会长久的。

▲ 陷入三角恋爱注定是不会长久的。

与某个人相遇是属于自己的缘分，如果两个人真正有缘，一定会再次相遇的。一定不要忘记，建立在任何一方的不幸基础上的恋爱关系都是不好的。

## 违背伦理的关系

### 1.下定决心断绝关系

违背伦理的恋情会消耗女性的运气，自己的"水"气会沉淀。不可告人的恋爱会使当事人的存在倾向"阴"气，变成容易发生违背伦理关系的体质。如果是真正的缘分，对方不会和某人发生关系的同时还与自己发生关系。一定有真正的缘分在等待着你，所以，请一定要下定决心断绝这种违背伦理的恋爱关系。

### 2.与违背伦理关系体质说再见的方法

·把留有他的回忆的相片等所有物品处理掉。

·如果具有强力"火"气的南方位是吉方位，就去这个方位旅行。还有，白天去看海。

·每天做盐浴。

·更换新的床单、枕套等床上用品。

·将浴室、卫生间、洗漱间、厨房等"水"环境打扫干净。

·换穿新鞋，从脚下开始改变，更新自己运气的基础。

## 远距离恋爱：与他使用配套的陶瓷餐具

缘分是在居住同一地盘（相同的"土"）的人之间发展的。因此，如果生活在不同土地上的两个人远距离恋爱，恋情发展的确是比较困

▲ 与远距离的恋人使用相同的"杯子"能使关系更密切。

难的。尽量增加见面（看着眼睛）说话的机会，然后再一起用餐。共用饮食会加深两个人的感情。

如果实在没有办法见面，要使用电话和电子邮件增加两个人联系的时间。电子邮件的内容不仅仅局限于文字，还可以附带图片形象地报告自己的近况。与他使用配套的陶瓷（等同于"土"气）餐具，或者赠送在办公室使用的杯子也是有效的。

# 恋爱中毒

## 1.确定目标，保持自信

生活的重心只偏于他的一方，就是恋爱（"水"气）过剩的状态，即恋爱中毒。拯救这样的自己需要"救生圈"。所谓"救生圈"就是坚持自己的目标，即"火"气。确定一个目标后，努力去实现。保持自信，提升自我，从过剩的"水"中脱身，你的"气"也会上升。

## 2.从"溺水状态"脱身而出的方法

· 改变发型。头发即"水"的气，剪断头发，清除坏的"水"。

· 饮用干净的水（或者是吉方位的水），也可到干净的水边散步。澄清的"水"可以净化沉淀的"水"。

· 养成看朝阳的习惯。朝阳具有"开端"的气，会给予你塑造新的自我的力量。

· 佩戴阳气强的饰品。贝壳

▲ 陷入偏执的恋爱当中就好比"溺水"。

和珍珠等海产的饰品具有很强的阳气。

·不穿黑色的衣服。状态不好的时候穿黑色衣服会有负面作用，会使坏的"水"增加。向对方寻求自己的生存之道，是不会幸福的。坚持自我，才能够掌握自己的"水"流。

## 同性恋爱

### 1.调整心灵与身体的平衡，培养爱的方法

风水学认为，与生俱来的"性"等于"身体的性"，比"心灵的性"更加强烈。也就是说，身体是男性而心灵是女性，或者身体是女性而心灵是男性，都是失去阴阳平衡的恶劣状态。不能说同性恋就是不好的。只是，身体与心灵的性不一致的人，阴阳平衡状态不好。调整阴阳平衡必须活用"木"气。

### 2.身体是男性，心灵是女性的情况

为了男性（"火"气）与女性（"水"气）的性质相结合，活用行动产生的"木"气。舞蹈、体育、运动、外出、埋头工作等积极的活动都是有效果的。

### 3.身体是女性，心灵是男性的情况

为了女性（"水"气）与男性（"火"气）的性质相结合，活用去除水毒的"木"气。食用酸味食物、柑橘类等，用味觉吸收"木"气的方法是有效的。

男性（火）×男性（火）的一对="火"气过剩的状态，要用"土"气缓和过剩的"火"。

**处理方法**：调整家庭环境，给自己安定感，即增加"土"气。浮躁的行动会促使坏的气生成，是不可取的。任何事情都重在坚持。

女性（水）×女性（水）的一对="水"气多，容易倾向"阴"的状

态，要吸收强的"阳"气。

**处理方法**：不能闭门不出，要积极外出。五行属水的寝室用明亮的色调装饰，经常修剪同属"水"的头发。

## 男友用情不专：驱除坏的"水"气，采取防止对策

首先，要重新考虑一下与用情不专的男性交往的事情。你的"怀疑"会使坏的"水"气蓄积，也会影响到你自身的运气。冷静思考一下你到底喜欢他哪里，如果想清楚要在一起，就需要采取切断"水"气的方法。

在家中可以实施的方法：

·浴室保持干燥。切断多余的"水"是很重要的。

·清洁用水场所。打扫厨房和浴室，清除水垢。

·拆掉家中黑色的物品。会增加坏"水"的黑色都要拆掉。

·使用柑橘类芳香剂。用酸味香气净化"气"。

能够对他实施的方法：

·让他沐浴阳光。用情不专就要用阳光晒干他含有的坏"水"气。

·在目光所及之处摆放水晶制品。看到发光物体等于看到"火"气，会让他感觉"用情不专可能败露了"，从而不那么容易见异思迁。

·送他绿色系的领带。绿色属"木"气，具有吸收"水"气（轻浮的心）的力量。

## 夫妻间墨守成规、缺乏"性"：用名字称呼对方，调整寝室

象征夫妻间必要的对等关系的是名字，名字是用来表达自己的。父母间如果互相称对方为"孩子他爸、孩子他妈"，会破坏两个人的关系（男女之间的关系）。请一定要用名字称呼对方。

缺乏"性"从某种意义上讲与名字有关。你或者对方意识到自己的

"性"了吗？性是人与生俱来存在的，忽视性就相当于对自己的否定。如果是女性，要想办法找回"水"气。将寝室和用水的场所打扫干净，换穿新的内衣。为家人着想，做一个合格的母亲并不是坏事。但是，如果总是仅仅有母亲的身份，作为女性的气（"水"）就会被吸入"土"里，甚至水会干涸。要有意识地打造"水"性的自己。如果能够得到丈夫的支持和帮助，两个人一起去北方位旅行，也是很有效的方法。

## 因有恋母情结的丈夫而困扰：用绿色系的服饰带来决断力

与有恋母情结的人结婚并不是"当时没有看透"，而应该是那个人有某些吸引力。面对具有恋母情结的丈夫，并不能只埋怨对方，一定要正确把握自己选择的男性。

对于有恋母情结的男人来说最需要的是决断力。为了给予他决断力，让他穿绿色系的衣服是不错的选择。为了建立自己的基础，让他穿带有"土"气的方格衬衫和领带，这种方法也是有效的。另外，在寝室摆放观叶植物也是个好办法。

## 酒品不好：选用白色床单，用水净化"气"

酒品不好是因为"火"气不正常。原本酒对"火"气的发挥起到良好的作用，但"火"气过剩就成为问题了。这样的状态精神紧张的人比较常见。酒品不好，需要采取去除"阴"气、调整"火"气平衡的方法对策。改善酒品不好的方法有如下几种：

·精神紧张是怀有坏的"水"气的状态。首先，需要净化"水"气。用淡盐水洗浴，冲掉"阴"气。

·穿白色下装，换用白色床单，净化沉淀的气。

·每天早上喝水（吉方位的更好），冲走蓄积的毒素。

无论如何都不要喝酒，在精神紧张的状态下，越喝酒就会越倾向"阴"气，一定要注意。

## 受到语言暴力：当场否定

恶意的语言会破坏运气，语言的力量远远超出我们的想象。无论对于听者还是说者都有很大的影响。所以，尽量不要听到恶意的语言。如果无意中听到，一定要当场否定，大声说出"不是那么回事"、"不要那样讲话"。如果不及时否定，恶意的语言就会发挥作用，听者的运气也会下降。语言暴力就是"木"气的作用不正常的状态。需要采取办法调整"木"气。处理语言暴力的方法有以下方法：

·给予好的"水"气。让有语言暴力的人喝水，最好是吉方位的水。

·给予好的"土"气。用好的"土"气培养好的"木"气。让有语言暴力的人散步，步行是能够获得"土"气的运动。在房间中放置盆栽也是一个好办法。

## 遭到家庭暴力：应该分手

毋庸置疑，实施暴力的男性是恶劣的，但是女性也有一定的责任。有的女性会用"他也有温柔的时候　　"来误解爱情，或者会说"如果没有我　　"这不是在依赖对方吗？家庭暴力是没有立场的女性容易陷入的境遇。当你开始烦恼不知如何是好时，就应该想想到底要怎么做。要与暴力即"火"气不正常的男性断绝关系，否则你的运气只能下降，而且你也不会幸福。遭遇家庭暴力时，坚持立场是很重要的。如果自己不能够放手，这样的关系就不知道要持续到什么时候。

想要变成能够切断孽缘的体质吗？那就按照下面的方法做吧。

·去自己的吉方位（能够切断孽缘的方位）。

·多吃蟹和虾等具有"火"气的菜肴。

· 剪一个耳朵露在外面的发型，以提升眼睛的力量。

· 在天气晴朗的白天去看海。

## 嗜好赌博：将"红色"从视线中去除，替换成植物

把打牌作为娱乐方式，不超出固定预算范围是没有问题的。这样对自己的运气和一起玩的搭档的运气，都不会有什么影响。但是，如果达到赌博的程度就会给生活带来负担，这就是个大问题了。

赌博是"火"与"金"相克的关系，如果深陷其中是很危险的。需要做的是，向生活中导入联系"火"与"金"的"木"气，使之变成相生关系。怎样打造不沉溺于赌博的体质？

· 将该人眼睛所及之处的红色物品（"火"气）去除掉。

· 在该人视线范围内放置观叶植物（"土"气）。

· 极力减少食用速食食品（"火"气）。

· 增加走路的机会。步行可以吸收"土"气，抑制"火"气。

# 第四章 使朋友关系更融洽的风水方法

友情能够带来五行元素中的全部气运，比如朋友间常常会分享快乐的事情（金气），有时也会成为好的竞争对手（火气），当交往进一步之后对彼此的信赖就会加深（水气），当共同完成某件事情之后会得到成长（木气），所有这些都能让你们成为更好的朋友（土气）。

在各种各样的人际关系中，友情是唯一一包含全部五行元素的关系。所以说朋友如同珍宝，与朋友间制造烦恼，就如同丢弃珍宝。

## 不能进入朋友圈：在适合自己的"团体"即"土"中成长

任何人都有这样的心理，自己与学校中的群体以及兴趣相同的伙伴属于同一个"团体"。"团体"即"土"气，"土"意味着安定。渴求安定是自然的心态。

如果人不能够进入群体，就会产生孤独感 这说明人都需要"团体"（"土"气）。每

▲ 找到与自己气味相投的团体有利于我们的身心发展。

个人都有适合自己的土壤（团体），在适合自己的土壤中，能够促使自己茁壮地成长。如果感觉到被孤立，就要抓住促使自己进步的机会。孤立表示"火"气，只要锤炼"火"气，一定会遇到适合自己的团体（"土"气）。

在不适合自己的团体（"土"）中，即使播下种子也不会有任何收获。要坚信一定能够遇到有助于自己成长的"土"，行动起来吧。

## 不能说"NO"：饮水冲走毒气，重新思考朋友之间的关系

不能说"NO"的人，是因为语言能力较弱。在这种情况下，要运用

支配语言的"木"气，采取对策调整"气"的循环。首先，在睡觉前喝一杯水，早上起床后再喝一杯水。将蓄积在身体中的毒气冲走。早餐要吃鸡蛋，产生新气的鸡蛋是带有力量的。

不能说"NO"的人总是把难题强加于朋友，如果这样，必须要重新思考一下朋友之间的关系。如果想要分开，就迅速打出终止符。将从那个朋友那得到的物品、收到的电子邮件、照片等所有与那个人有关的要素处理掉。这样你们之间的关系会逐渐变淡。外出去吉方位，也是断绝关系的一个方法。

## 总是被忽视：确立能够达成的目标，努力去实现

被人忽视会让人感觉不快。但是，冷静思考一下，往往是无视他人的人才会被人忽视。与忽视你的对象之间没有相交点，也就是说"气"不和。最好不要胡思乱想，因苦恼而带有负面的感情就等于被卷入对方的"气"，你自身的运气就会下降。

一个独立的环境会随着人的变化而变成"水"气（阴）或者"火"气（阳）。为了使环境充满"阳"的能量，请确立一个能够达成的目标。目标有一个就可以，不够远大也没有关系。在争取达成目标期间，就会形成"火"气，你就可以从被忽视的环境中脱离出来。

## 讨厌自己的好朋友与其他人交往：建立"通风良好"的关系

占有欲带有坏的"火"气，并且这种"火"气是促使自己孤立的原因之一，一个人会莫名地感到恐慌。

"朋友的朋友也是朋友"，要拥有这样的心胸。无论是朋友之间，还是恋爱中的两个人的关系都是用"风"扩展的。独占等同于"困住"对方，封闭关系。困住了对方，两个人之间就没有了"风"，相当于你与

那个人的缘分也没有了。如果想要与一个人长时间交往相处，保持"通风良好"的关系是最重要的。现在的缘分（现在的人际关系）得到扩展、发展，还会有新的缘分到访。如果自己的朋友有其他要好的朋友，可以认为这是增加朋友的机会，轻松坦然地对待为好。

## 被欺负，被虐待：向对方、向周围的人用语言表达自己的心情

对于"虐待"这样的负面行为，用语言消解是最好的。对于对方的行为，自己有怎样的想法，一定要把这些想法完整准确地传达给对方。如果不能对对方说，就对周围的其他人说。在虐待状况中，大声说出自己的想法是需要勇气的，发出言论是解决问题的第一

▲ 觉得自己受到不公正对待就要大声说出来。

步。在传达自己的想法时，不要使用消极的语言。负面的语言会招致负面的环境，使状况更加糟糕。要客观地说出事实，用积极的语言传达自己的想法。

自己引起的事情是自己的责任，当然对方也是有责任的，但是，如果是由于自己的责任，自救应该能够解决。如果借助语言的力量不能够使状况好转，自己负起责任（如果是大人就靠自己的力量，如果是小孩就借助大人的力量）也能够改变现在的状况。

## 与朋友关系肤浅：看着对方的眼睛说话或者一起用餐

如果你有很多朋友，但是对他们都不能说重要的事情，这样的关系是表面意义上的朋友关系。这时，需要重新思考一下与朋友之间的相处方法。带有"风"气的电子邮件对于建立"浅而宽"的人际关系是有效的。但是，不能够进一步拉近人与人之间的关系。

如果想要成为心灵相通的好朋友，首先要看着对方的眼睛说话。看着对方眼睛说话时，两个人的"气"是相通的，关系也变得紧密。

另外，两个人一起用餐也是很重要的。在用餐过程中，两个人的气顺畅相通，能够更加愉快地相处，两个人的感情也会逐渐变得深厚。

## 过于争强好胜：用白色的衣服、内衣净化坏的"火"气

无论是学习，还是运动，拥有良性的竞争对手是刺激进步的一个重要因素。这种刺激是好的"火"气，总是充满朝气且闪闪发光。但是，如果对方不把你视为竞争对手，而你还是坚持任何事都要分出优劣成败的态度，这会使好的"火"气变成坏的"火"气。这样

▲ 过于争强好胜会给周围的人留下不讨喜的印象。

做，会给对方和周围的人留下不讨人喜欢的印象，会对人际关系造成不好的影响。

如果认为朋友是竞争对手，放在自己的心中作为目标就好了。在竞争意识显露出来时，穿上白色的衣服和内衣，换用白色的手帕，可以净化坏的"火"气。多喝吉方位的水，冲掉身体中过剩的"火"气，也是有效的对策方法。

## TIps 小贴士

### ※ 改善人际关系的几大风水妙招

**石狮借气**：石狮子整天吸收日月精华，能带给人们好运，怀才不遇的人可以摸石狮子额头，再摸自己额头，让好的气场附在自己身上，调整运势。

**擦亮额头**：额头附近是官禄宫，代表事业发展以及职场运势，如不受长官重视，可能这里气色也很暗沉，解决的方法便是常擦保养品，保持额头发亮。

**宝塔高升**：在家中较高的酒柜、书柜上面，安放一个铜质宝塔，而且放得愈高愈好。因为这象征着步步高升、拔擢进阶。

**公鸡带冠**：鸡的饰品，特别是有鸡冠的鸡，不限材质，也有带动职场运势的功效，让冷板凳坐久的人，重新获得重视。适合放在家中的西北、正北、东北、正南方，任选其一即可。

**黄灯旺气**：不论在客厅或者卧室，经常保持一盏黄色小灯明亮，能够活络气势，增加好运，也能够摆脱僵化格局。适合放在家中的西北、正北、东北、正南方，任选其一即可。

# 第五章

## 使同事相处更愉快的风水方法

公司是具有土气的场所，而这种土中有帮助你成长和发展的木气的养分。同时，职场也是获得工资（金气）和地位（火气）的场所。

职场中的人际关系相比恋人、朋友关系更为复杂，因为在公司这个大熔炉中会有各式各样的人出现，既会有与你气场相同的人，也有与你价值观完全不同的人，当然最为重要的是你要时时牢记处理好与上下级的关系，正因为如此，职场中的人际关系需要你认真学习、慎重对待。

## 与上司相处的技巧：工作认真&微笑问好

在考虑与上司的相处之道之前，最重要的是要认真完成自己的工作。如果因为上司的挑剔而感到很难相处，那么每天规规矩矩地问好就可以了。用笑脸（"金"气）问好，是在职场中建立有效人际关系的基础。如果你想采取一些方法解决与上司间的矛盾，可以在办公桌上摆放镜子，驱散上司的"气"，一定注意不要照出自己。还可以在座位周围摆放植物以抵挡坏"气"的影响。

▲ 用笑脸问好，是在职场上建立有效人际关系的基础。

## 得不到下属的信赖：用柔和的语气讲话

信赖是在"水"气滋润时才能够得到的。与下属讲话时，注意使用柔和、亲切的语言（"水"气）。当然，看着对方的眼睛说话也很重要，能看出对方的本意，也能传达自己的信息，能够使两个人之间心灵相通。

如果得不到下属信赖的理由是因为你缺乏领导力（"火"气），就需要强化"木"气（联系天与地）。因此，在视线范围内摆放植物，或者看早晨升起的太阳，可以增加提高"火"气的能量。看隆起的山峰也是个有效的方法。隆起的山峰表示伴随美好寓意变化的"土"气，这种变化能够培养"火"气。如果是女性，建议强调眼神（"火"气）。

## 遭到周围人误解：保持所处的环境通风良好

风言风语散布，让人无意中受到伤害，这样的状况出现，很大程度上是因为存在通风问题。为了有良好的人际关系，一定要重新考察周围环境，并适当调整保持通风。

▲ 受到风言风语的中伤，想要得到良好的人际关系，就要重新调整一下家中的通风条件。

① 自己的房间经常换气，至少要保证早晨和回家后每天两次。与家人同住的人，在有太阳的时间打开窗子换气是最好的。

②伸出手和脚，感受风的轻柔。

③去旅行、去美术馆、看电影、和朋友见面，做什么都可以，一定要行动起来。因周围人误解而感到辛苦的时候，用行动唤起"风"是很重要的。

## 与同事关系不和：没有必要勉强和好

关系不和的人就是彼此的"气"不和，没有必要勉强和好。职场中的第一目的是工作，如果与同事气不相合，就把对方看作是一个和自己没有关系的人，即无所谓喜欢或者讨厌的人。

"气"不相合，如果还不得不坐在相邻的座位，你也不要太在意，过于在意这些会导致对方吸走你的"气"。一定要时刻铭记这里是工作的场所，不要太在意那个与你"气"不相合的人。不要为这种毫无意义的事情花费太多的时间和精力。

## 性骚扰行为：干脆地说出"不要"

无论是语言或身体接触的性骚扰行为都是绝对不能忍受的。将性骚扰（坏的"水"气）隐藏在内心是不可以的，隐藏只会让坏的"水"气增加，状况更加糟糕。

对于性骚扰行为要干脆地说"不要"，实事求是地表达出自己的厌恶情绪。如果那样做还是

▲ 对于性骚扰行为要大声说出"不要"。

不能改善现状，就需要重新审视自己的环境。能够从容不迫应付的人往往会一笑置之，这也是一种不错方法。笑（"金"气）有最强的魔力。

# 第六章

## 解决烦恼、提升幸福感的风水开运方法

改善人际关系，提升幸福感的出发点在于改变自己。实践一切风水开运方法的关键点也就在这里，当你试图取得别人的好感，当你试图挽回已经出现破裂的感情……你不可能一味将解决办法寄托在外因之上，而忽略自己身上的种种不良因素，只有当你自己变得更好，你与周围人的关系才有可能出现转机。

# 改变你的人际交往运

## 1.改变畏畏缩缩不善交际的自己

### （1）不要狡辩说"我就是这样"

很多人都希望能同周围的人更好地交流，但想归想，一旦要突破自己固有的形象，就很难付诸行动了。那些畏缩保守的人更是如此。

但是，这种想要改变自己的"力"正是把你往更好方向指引的力量。就从现在开始转变吧！首先，建议你不要把不善交

▲ 想要与周围的人更好地交往，要先从改变畏缩的自己开始。

际归咎为自己的性格，你的畏缩保守只是因为你没有解放自己而已。不要一直辩驳说"我就是那样"，尝试一下利用风水术，让自己成为外向的交际高手吧。

首先要注意的就是眼睛。眼睛的力量是从眉间释放出来的，不要让刘海遮挡住了额头。另外，使目光更强有力的眼妆也非常重要。建议你平时化妆时在眼线、睫毛膏上多下功夫，演绎更精彩的自己。

露出耳朵是一种强化自我表达的行为。梳一个露出耳朵的发型，或是戴上有强烈设计感的耳环都能让你的自我感觉变得更好。

头发部分属于五行中的水气。变换发型可以去除滞留在头发里的老气横秋、畏缩保守等消极的气，使自己更加充满活力。换个发型或者剪短头

发，即使只剪发梢也能起到同样的效果。另外，染上明亮的发色，还能使阳气增强，运气更加活跃。

### （2）平时的小积累很重要

服装方面，领口处要敞开。如果总是穿着领口紧扣的衣服，不仅自己得不到解放，无法自如地表现自己，也不能从别人那里接收到气。

有利于改善人际关系的服装颜色是橙色和橙绿色，还有白色。上半身最好是穿这些颜色，如果实在没办法，也可以穿在里面。

在配饰方面，最好的选择是长度到锁骨的吊坠。与人交往时，系上丝带以及佩戴花朵主题的饰物也是不错的选择，同时心形图案也能给为你带来新的变化。

如果想让自己变得更具说服力，可以用唇线笔仔细描绘唇形。此外，即使是与他人进行一般的寒暄，说的时候也要认真地看着对方的眼睛，没有看着眼睛说出的语言是无法传达自己的想法和感情的。至于香水，可以选择柑橘系香味的香水，喷在裙边和脚踝处。

另一方面，如果是男性的话，香水的香味要选择绿色系或海洋系，同时，保持衣领整洁也很关键。

想要一下子改变性格是很难的，但只要一点一点地从力所能及的小事开始改变，就一定能让自己由内而外焕然一新。

当自己产生想要改变的想法时，这便是改变的最好时机，千万不要回避。

## 2.不懂得拒绝别人，日积月累压力会越来越大

### （1）究竟想做怎样的人

我们经常会碰到这样的人，他们不懂得拒绝别人，担心一旦拒绝的话会被人讨厌，这些人即使明知道不拒绝的话思想负担会加重，可仍然没办法对别人说"NO"。

不对别人说"NO"，周围的人便会觉得你是个什么事都答应的乐于助人的好人，如果只是这样的话也还好，可是当这种状态让你感到苦

闷，当一点点的小负担经过日积月累变成沉重的压力时，情况就完全不一样了。

特别是人际关系中产生的压力，它会使你的各种运气都下降，还会破坏你以后的发展运势，必须多加注意。

想要改变这种状况，首先要做的就是，当受人之托时先分析一下这件事情你有没有能力完成，如果觉得自己没办法完成，就直接跟对方讲明情况，不是从感情上传达自己厌恶的情绪，而是实事求是地跟对方讲明你做不到就可以了，这时不需要什么高超的表达技巧，只要注意说话的方式和语言柔和一点就足够了。但是，要注意千万不能说谎，一旦说谎了对方肯定能感觉出来，并能感受到你传达出来的厌恶情绪。因此，即使再小的事情也一定不要说谎、不要伪装。

压力的累积往往是因为你把自己没法办到的事情通通都答应下来，这样长期累积，只会让你越来越累。这种状态是你自己给自己的负担，是你自己把自己的运势破坏了。

在人际交往中，你是希望不拒绝别人而把压力都留给自己，还是希望能跟别人开诚布公地表达自己的想法呢？对于那些从不考虑你的情况而只是一味勉强你的人，你真的还想继续跟他深交下去吗？

### （2）与镜中的自己对话

首先正视自己，重新考量自己与周围人的人际关系以及不会说"NO"的自己，想清楚到底什么才是自己真正想要的。

想要了解自己内心深处最真实的想法，可以对着镜中的自己，尤其是早上和晚上睡前，跟自己对话"我为什么无法拒绝别人？"、"这样的自己真的幸福吗？"、"我到底想要什么样的人际关系？"刚开始的时候可能无法很流畅地跟自己对话，慢慢地就会清楚了，也能看清自己的真实想法了。在自我对话时，可以在镜前摆些插花或观赏植物，这样可以平息烦恼，让状态变好，不妨试一下。

如果感觉到压力了，不要放任不管，用沐浴盐洗个澡，或是晒一下早晨的阳光，让身上的气得到净化。时刻注意不要让"阴"气堆积，这是防

止运势下降的关键。

另外，想向对方表达自己的想法时，可以戴一条黄色切割橄榄石和绿色天然石装饰的项链，它能够让你更有勇气。

值得你守护的不是那些只知道一味强求你的人，而是那些真正关心你对你最重要的亲人和朋友。如果你的压力太大，就无法给你重要的人幸福，就为了这些对你最重要的人，你也该扔掉"只要我自己忍一忍就好了"这种想法，让自己勇敢地说"不"，只有这样才能真正让自己和周围的人幸福。

## 3.已经快谈婚论嫁了，男友却提出分手，今后怎样才能不再碰到这种差劲的男人

### （1）你们对未来的规划相同吗

能与跟自己有相同兴趣和生活方式的男人一起生活是很幸福的事情，然而世上有很多夫妻并没有这么幸运。从风水的角度来看，男女之间是否能长久，兴趣和性格差异并不是大问题，重要的是你们要有相同的人生方向，哪怕只有一个共通点。

你们是否曾一起讨论过将来？你们当时描绘的未来是否一样？如果你们的未来规划不一样，那就说明了你们之间的气是不相通的。

即使你常常觉得"我们在一起很

▲ 在最关键时遭受背叛，也许只是因为你对于合适不合适的问题思考得太晚。

好"，那也很可能是他明明看见了你们之间的问题但却装作没看见，在逃避现实而已。如果是这样，"阴"气就会充斥在你们两人的关系中，而这份缘也不会有结果。即使经历了长时间的交往，如果你们之间的气是不相通的，结果都会一样。

交往多年的恋人突然向你提出分手，这样的打击确实很沉重。但是，残酷现实的背后是什么，你有没有想过？他之所以会有这样的行为，也是因为你"看男人的眼光"不够准。

谁都最爱自己，这是无可厚非的，并不是什么坏事。你要从自身出发，让对方感觉到"和这个女人一起生活，人生会变得很开心、很幸福"，让他有这样的想法才是最重要的。他可能也有很多不好的地方，但是你可以试着先从自身找原因，并重新认识自己。

世上有很多好男人。如果因为一次分手就对所有的男人失去了信心，那么通往下一个缘分的大门也被你自己关上了。时刻要记住，获得理想的缘分，问题不在对方身上，而在你自己身上，只有不断提升自己的内涵，你才能与理想的缘分不期而遇。如果此刻，你觉得周围没有什么优秀的男性，那就首先要打磨一下自己，提升自己的水平和档次。

### （2）所谓的差劲男只是你的思维定式

其实你所担心的差劲男是不存在的。即使差劲，那也是因为你没有认识到你们之间没有缘分的事实，而长期交往的结果，并不是男人本性如此。因此与其担心"怎样才能不碰到差劲男"，还不如在恋爱风水上多花点心思，让自己能遇到优秀的男性。

想要构筑新的缘分，让自己焕然一新，吸收新鲜的运气是关键。要优化空间的通风透气条件，把家里不要的东西清理干净。在能力所及范围内添置新的家具，净化生活空间里陈旧的"气"。然后在房间内摆放粉色或橙色的花，让房间内洋溢柑橘系香味，这样爱情运和女性运势都能得到提高。

此外，把自己期望的具体幸福都写下来，清楚自己关于恋人的想法也很重要。还有剪新发型（即使只剪发梢也可以）、做手足护理、以积极的

心态、用积极的语言、保持笑容等，这些行为都有助于提升你的恋爱运。

但是要记住，即使遇见了优秀的男人也不要马上同居。未婚同居的话，缘分很难有结果，如果已经打算结婚了，可以等缘分更近一步后再同居。

要记住，发生在自己身上的所有事情都是自己行为的结果。如果一直埋怨"分手都是他的错"，那以后的缘分也会受到不好的影响。要正确认识自己的责任，才能找到一个能提高你品位的优秀男人。

## 改变自身形象、提升幸福感的风水法

### 1.画个能兼具美丽与幸运的开运妆

#### （1）首先从画眉毛开始

现在的成熟女性既要忙于事业又要忙于家庭，很多人借口"没时间"、"只是到附近去买个东西而已"而忽略了化妆，总是敷衍了事。

但是从风水的角度来看，这样很可能会导致运势下降。

化妆有着能增强女性运势的力量，不好好利用就太可惜了。

下面就从各个部分开始分别为大家讲解。

首先是眉毛。眉毛不整齐的话行动力就会下降，运势也很难得到发展。所以就算不化妆也要好好地画眉，就算不用画眉也要定期修剪整齐。

▲ 化妆能增强自己的运势，女性一定要好好利用起来。

与眉毛同等重要的是象征年轻的肤色。不要忘了画能让肌肤看起来更漂亮的底妆。用淡粉色或珊瑚色刷出健康有透明感的双颊，可以提升幸运指数。

眼妆也能提升运势，但太夸张的眼妆不可以，介意你不要一直拘泥于自己以往的风格，尝试一些以前没用过的眼影色也能收到一定的开运效果。

妆容的整体色调以橙色系、粉色系为宜，这些颜色能帮助你能够更好地抓住运势。

指甲能够连接人与人之间的缘分。没有长指甲也可以涂甲油，即使不涂甲油也要注意保养，让指甲看起来干净有光泽。就算家务与工作再怎么繁重不堪，也要在指甲上多用心，这样才能吸入更多的运气。

### （2）学会对镜中的自己微笑

在化妆出现之前，能让自己变漂亮的行为是照镜子。当你在家，或是在外不经意瞥见映在镜中或玻璃上的自己，你是什么感觉？如果你感到这张脸很疲惫没有一点元气，那这种感觉便会反作用于你导致你的运势下降，因此每天的生活即使再繁忙，在照镜子的时候也要用心微笑。

对于大部分时间都呆在家里的主妇来说，这一点尤其要注意。外出时会有其他人的目光，但在家里就只有家人的视线了，很多主妇以为反正没人看自己，就懒于保养和化妆了，这是个不好的习惯，建议你从今天开始摆脱这种思想，让自己意识到至少还有"自己"在看，所以不能偷懒。

而且，家中的小孩能从自己看到的事物中吸收运气，所以就算为了孩子的运势着想，也要坚持每天化妆，做个无时无刻都保持美丽的魅力妈妈。

## 2.身为脂肪堆积体型，这次想要减肥成功

### （1）面对现实

现在人们对健康的关注日益增加，"内脏脂肪症候群"这一词语也开始广为人知，各种减肥方法层出不穷，但最重要的瘦身灵药的还是自己"想要变瘦"的心情。

为了你的健康和美丽，不妨试一下改变自己意识的风水减肥法。

风水减肥法中最重要的就是"看"自己。你是不是曾有过这种经历——变胖后，开始讨厌照镜子，讨厌称体重，衣服也全都选那种不显身材曲线的宽松设

▲ 直面现实，是你成功减肥最关键的第一步。

计？这种心情可以理解，但这样做不但减不了肥，反而会适得其反。应该对着镜子仔细审视自己的身体，看清楚哪里该瘦。看着镜子，认清当前的自己，这才是最重要的。

首先，在家中的目光所及之处都放上全身镜，看的这一行为在风水学中是代表"火"的行为，仅凭看自己的身体这一动作就能够产生"火"气，改善运气的代谢和身体的代谢。另外，一天多称几次体重，边看边称，了解自己以后才能在体内产生减肥的"气"。

### （2）刚开始的时候吃什么

吃饭的时候要怎样吃？是边看电视新闻边吃，还是弓着腰吃？其实吃饭方法的不同会决定你吃下去的东西是变成运气，还是变成卡路里堆积在体内。如果不能仔细体会食物的味道，细嚼慢咽，那好不容易吃进体内的食材便无法产生其应有的运气，而只是作为卡路里堆积在体内。

另外，人在空腹的时候吃的第一口东西，它的气是最容易被吸收的。所以应该先吃一些沙拉、海藻、豆腐之类低卡路里的食物再吃主食。这样可以有效抑制卡路里的吸收。另外，减肥的时候最好不要吃生的东西，应该吃熟的食物，尤其是烤过的食物。

吃饭的场所也对减肥的运势有很大影响。要保持饭桌和周围环境的干净整洁。在杂乱不堪的地方吃饭会使多余的脂肪都堆积在体内。还有，窗户和镜子要经常擦拭保持干净明亮，窗棂和框架也要经常清扫防止灰尘堆积，厨房的炉子旁边也要注意清洁，不要有烤焦的食物碎屑。

生活方面注意不要让身体受凉。寒冷滋生的"水"气会变成水毒，消耗掉体内用来燃烧脂肪的"火"气，而导致水肿和肥胖。尤其是脚和肚子千万不能受凉，要注意保暖。

泡澡一定要在晚上，用沐浴盐，柑橘系或绿色系香味的沐浴露让身体吸收香味，净化运气。

此外，男性的胡须是减肥的障碍，会影响代谢，减肥时最好刮掉。不光是胡须，头发也同样如此，因此与长发相比，减肥中的男性更适合留清爽的短发。

## 3.更年期充满不安，想知道有什么好的应对方法

### （1）重新检查家里有水的地方和卧室

也许症状各有差异，但更年期对所有的女性来说都是一个必经阶段。有的人正在为此苦恼，有的人则对更年期充满了迷茫和不安

从风水的观点来看，更年期是由于女性的"水"气不足而引起的。

如果能有一个"水"气充足的体质，即使出现了更年期的各种症状也能够轻松度过。为了让周围环境和自身能有充盈的"水"气，轻松度过更年期，请

▲ 更年期总伴随着各种不安，但并非无计可施。

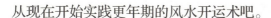

从现在开始实践更年期的风水开运术吧。

顺便再提一下，那种因处于更年期而不安的状态会产生恶性"水"毒，而"水"毒堆积过多的人容易出现各种痛苦症状，所以平时还要多注意，不要让压力等负面情绪给自己内心造成太大负担。

为了消除这种不安情绪，以下几点需要特别注意：

家中有水处周围是不是又暗又阴冷？

有水处的周围有没有防霉措施，有没有保持清洁？

卧室的感觉舒服吗？

头发和皮肤是不是疏于护理很粗糙？

在休息的空间，自己的视野里有没有尖锐的东西？

把以上几点都改善了，应该就能消除掉心里的不安情绪了。

### （2）不要忘记自己的女性特质

与此同时，发现生活中的乐趣也非常重要。

想要体内"水"气充盈，补充恋爱的气是最有效果的。在家里不要把老公当成"孩子他爸"，而是当成自己的另一半来看待。另外，把自己幻想成是明星，这份心情也能让体内的气变得温润起来。

同时不要忘了不管到什么时候自己都是个女人。时常问问自己这一点你做得够吗？你有在意过自己在家里的穿着吗？去附近买东西时有化妆吗？

如果你已经忘记了自己作为女性的特质，那体内的"水"气也会渐渐消失。其实你也没必要一直都装扮得很完美，但在家的时候至少也要让自己看起来漂漂亮亮的。

听音乐也是一个非常不错的选择。如果你每天都闷闷不乐，气就会阻塞、流通不畅，这样更年期症状也会更加明显。建议你多放一些轻松的让自己感觉舒服的音乐，不光自己听，也让周围的空间和你一起倾听。让音乐来放松身心，这样心里的那份不安也会随着音乐慢慢消失。

已经出现了明显的更年期症状并为此苦恼不堪的朋友们，也请跟着一起实践吧，慢慢地你们就会感受到痛苦在一点一点地减轻了。

当然，接受医生的治疗也是方法之一。由于针对更年期的治疗方法很

多，因此在认真听取专家建议的基础之上，自己在日常生活中也要尽可能地以积极努力的心态来面对一切。

综上所述，那些处于更年期的朋友们，与其不安烦恼，不如从充实女性的"水"气开始寻求改善。认真实践针对更年期症状的风水开运术，让自己成为"水"气充盈的娇嫩女人吧。

# 居家生活中的风水开运方法

## 1.应该怎样对待叛逆期的孩子

### （1）自我意识的萌生是成长的标志

叛逆期是孩子长大的必经阶段。这一时期由于心理失衡，小孩容易对周围的大人产生逆反情绪，如果强制性压抑他们的情感只能事与愿违，越弄越糟，不仅会扼杀他们好不容易萌芽的自我意识，还会对孩子将来的运势产生不好的影响。

家长们对孩子身上发生的变化感到担心虽然可以理解，但青少年的叛逆期不是什么特殊时期，对孩子们来说一切都非常正常，因此作为家长的你只需要和往常一样安静地面对、接收即可。

只是作为家长，自己的行为有以下三点需要注意。

第一，不要对孩

▲ 学会与叛逆期的孩子相处是每个父母的必修课，强烈压制孩子的叛逆只会适得其反。

从现在开始实践更年期的风水开运术吧。

顺便再提一下，那种因处于更年期而不安的状态会产生恶性"水"毒，而"水"毒堆积过多的人容易出现各种痛苦症状，所以平时还要多注意，不要让压力等负面情绪给自己内心造成太大负担。

为了消除这种不安情绪，以下几点需要特别注意：

家中有水处周围是不是又暗又阴冷？

有水处的周围有没有防霉措施，有没有保持清洁？

卧室的感觉舒服吗？

头发和皮肤是不是疏于护理很粗糙？

在休息的空间，自己的视野里有没有尖锐的东西？

把以上几点都改善了，应该就能消除掉心里的不安情绪了。

### （2）不要忘记自己的女性特质

与此同时，发现生活中的乐趣也非常重要。

想要体内"水"气充盈，补充恋爱的气是最有效果的。在家里不要把老公当成"孩子他爸"，而是当成自己的另一半来看待。另外，把自己幻想成是明星，这份心情也能让体内的气变得温润起来。

同时不要忘了不管到什么时候自己都是个女人。时常问问自己这一点你做得够吗？你有在意过自己在家里的穿着吗？去附近买东西时有化妆吗？

如果你已经忘记了自己作为女性的特质，那体内的"水"气也会渐渐消失。其实你也没必要一直都装扮得很完美，但在家的时候至少也要让自己看起来漂漂亮亮的。

听音乐也是一个非常不错的选择。如果你每天都闷闷不乐，气就会阻塞、流通不畅，这样更年期症状也会更加明显。建议你多放一些轻松的让自己感觉舒服的音乐，不光自己听，也让周围的空间和你一起倾听。让音乐来放松身心，这样心里的那份不安也会随着音乐慢慢消失。

已经出现了明显的更年期症状并为此苦恼不堪的朋友们，也请跟着一起实践吧，慢慢地你们就会感受到痛苦在一点一点地减轻了。

当然，接受医生的治疗也是方法之一。由于针对更年期的治疗方法很

多，因此在认真听取专家建议的基础之上，自己在日常生活中也要尽可能地以积极努力的心态来面对一切。

综上所述，那些处于更年期的朋友们，与其不安烦恼，不如从充实女性的"水"气开始寻求改善。认真实践针对更年期症状的风水开运术，让自己成为"水"气充盈的娇嫩女人吧。

# 居家生活中的风水开运方法

## 1.应该怎样对待叛逆期的孩子

### （1）自我意识的萌生是成长的标志

叛逆期是孩子长大的必经阶段。这一时期由于心理失衡，小孩容易对周围的大人产生逆反情绪，如果强制性压抑他们的情感只能事与愿违，越弄越糟，不仅会扼杀他们好不容易萌芽的自我意识，还会对孩子将来的运势产生不好的影响。

家长们对孩子身上发生的变化感到担心虽然可以理解，但青少年的叛逆期不是什么特殊时期，对孩子们来说一切都非常正常，因此作为家长的你只需要和往常一样安静地面对、接收即可。

只是作为家长，自己的行为有以下三点需要注意。

第一，不要对孩

▲ 学会与叛逆期的孩子相处是每个父母的必修课，强烈压制孩子的叛逆只会适得其反。

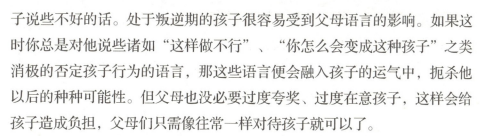

子说些不好的话。处于叛逆期的孩子很容易受到父母语言的影响。如果这时你总是对他说些诸如"这样做不行"、"你怎么会变成这种孩子"之类消极的否定孩子行为的语言，那这些语言便会融入孩子的运气中，扼杀他以后的种种可能性。但父母也没必要过度夸奖、过度在意孩子，这样会给孩子造成负担，父母们只需像往常一样对待孩子就可以了。

第二，孩子逆反时不要惴惴不安，要心平气和地跟他讲道理。找到孩子逆反的原因，如果是正当理由就要认可，如果是错误的就及时纠正。这时如果孩子听不进你的话也不要强加给他，只要你作为家长把该说的都说了，你的这些正确的话自然会渗入到孩子的运势里。

第三，生活中要记得经常打招呼、寒暄。如果孩子对父母的叫唤不理不睬、没有任何回应，就要适当地加以训斥，只是这时候的训斥也没必要太强硬，要做到：该说的说，该训的训，但是不要强迫。

作为家长，理智的对待孩子的叛逆期，不破坏各自的立场，就能顺利地将孩子的运势往好的方向指引。

### （2）保持家居空间的整齐洁净

也有很多小孩的反抗情绪比较激烈，这让家长很是头疼。这时要注意把家里电器周围的灰尘都清扫干净。电磁波产生的阳离子会增强孩子的焦躁情绪。另外，在电视机的周围可以放置一些炭或电气石，用来净化空气。

家里的房间不能凌乱不堪，要勤于打扫。另外，如果长时间不通风换气、空气得不到流通、房屋装饰空间恒久不变，也会助长孩子的反抗情绪，使其容易产生过激行为。因此要保持良好的室内通风条件，采用有季节感的室内装饰，在室内摆设插花和观赏性植物等有生气的物件，也是很有效果的做法。

对孩子的房间要注意游戏品、玩具和书的收纳。游戏品和玩具等不要用塑料材质的收纳盒，最好用纸浆、麦秆材质或木制的箱子，书本也不要都堆在一起，要立起来收在书架里。

房间内的装饰尽量采用对孩子成长有益的带有"木"气的绿色系，避免用太花哨的装饰。如果想让孩子的情绪保持平静，可以采用带有"土"

气的稳定的驼色系。窗玻璃和镜子也要擦得干干净净。

综上所述，想要给叛逆期的孩子带去一些好的变化，家长就要多注意自己的言行态度，同时也要保持空间的整齐洁净。此外，作为父母最重要的就是在和孩子的接触中要保持自信。

## 2.什么都舍不得扔掉的人想要成为整顿高手

### （1）废物堆积过多，人容易衰老

在风水学中，居住空间被认为是"积聚运气的场所"。如果居住空间不够整洁，那么不管在服饰、饮食、行为等方面吸收了多少好运气，这些运气都无法积聚，不仅如此，新的运气也不会主动来敲门。

虽然不擅长整理的人多之又多，但这种人常常有一种"想一次性将所有东西都整理完毕"的念头，这种念头反而常常阻碍他们动手整理房间的尝试。

那么到底要怎样做才好呢？答案是：在合适的时间做力所能及的事。因为即使你一次只整理一个地方，也会有一个运进入到这个空间，而这个运的力量可以促使你下一次整理行为的发生。

想要脱离"什么都舍不得扔"的女人行列，首先要做的就是弄清楚什么是必要的什么是不必要的。

▲ 居住空间过于杂乱就会带来霉运，想要整理出整洁的空间，先要学会舍弃。

什么东西你都觉得有用，连点心的包装纸和旧杂志都舍不得扔掉，但你知不知道，废纸堆积过多的话会有很多不好的影响，会容易让人衰老、得不到发展。如果你觉得"这东西可能有用"，那就先想想这一个月之内是不是能用到，如果用不到，那就可以认为这些东西对你是没有用的，扔掉就好。

衣服也同样如此。你是不是有很多衣服总想着"也许有一天能穿得着"而迟迟舍不得处理掉？那些过时的和不穿的衣服如果一直收着是会阻碍你的因缘际会和机遇的。超过三年没有穿过的衣服，就果断一点把它们处理掉吧。

小孩子的玩具也要注意。要让他们养成自己玩具自己整理的习惯，大人在平时整理时也要为孩子做好榜样和示范。家里最好配备一些木制或藤制的透气性较好的箱子做收纳箱放在固定的地方，用来收纳小孩子的玩具。将孩子的玩具放在这样的箱子里，孩子的运势便能得到很好的发展，生活的空间里也能积聚大量的好运气了。

### （2）整理干净的家中能吸引好运气

不善整理的性格也会对女性体质造成影响。女性本身是属"水"气的，而成家做了妈妈后"土"气就变强占据主导地位。单身时"水"气会随着其他事物流走，但是结婚后"土"气变强，空间里的恶性气便会以脂肪的形式积聚在自己体内。所以已婚女性如果不做好环境中恶性气的疏散以及居住空间的代谢的话，自身的代谢也会随之变弱。而未婚女性居住的空间会也影响到她们的缘分，形象以及容姿。所以房间也和化妆一样，时时需要用心整理和装扮。

整理房间应该先从运气的入口——玄关开始。如果干劲不足，就把窗户打开做好通风，再装饰些花，就会干劲十足了。

从风水学的角度来看，所有的生活方式都会反映到自己的运势中。过度强求也不好，生活的空间太杂乱也不好，会让压力累积，应该把居住空间看成是运气的小金库，从力所能及的小处开始一点一点地慢慢整理，这样就会让好运势与日俱增。

### 3.照顾父母时应该怎样布置舒适的床铺

#### （1）推荐北枕

护理方法因各人病状不同而有所不同，但是从风水学上来说，人在睡着的时候，会净化体内沉积的恶气，吸收新的运气，因此卧室的氛围和睡眠方式非常重要。

当生病不得不躺在床上生活时，为了能改善运气的吸收效率，就必须在睡眠环境上多用心。由于一天的绝大多数时间都在房间内度过，所以房间一定要选择光照和通风都很好的。

其中，枕头的位置很重要。风水学中认为，自北向南流动的生气由头部吸收到体内，因此北方位最好，有的人不喜欢，那可以选择西方位，但是生病的人要注意避开南和东方位。

枕边如果放了太多杂乱的东西，人就没办法平静，运气的吸收也会变坏，所以要注意对枕边的整理，枕边最好不要放置多余的东西。此外，被褥等要勤晒，以净化其中的气。

生病时需要一些有生气的东西来增加病人的生气。因此可以在病人躺着能看到的地方摆放一些观赏叶类植物。伸长的叶子代表成长，带有"土"气的花盆可以带给病人健康。如果是在墙角无法摆放，可以从卧室搬到其他可以看得到的地方。

只是，房间的墙角不能乱摆放东西，要及时清理，把墙角空出来。如果房间的四角堆满了东西会导致气的堵塞，运气也无法正常循环。

另外，空间里的气会随着声音的流动而互相对流，因此音乐也对治疗非常有效果。如果是在房间里长期播放的话最好是选那种没有歌词的环境音乐。想要病人快点康复可以放一些鸟叫声，想休息时就放水流声。

此外，病人睡觉的时候也不要让房间里漆黑一片，最好能留盏小灯，这样可以保证气的不断循环。

#### （2）寝具给肌肤的触感很重要

生病的人比健康的人更容易受到贴身衣物的影响。床单和睡衣之类的寝具，女性最好选择白色或浅粉色，男性最好选择白色或浅绿色。

太花哨的话"阳"气太重，会对病人造成负担，花哨的颜色尤其不能用于枕巾。寝具尽可能选择素色的纯棉或丝绸等柔软且肌肤触感较好的材质，不要选化纤材质。内衣也同样如此。旧的内衣容易沾染病气，因此最好每隔2~3个月更换一次。

人在身体较弱的时候会很容易受到味道的伤害，所以房间内的香味要多加注意。女性适合花香，男性适合木系及桉树等有净化作用的香味，焚香的味道过于强烈刺激，要避免使用。被褥和靠垫可以使用亚麻芳香剂，房间内可以使用喷雾芳香剂。

可能也有人考虑过要改变一下房间布局以作护理之用，但是搬家会带来气的变化，对病人不好，因此即使是很简单的搬动，最好也不要在病人养病期间进行。要尽可能在病人住院期间就搞好，家具也都摆放好，让房间内的气安定好以后再把病人接进来。并不是说变化的气就会带来坏的影响，而是在生病的特殊情况下容易产生一些突发的恶性变化，所以需要多加注意。

此外，还可以借这一契机，把不用的东西都扔掉，这样不仅可以减轻家人看护病人所受到的压力，而且还可以减轻病人自身的压力。

## 4.想把房间布置成能让孩子集中精力学习的场所

### （1）把学习和玩耍的空间分开

正在发育期的孩子比大人更易吸收气，也更加能从居住空间里得到运气。因此，为了孩子的运气能健康成长，房间的装饰和布置很重要。

想把房间布置得能让孩子集中精力学习，首先要坐在孩子平时学习的书桌旁，观察一下周围的环境。看看都有些什么东西映入眼帘？目光所及之处如果乱七八糟，摆放的都是玩具，孩子的注意力就不能集中，学习也不会认真。

应该把坐在书桌旁看到的玩具、漫画、电玩等都收到看不见的地方，如果由于房间布局无法挪动，就用布盖住这些玩具，让孩子看不到。同样的，和学习无关的公仔、小玩具也不要放在书桌上。

书架的整理也要多加注意。教科书和其他的书要分开摆放，就算没有其他多余的书架，也一定不能摆在同一层。想让孩子健康成长、得到提高，把学习和玩耍的空间分开是关键所在。

**（2）书桌的朝向**

把书桌摆在北侧，让孩子朝北而坐，是提高成绩最有效的方法。因为北方有能让孩子沉静下来吸收知识的运气。如果受房间格局限制不能摆在北方，就放在东侧。东面的方位有能够让孩子活跃的气，与提高孩子的学习能力相比，东方位的气在提高孩子的电脑使用能力、开发孩子的运动潜能和语言能力方面更有成效。不过，如果将书桌摆在西侧，由于该方位的气过于安定，孩子即使坐在书桌前也会走神，没什么干劲，因此不建议摆在西侧。

最需要注意的是南向的书桌。如果你想培养孩子思维和艺术方面的能力，南面是不错的选择，但是那里"阳"气过盛，不适合对除艺术以外其他方面的学习。如果你想提高孩子的学习成绩，那最好不要把书桌朝南方摆放。

在目光所及之处摆放这些东西最有效果：代表成长的观赏性叶类植物，能锻炼干劲的切割玻璃等闪闪发光的装饰品。另外，从加快孩子的发展步伐这层含义来讲，摆放时钟也很有效果。

在花色的使用上，男孩子适合明快的绿色、方格花纹、条纹、树叶花纹，女孩子适合以橙色及粉色为主色调。太过朴素单调的空间会使孩子缺乏社交能力，都是基本色的空间会使孩子浮躁沉不住气，这些都需要多加注意。

另外，为了让孩子得到更好的运势，从小就要让孩子学会"拿出去的东西用完后要收好"，以及"在扔东西时，要让孩子自己决定是要还是不要"的好习惯。

如果学不会这两点，孩子在很多方面就会变得很散漫，而这种散漫性带有的"阴"气会阻碍孩子成长和发展，因此这两点一定要认真实践。